프랑스의 절대왕정시대

그 이미지와 실상, 무엇이 위대하고 절대적이었나

서양근대사총서 2

프랑스의 절대왕정시대
그 이미지와 실상, 무엇이 위대하고 절대적이었나

1판 1쇄 발행 · 2012년 5월 7일 | 1판 2쇄 발행 · 2012년 11월 5일
1판 3쇄 발행 · 2013년 7월 12일 | 1판 4쇄 발행 · 2014년 5월 9일

지은이 · 서정복
펴낸이 · 한봉숙
펴낸곳 · 푸른사상
주간 · 맹문재 | 편집 · 김재호 | 교정 · 김소영, 김재호

등록 · 1999년 7월 8일 제2-2876호
주소 · 서울특별시 중구 충무로 29(초동) 아시아미디어타워 502호
대표전화 · 02) 2268-8706(7) | 팩시밀리 · 02) 2268-8708
이메일 · prun21c@hanmail.net / prunsasang@naver.com
홈페이지 · http://www.prun21c.com

ISBN 978-89-5640-909-2 93920
값 22,000원

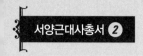
서양근대사총서 **2**

프랑스의 절대왕정시대

그 이미지와 실상, 무엇이 위대하고 절대적이었나

The Age of French Absolute Monarchy

푸른사상
PRUNSASANG

절대왕정시대는 일반적으로 마키아벨리, 홉스, 보댕, 보쉬에 등에 의해서 제시된 왕권신수설이라는 절대권력을 가지고 중세를 해체하고, 근대 자본주의 시대로 이행되는 과도기적인 시대이며, 우리에게는 '위대한 시대, 위대한 왕, 무제한의 권력을 가진 군주정의 시대'로 각인되어 있다. 그리고 위대한 왕이나 '영웅의 반열에 오른 왕', 또는 '신격화된 왕'의 업적들은 오늘날에도 문화유산이 되어 조상들에 대한 존경과 더불어 조국에 대한 긍지와 자부심을 불러일으키게 하고 있다. 특히 프랑스 절대왕정시대의 유산은 관광 수입도 짭짤하게 올려 국가재정에 막강한 도움을 주고 있다.

그럼에도 불구하고 이 시대는 첫째, 프랑스혁명에 의해 혁파되어 역사 속에서 영원히 사라진 시대였고, 둘째, 절대권력을 가진 왕이 통치한 시대였으므로 인민주권이나 민주주의와는 너무도 거리가 먼 전제군주정의 성격을 가진 시대였다.

게다가 '절대적(absolu)'이라는 모순된 말을 우리는 '무제한의 권력'이라는 의미로 무감각하게 받아들이고 있다. 절대군주는 다만 "신 앞에서만 책임을 진다."라고 하는 것은 엄밀히 말해 무제한의 권력을 가진 것이 아니라 "신법과 자연법"에 의해서 제한을 받는다는 의미이다. 그러므로 절대군주는 지상에서 '법의 제한을 받지 않는다(pas contrôlée par loi)'라는 의미로 해석해야 할 것이다.

일찍이 앙드레 모루아는 『프랑스사(Histoire de la France)』에서 절대군주의 상징과도 같은 "루이 14세는 짐은 국가다(L'Etat, c'est moi)라는 말은 하지 않았다."라고 했으며, 최근 이영림은 『루이 14세는 없다』라는 저서로 우리에게 적지 않은 충격과 더불어 프랑스 절대왕정시대에 대한 재검토의 목소리에 힘을 실어주고 있다.

또한 프랑스 절대왕정시대의 핵심이 되는 앙리 4세는 왕위를 지키기 위해 두 번이나 개종했고, 루이 13세는 9세, 루이 14세는 5세가 채 못 되어 즉위했으므로 통치능력이 없어 모후 마리 드 메디치, 안 도트리슈 그리고 재상 리슐리외, 마자랭, 콜베르(Jean Baptiste Colbert) 등이 권력을 쥐고 섭정의 역할을 하지 않았던가. 그렇다면 무엇이 위대하고 무엇이 절대적이었단 말인가? 누가 역사 만들기와 영웅 만들기를 했단 말인가? '태양왕(Roi soleil)'의 이미지는 어디에서 나왔나? 왕이 어떻게 신격화되었나? 라는 질문을 할 수 있다. 프랑스 절대왕정시대에는 일반적으로 역사에서 있을 수 있는 '사실과 이미지, 실상과 허상, 사실과 조작'이 다른 시대에 비해 바로크식 건물처럼 유난히 크게 그려지고 숨겨져 있다는 의구심을 떨칠 수가 없다.

이 책은 그러한 문제들에 대한 해답을 찾자는 사명감에서, 절대왕정시대의 핵심이 될 수 있는 몇 가지의 역사적인 사실들만이라도 질문하는 형식으로 검토해 보자는 뜻에서 출발했다. 그래서 제1장에서 절대주의의 의미와 출현배경을 간단하게 설명했다. 그리고 제2장에서는 프랑스 절대왕정이 어떠한 논리적·사상적 배경을 가지고 있었으며, 그것이 어떻게 원용되었는지 알아보았다. 제3장에서는 왕과 섭정들이 어떤 상관관계 속에서 왕권을 강화하고 중앙집권체제를 확립했는가를 살폈다. 제4장에서는 절대군주가 과연 입법권·행정권·사법권을 직접 장악했는지를 신분제 의회와 참사회 등 각종 위원회, 그리고 파리고등법원과의 관계를 통해 살펴보았다. 제5장에서는 왕권 강화가 국방력 강화와 영토 확장으로 가능했는지, 그리고 왕은 어떻게 '영웅'이나 '군신(Mars)'의 반열에 올랐는지에 대해 초점을 맞추었다. 제6장에서는 왕이 재정을 어떻게 확보했으며, 하나님께서 돈에 대한 은총도 충분히 주셨는지를 확인했다. 제7장에서는 절대왕정에서 종교적 통일이 정말 필요했는지, 가톨릭교로의 통일을 위해 개신교들을 얼마나 탄압하고 잔인하게 학살했는지, 또한 그것이 진정 하나님 뜻이었다고 볼 수 있는지를 생각하게 했다. 제8장에서는 절대군주가 중세와 달리 새 시대를 향한 교육사상과 학교 설립을 후원하고, 추진했는지에 대해 조사했다. 제9장은 새로운 문화와 의식이 이 시대에 탄생했는지, 그것이 다음 세대를 위해 절대왕정 자체를 해체할 수 있는 개혁적인 힘으로 성장할 수 있었는지에 대해 생각하고자 했다.

이러한 필자의 뜻을 흔쾌히 받아주신 푸른사상 한봉숙 사장님의 안목과 관계자 여러분들의 노고에 감사드린다. 그리고 특히 이 책을 쓸 수 있게 해주신 국내외의 선행연구자들에게 깊은 감사와 더불어 존경의 뜻을 표한다. 끝으로 방대한 역사를 다루기에 필력이 약하고 능력이 부족하다는 것을 자인하면서 독자들의 엄중한 질책과 고견을 조심스럽게 기다려 본다.

2012년 4월
한진오피스텔 1918연구실에서

절대주의의 의미와
출현배경은 무엇인가?

1. 절대주의에 대한 정의

    라비스, 볼테르, 코르네트 등 많은 사람들이 절대주의 (Absolutisme)는 '절대군주정(Monarchie Absolue)'의 시대이며 '위대한 시대(Grand Siècle)'였고, '위대한 왕(Grand roi)'이 통치한 시대라고 말하고 있다.[1] 그것은 16세기에 태동하여 17세기에 전성기를 이루었으며 시민 혁명에 의해 막을 내렸다. 확실히 절대주의는 신으로부터 절대권을 부여받은 '잘난 왕들의 시대'이자, 국가적으로 큰 업적을 남긴 '위대한 시대'로 우리에게 각인되어 있다. 영국의 엘리자베스 1세, 스페인의 필립 2세, 러시아의 피터 대제, 프랑스의 루이 14세 등은 모두 소문난 절대군주들이다.

---

1) Ernest Lavisses, *Louis XIV:Histoire d'un Grand Règne, 1643~1715*(Paris: Robert Laffont,1989), Voltaire, *Le Siècle de Louis XIV*(Paris: Garnier Frères, Libraires–Éditeurs, 1740), Joël Conetee, *Histoire de la France: Absoluutisme et Lumières, 1652~1783*(Paris: Hachette, 1993) 참고.

그것은 이들이 중세의 봉건제도를 타파하고 절대적 권력의 정부를 가진 '왕국(dynastic state)'을 건설했기 때문이다. 절대주의 국가들은 강력하고 야심찬 왕조들로 특정 지어졌고, 그들은 정략결혼, 상속, 전쟁, 그리고 조약을 통해 왕가의 영지와 특권을 차지하고 있었다.[2]

왕권신수설의 상징
Pierre Goubert et Daniel Roche, *Les Français et L'Ancien Régime, tome 1, La Société et L'Etat*(Paris: Armand Colin, 1984)

따라서 이 시대는 근대 자본주의 시대로 넘어가는 과도기적 정치형태로 군주가 어떠한 제약도 받지 않고 절대권력을 행사하는 정치체제를 의미하기도 한다.

그러나 처음 군주들이 행사한 절대권력은 신이 준 것이라기보다는 정치질서의 붕괴, 외국 침략, 사회 불안, 도덕적 해이 등으로 나라가 어수선하거나 민생이 도탄에 빠졌을 때, 교회와 함께 이를 구원하기 위해 '신의 이름을 빌려' 무제한으로 행사한 권력에서 비롯되었다. 프랑스의 경우, 정치질서를 붕괴시킨 세 가지 큰 사건은 15세기의 100년 전쟁, 16세기의 종교전쟁, 17세기의 프롱드 난이

---

2) John Merriman, *A History of Modern Europe from the Renaissance to the Present*(New York: W.W. Norton & Company, 1996), p.277.

었다. 이러한 위기들을 극복한 루이 14세 치세 동안 완성된 국가구조와 그에 일치하는 통치문화가 바로 프랑스 절대왕정의 상징이 되었고 또한 그것은 유럽의 모델이 되었다.[3]

프랑스 절대주의는 부르봉 왕조의 산물로서 앙리 4세(1589~1610) 시대에 시작되어 루이 13세를 거쳐 루이 14세(1643~1715) 시대에서 절정기를 누렸다. 이 시대는 절대권력을 가진 '위대한 왕'들의 시대였지만, 많은 내외의 전쟁, 그리고 모순과 부조리로 얼룩진 시대였던 것처럼 '위대한 왕'이라 할지라도 모두 인민들의 존경을 받은 '선한 왕'은 아니었다. 예를 들면, 메트라(Claude Mettra)의 말처럼 앙리 4세가 '대단히 선하고 위대한 왕'이었다면, 루이 14세는 '대단히 악한 왕'이었음에도 불구하고 '대단히 위대한 왕'으로 알려져 있다는 사실이다.[4] 그러나 랑케의 말과 같이 이른바 '암흑시대(Dark Age)'로 불리는 중세도 중세 나름의 특징이 있었으며, 근대를 탄생시키는 텃밭이 되었듯이, 절대주의 시대도 중세를 해체한 '위대한 역사'를 가지고 있으며 근대 시민사회를 탄생시키는 요소들이 이 시대에 배양되었던 것을 부인할 수 없다.

프랑스 절대주의는 앙리 4세 시대의 쉴리, 루이 13세 시대의 리슐리외 그리고 루이 14세 시대의 마자랭과 콜베르에 의해서 강화되었다. 그러나 자세히 살펴보면, 프랑스 절대주의는 프랑수아 1세

---

3) 페리 엔더슨 지음, 김현일 외 옮김, 『절대주의 국가의 계보』, 까치, 1997, 115쪽.
4) 클로드 메트라 지음, 서정복 역저, 『부르봉 왕조 시대의 프랑스사』, 서원, 1994, 12~13쪽.

(1515~1547)부터 이미 기초가 마련되었고, 앙리 4세 시대에 이르러 본격적으로 시작되었다. 프랑수아 1세는 절대주의의 모토가 되는 '하나의 군주, 하나의 신앙, 하나의 법(un roi, une foi, une loi)'의 정치적 신념으로 국가적 통일체를 추진했다. 이어 루이 14세도 '하나의 군주, 하나의 신앙, 하나의 법'을 지키는 절대군주로서 왕권에 반대하는 어떠한 것도 용납하지 않았던 것이다.[5] 그는 군주와 다른 신앙을 가진 사람을 반역자로 취급했다. 그는 이른바 '왕권신수설'을 믿고 '신앙의 통일과 왕국의 통일'에 역점을 두었다.

그러나 '절대주의'라는 말이 처음 등장한 것은 절대군주(souverain absolu)가 역사의 무대에서 사라진 후, 프랑스혁명기인 1797년 샤토브리앙의 『혁명론(*Essai sur les révolutions*)』에서 나타났다. 그는 프랑스혁명 이전의 정치체제를 설명하려고 '절대(absolu)'라는 용어를 빌려 군주가 무제한적이고 완벽한 권리를 행사하는 정치체제라는 말을 만들었다.[6] 그러나 무제한적 절대권력이라는 말은 모순이다. 아무리 무제한적 절대권력을 가진 군주라도 군주 자신이 인간이기 때문에 신법과 자연법 앞에서는 제한이 없고 절대적일 수가 없을 것이다.

다만 군주의 존엄성을 보장하기 위해 백성들은 절대복종해야 하며, 만일 반항한다면 그것은 곧 신에 대한 반역이 되는 것이라는

---

5) Joël Cornette, *Histoire de la France: Absolutisme et Lumière*, p.40.

6) N. Henshall, *The Myth of Absolutism: Change and Continuity in Modern European Monarchy*(London: Longman Group, 1992), pp.15~18. 이영림, 「루이 14세와 절대군주정: 절반의 성공」, 역사학회, 2011.8.27, 1쪽 재인용.

■

역설에 순종한 것이었다. 그리고 만약 신하가 군주에 대해 반란을 일으킨다면, 비록 군주가 악인이든 탄압자든 간에 항상 일정불변의 대역죄로 인정하는 것이었다. 나아가서 루이 14세와 같이 야심찬 왕은, 왕이 절대권력자이기 때문에 교황의 간섭도 받지 않고, 성직자이든 평신도이든 신하들의 모든 재산에 대한 자의적인 처분권을 행사할 수 있다는 것이었다.

사실 왕권신수설은 이미 5세기 말, 랭스(Reims)의 주교 레미(Rémy)가 하나님의 이름으로 메로빙거 왕조의 창시자인 클로비스(Clovis)에게 세례를 주고 축성식을 거행하면서 인정했던 것이다. 하지만 절대왕정시대의 군주는 그 옛날 클로비스와 달리 교황권으로부터 독립을 선언한 점이 다를 것이다.

2. 절대군주의 출현배경과 특징

1) 출현배경

프랑스에서 절대군주가 출현하게 된 배경은 이탈리아, 스페인, 영국, 네덜란드 등과 같이 국제적인 경쟁을 하면서 종교분쟁과 내우외환으로 국가방위력이 상실되고, 인구 증가, 생산력 감소, 부정부패, 가렴주구, 기근, 질병 등으로 도탄에 빠진 백성들의 원성이 높아지면서 이를 구제할 강력한 통치자의 출현을 염원한 데서 비롯되었다.

첫째, 16세기 초부터 프랑스는 인플레이션에 시달렸다. 인구의 80~90%가 시골에 거주했고, 리옹과 아미앵을 제외하고 산업은 제한되어 있었다.[7] 게다가 인구가 증가하고 생산량이 감소했으며 신

---

7) Robin Briggs, *Early Modern France, 1560~1715*(London : Oxford University Press, 1977), p.8.

대륙으로부터 금과 은이 수입되었다. 스페인 사람들이 아메리카 대륙으로부터 가져온 금과 은의 일부가 프랑스에 유입되면서 물가가 상승하였다. 좀 과장된 표현이긴 하지만 장 보댕에 의하면, 1560년 일용품의 가격이 이전의 세기보다 무려 10배나 상승했고, 16세기에 걸쳐 전체적으로 곡물 값이 7배나 올랐다.[8] 따라서 도시와 농촌, 상인과 생산자들 사이에 빈부의 격차가 심화되고 있어 누구든지 먹고 살 수 있게 해줄 수 있는 '구세주'와 같은 군주의 출현을 염원하게 되었던 것이다.

둘째, 가톨릭과 개신교로 분열되고, 장기적인 종교전쟁과 내란으로 인해 프랑스는 사회적 혼란과 불신이 팽배했다. 1585~1593년 발루아 왕조가 1562년부터 종교전쟁을 여덟 번이나 치루는 과정에서 군주제의 권위마저 실추되었다. 이른바 세 앙리의 싸움과 함께 이어진 가톨릭과 위그노의 치열한 전쟁으로 정국이 몹시 불안했다.[9] 게다가 1618년부터 30년간이나 지속된 종교전쟁은 프랑스의 가톨릭을 지키는 강력한 절대군주를 요구하게 되었다.

셋째, 해외 진출에 있어서도 프랑스는 영국, 스페인 그리고 네덜란드에 밀리고 있어 불안한 나라로 인식되었다. 아메리카 대륙의 탐험에서도 스페인과 영국을 당해 낼 수가 없었고, 아시아에 진출하는 것도 영국(1600), 네덜란드(1602)에 이어 프랑스는 1604년에

---

8) 콜리 존스 지음, 박문숙·이호영 옮김, 『사진과 그림으로 보는 케임브리지 프랑스사』, 시공사, 2001, 160쪽.

9) Robin Briggs, *Early Modern France, 1560~1715*, pp.18~34.

동인도 회사를 설립했지만, 결국 영국과 네덜란드에 밀리고 말았다. 또한 1672년 프랑스는 영국과 동시에 네덜란드를 침공했는데도 패배했다. 루이 14세 시대마저도 네덜란드에게 해상권이 밀리고 있었다. 17세기 중엽 세계의 2만여 척의 무역선 가운데 1만 5천척 정도가 네덜란드 선박이었다.[10] 따라서 프랑스인들은 영국, 스페인, 네덜란드의 위압으로부터 벗어나 자존심을 지키는 것이 최대의 염원이었다.

넷째, 상업혁명, 도시의 발달, 부르주아의 성장과 더불어 중세봉건제도의 해체 기운이 성장했다. 게다가 관료들의 부정부패, 기근, 질병 등에 시달린 사람들의 체제전환에 대한 열망이 크게 작용했다. 무질서하고 혼란스러운 사회 분위기가 새로운 체제의 국가를 요구하게 된 것이다.

다섯째, 16세기 프랑스는 르네상스와 인쇄술의 영향으로 특권층이나 도시에 사는 사람들에게 책과 팸플릿의 유통체제가 잘 수립되어 있었다.[11] 이러한 현상은 비단 프랑스에서 뿐만 아니라 이탈리아와 영국에서도 나타났다. 그중에도 이탈리아에서 마키아벨리(N.B.Machiavelli)가 『군주론(*Il Principe*)』(1514)과 『정략론(*Discorsi*)』(1571)을 출간하여 강력한 군주의 필요성을 역설하였고 영국에서 홉스(Thomas Hobbes:1588~1679)가 『리바이어던(*Leviathann or The Matter, Forme, & Power of a Commonwealth Ecclesiasticall and Civil*)』, 필머

---

10) 에이미 추아 지음, 이순희 옮김, 『제국의 미래』, 비아북, 2008, 241쪽.

11) Robin Briggs, *Early Modern France, 1560~1715*, p.10.

제 1 장 절대주의의 의미와 출현배경은 무엇인가?

■

21

(Robert Filmer:1589~1653)가 『부권론』(1680) 등을 통해서 강력한 왕의 통치를 주장했다.

프랑스의 절대군주들은 이들의 논리에 호감을 가지게 되었다. 그리고 코키유(Guy Coquille), 뒤센(André Duschene), 루아조(Charles Loyseau) 등의 절대군주론을 통해서 국왕들은 절대권력에 대한 자신감을 얻었다. 아리스토텔레스나 키케로가 주장한 정치형태의 공화국은 이제 인기가 없었다. 사람들은 마키아벨리와 홉스의 논리에 귀를 기울였다. 홉스에 의하면, 자연 상태의 인간은 신으로부터 모든 권력을 받아 태어났으므로 지상에서 '만인 대 만인'의 끊임없는 권력추구의 투쟁이 불가피하다는 것이었다. 인간사회에서 자연 상태처럼 평화를 유지하기 위해서는 인간이 신으로부터 받은 절대권을 군주에게 양도하고 안전을 보장받아야 한다는 것이었다.

앙리 4세 시대에 코키유는 「프랑스의 비참함의 원인에 대한 고찰」(1590), 「프랑스 교회의 자유에 관한 논문」(1594) 등을 통해 광란주의자들, 폭력주의자들을 반대하는 군주론자들과 정치파들을 대변하면서 사람들 사이에 조화의 재건을 추구하고 나섰다. 그는 왕은 우두머리이고 세 신분의 백성은 그 구성원들이며 그들 모두는 함께 정치적이고 신비적인 집단을 형성하는데, 그것의 관계와 결합은 개별적이고 불가분이라고 말한다. 게다가 프랑스의 왕은 다른 모든 왕들과 미찬가지로, 클로드 드 세셀(Claude de Seyssel)의 시대부터 왕은 신의 대리인, 지상에서의 신의 이미지로 여겨졌다. 뿐만 아니라 신에 의해 특별히 선출되고 선택되었으며, 순수한 속인이 아니라 클로비스의 세례 때 한 천사가 가져온 성유(liqueur céleste)

혹은 성유병(sainte ampoule)으로 기름부음을 받은 자이다. 1625년 11월 13일 샤르트르의 주교는 성직자 회의의 이름으로 왕들에 대해 말하면서 "그들 자신이 신이다."라고 주장했고 보쉬에는 성서에 근거를 두고 1662년 성지주일(jour de Rameaux)에 "당신들이 신이다."라고 말했다.[12]

그리고 후일 프랑스 역사학의 아버지로 알려진 뒤센은 『프랑스 왕권의 위엄과 권위의 역사와 그 탐구』(1609)를 통해 군주제 사상을 강화하고, 국왕의 절대적인 권위를 역설했다. 그는 "프랑스 국왕은 신을 너무도 기쁘게 했기 때문에 신이 이들을 자신의 전사로 뽑아 땅 위에 보냈다."라고 하면서 신의 대리자임을 강조했다. 또한 비뇽(Jérome Vignons)은 「프랑스 국왕과 왕국의 뛰어남에 관하여」(1610)를 통해 프랑스 군주제가 스페인보다 우월하고 특히 앙리 4세를 선대의 왕들보다 덕을 갖춘 왕으로 칭송했다.

그후 루아조가 『영주론』(1608)과 『관직론』(1610)을 통하여 앙리 4세 치하에서 볼 수 있는 가장 완벽한 군주제 사상을 정리했다. 그는 국가를 '공공 장원(seigneurie publique)'으로 보고 '개인 장원(seigneurie privée)'과 엄격하게 구분하였다. 개인 장원은 개인 재산이기 때문에 개인이 마음대로 사용할 수 있다. 그러나 공공 장원은 국가와 같은 것이므로 군주는 억제와 처벌의 권리뿐만 아니라 세금징수에서도 정의에 입각해서 권력을 사용해야 한다는 것이다.

---

12) Roland Mousnier, "L'Unité Monarchique," *La France et Les Français*(Paris: Éditions Gallimard, 1972), pp.1042~1043

그는 주권은 국가로부터 분리할 수 없으며 주권은 국가 안에 존재하며 그 형태가 어떻든지 간에 '왕권적이거나 공화제적'이라 신법, 정의의 법, 실정법이 아닌 자연법, 헌법에 의해 제한된다고 함으로써 왕에게 절대권을 전적으로 부여해서는 안 된다는 것을 강조하기도 했다.[13]

당시 절대군주들의 환심을 샀던 또 다른 책들은 앙리 4세 시대 보댕(Jean Bodin)의 『공화국 6권(*Six Livres de la République*)』(1576), 루이 13세 시대 리슐리외의 격려를 받고 출간된 르 브레(Le Bret)의 『국왕주권론(*De la souveraineté du Roi*)』(1632), 루이 14세 시대 자크 보쉬에(Jacques Bossuet)의 『성서에서 발취한 정치학(*La Politiques tirée des propres paroles de l'Ecriture sainte*)』과 『세계사론(*Discours sur L'Histoire Universelle*)』(1681) 등이었다.

2) 특징

투샤르(Jean Touchard)의 말과 같이 프랑스 절대주의는 17세기 리슐리외의 스타일과 루이 14세의 스타일로 나누어진다. 리슐리외는 귀족정, 봉건제도의 유산, 종교전쟁에 대항하여 투쟁했다. 그러나 그는 결코 절대주의 이론가는 아니었다. 다만 권력을 쥐고, 그것으

---

13) Henri Sée, *Les Idées Politiques en France au XVIIe Siècle*(New York: Arno Press, 1979), p.24.
  * 위의 책은, 나정원 옮김, 『17세기 프랑스의 정치사상』(민음사, 1997)으로 번역되었으나 이후 원서 인용.

로 좋은 일을 하고자 했던 실천가였다.[14] 반면 루이 14세는 베르사유를 중심으로 귀족정치를 했다. 그는 '전쟁광(homme de guerre)'이었으며, 프랑스 국민교회주의 즉 갈리카니즘(Gallicanisme)의 수립을 위해 '하나의 종교'로 통일하고자 했으며 지방의 독립주의를 말살했다. 카르네(Le Comte Louis de Carné)의 말과 같이, 왕의 '절대권력(puissance absolue)'이 정점을 이룬 것은 루이 14세의 통치기간이었다.[15] 그러므로 루이 14세 시대를 중심으로 프랑스 절대주의의 특징을 간략하게 정리하는 것이 이후의 내용 파악에 도움이 될 것 같다.

1. 왕권신수설에 의한 국왕의 통치였다. 인간은 신에 의하여 신에게 복종하도록 창조되었다. 신은 지상의 평화를 위해 교황을 영적 지도자로, 왕을 정치의 지도자로 축성했다. 그러므로 인간은 교황이나 국왕에게 평화와 안정을 보장받기 위해 절대복종해야 했다. 그리고 국왕은 신 이외에 누구에게도 책임을 지지 않았다.

2. 관료제도이다. 모든 공직자는 왕을 위한 충복이어야 했다. 관료들은 세습에 의해서만 되는 것이 아니라 지식과 능력에 따라 채용되는 경우가 많았다. 어떤 경우는 고대 로마 시대와 같이 귀족과 노예는 출생신분에 따르는 것보다 사회적 역할과 역량에 따라 정해졌다. 따라서 자국민뿐만 아니라 능력 있는 사람은 국적에 관계없이 채용되었던 이른바 범세계적 능력별 인재채용방식의 관료제

---

14) Jean Touchard, *Histoire des Idées Politiques: 1. Des Origines au XVIIIe Siècles*(Paris: P.U.F. 978), p.235.

15) Le Comte Louis de Carné, *La Monarchie française au Dix-Huitième Siècles*(Paris: Didier et Cie. Libraires-Éditeurs, 1859), p.1.

였다.

3. 신분제 의회제를 채택했다. 신분제 의회는 성직, 귀족, 평민 등 세 신분의 대표로 이루어진 의회였다. 그것은 오늘날과 같이 법을 제정하는 의회가 아니고, 왕의 자문기관이나 왕명 수행을 원활하게 하는 보조기관의 역할을 하는 것이 특징이다. 그러므로 중세 봉건제도를 타파하였지만 신분, 계급제도와 같은 봉건적 사회체제가 그대로 남아 있었으며, 심지어 1614년 이후 1789년 프랑스혁명 직전까지 한 번도 개최한 바가 없는 의회였다. 해산된 상태에 있었기 때문에 '형체 없는 의회'였으며 절대왕권 행사의 공신의회가 된 셈이다.

4. 강력한 상비군을 갖추고 있었다. 앙리 4세 시대 7만이던 병사들이 루이 14세 시대 무려 40만 명 이상으로 증강되어 군은 절대군주의 힘의 상징이 되었다. 그것은 관료제와 함께 절대왕정의 양 날개가 되었다.

5. 중앙집권화된 국가체제이다. 분권적 중세와 달리 강력한 왕이 중앙에서 관리와 감독관을 파견하여 통치하는 형태로 전향했다. 베르사유의 명성과 함께 지방의 영주들도 왕에게 재산을 헌납하고 중앙정부의 품안으로 들어가 절대복종을 전제로 하고, 차원 높은 문화생활과 더불어 국제적 감각을 길렀다. 따라서 베르사유는 권력은 물론 사치와 문화의 중심이자 다른 한편으로는 음모와 질투의 중심이 되었다.

6. 자본주의 사회로 전향되는 과도기가 되었다. 이 시대는 15세기의 상인, 은행가, 생산업자들이 자기 자리에서 물러나고, 상업혁

명과 더불어 새로운 자본가들이 자리매김을 하는 시기였다. 그것은 확실히 봉건주의 사회에서 근대 자본주의 사회로 넘어가는 과도기적 현상이었다.

7. 중금주의(bullionisme)와 중상주의 정책으로 국가 재정을 확보하고, 식민지 개척과 더불어 군비를 확장하였다. 육로무역이 쇠퇴하고 해상무역이 발달함에 따라 상업혁명이 일어났다. 그리고 수출을 장려하고 수입을 억제하려는 정책에서 운반과 보관이 편리하고 값진 금과 은으로 차액을 결산하는 중금주의가 발달하였다.

8. 자영농민과 상공시민들로 이루어진 부르주아(bourgeois) 시민의 성장이다. 이들은 전통을 깨고 그들 나름의 부르주아 문화를 탄생시킨 것이 괄목할 만하다. 그리고 자영농민은 봉건세력과 대항하기 위해 국왕에 의지하고, 상공시민은 지방분권에 의한 장애를 없애고 사업을 확대하기 위해 국왕과 결탁하였다. 국왕 또한 막대한 정치자금과 국방예산을 확보하기 위해 부르주아와 결탁하지 않을 수 없었으므로 '정경유착'을 공개적으로 한 시대이기도 했다.

9. 청부시스템(putting out system)이 활발하게 일어나는 사회로 전향했다. 새로운 세계의 발견과 수출의 증대에 따라 공장의 확대와 기술자가 많이 필요했다. 이에 따라 분업생산의 일환으로 일거리의 일부를 가정에 청부하는 '가정청부제도'가 발달하게 되었다. 거의 모든 가정에서 여가를 선용하여 생산과정의 일부를 담당하게 되었고, 그것은 가정의 부업으로 상당한 수입을 얻어 서민경제가 활성화되는 시대이기도 했다.

절대왕정의 사상적 기반이 있었는가?

1. 장 보댕의 『공화국론: 국가론』

1) 『국가론』의 집필동기와 주권의 본질

장 보댕은 일찍이 신학자, 인문주의자, 그리고 법조인으로서의 논리적 훈련을 받았으며, 전형적인 르네상스 타입의 사람으로 성장했다. 그는 변호사, 외교가, 의회의원, 행정가로서의 화려한 경력과 함께 명성을 얻었다. 사람들은 그를 '르네상스 시대의 아들'이라고까지 말했다. 그가 살던 시대는 봉건제도가 무너지고 르네상스, 종교개혁 등 새로운 인물과 새로운 사조가 출현하는 시대였다.[1]

보댕은 1572년 성 바르델르미(La Saint Barthélemy) 축일의 학살 사건을 보면서, 프랑스 사회에서 발생하는 변화와 그에 따른 문제

---

1) Léon Ingber, "Jean Bodin et Le Droit Naturel," *Jean Bodin-Actes du Colloque Interdisciplinaire D'Angers, 24~27Mais 1984, tome I*(Presses de L'Universté, 1985), p.289.

해결의 필요성에 대한 양
심적인 제언을 생각했고,
『방법론(Methodus)』을 통
해 노예제도의 폐지, 새
로운 종교의 발생, 봉건
제도의 붕괴를 국가변화
의 요인으로 다루었다.[2]

그는 앙리 4세의 종교
정책에는 반대하였으나
왕위 계승에는 찬성을 하
는 정치파(les politiques)의
일원이 되어 왕권회복을

장 보댕
Université d'Angers, *Jean Bodin: Actes du Colloque Interdisciplinaire d'Angers tome 1*(Angers: Presses de l'Université d'Angers, 1985)

위해 노력하였다. 그는 왕권신수설을 거부하고 절대주의의 정당성
을 부정하면서 '왕에 맞서 싸우는 자들(monarchomaques)'과 대립하
여 왕의 주권을 옹호하고, 종교적 관용을 주장했다.

당시 보댕은 혼란한 사회를 개선할 수 있는 글을 쓰라는 그의 친
구 리브르(Nicolas de Livre:위므롤의 영주)의 권고와 독촉을 받고 있
었다. 그는 혼란한 정국을 좀 더 파악한 후 1576년 『국가론 6권(*Les
six livre de la République*:『공화국 6권』)』을 써서 18년 동안 알고 존경
해온 국왕 개인 자문위원이자 피브라크의 영주인 뒤 포르(Guy du

---

2) William Farr Church, *Constitutional Thought in Sixteenth Century France: A Study in The Evolution of Ideas*(Cambridge: Harvard University Press, 1941), p.213.

Faur)에게 이 책을 바쳤다. 여기에서 그는 왕국 또는 제국 그리고 전체 인민을 수호하는 것은 신의 의지에 달려 있는 일이지만, 그와 동시에 군주의 통치 능력에 달려 있는 일이기도 하다는 것을 강조했다. 바로 이 때문에 사람들은 군주가 통치력을 유지하고 신성한 법을 집행할 수 있도록, 그들의 말과 글에 기꺼이 복종해야 한다는 것이었다.[3] 그리고 사람들이 쾌락, 허식, 위선 속에서 안식을 즐길 때가 아니라 군사적인 면에서나 법적인 면에서 강력했던 과거의 영광을 다시금 일으켜야 한다는 것을 강조했다. 그러나 최소한 부드럽고 자연스럽게 가능하다면 커다란 충격 없이, 그리고 무엇보다도 피 흘림 없이 그것을 이루어내야 한다고 강조했다.

그는 가족, 주권의 개념, 국가를 구성하는 각 부분, 즉 주권군주, 국가의 유형, 원로원, 관리, 법관, 다양한 단체와 공동체, 그들의 힘과 의무, 국가의 기원과 성장, 번성과 변화, 쇠퇴와 몰락을 다루었고, 분배의 정의, 교환의 정의, 조화의 정의로 책을 마무리했다. 『국가론』을 쓰는 시기에 그는 베르망두아의 제3신분 대표로 선출되어 앙리 3세의 증세 요구를 좌절시켰고, 가톨릭을 강요하는 국왕에게 종교적 관용을 주장하는 등 왕정의 정책 결정에 대단한 영향력을 발휘했다.

그는 『국가론』에서 사회의 흥망성쇠가 자연의 영향을 받는다고 주장했다. 물론 인간의 행동과 통치자들의 정책에도 영향을 받는다는 것을 수긍하면서 그와 같은 변화의 근본원인은 인간의 통제

---

3) 임승휘, 『절대왕정의 탄생』, 살림, 2004, 15쪽.

를 넘어선 자연의 힘에 달려있다는 것을 강조하고, 인간의 힘으로 될 수 없는 것에 대한 것을 신의 의지로 생각했다.[4] 하늘의 힘이 인간의 삶을 결정하는 것에 부가해서 그는 아리스토텔레스처럼 지리적 위치, 기후와 같은 환경의 영향을 강력히 주장했다.[5]

1560년 로피탈(Michel de l'Hospital)이 "왕권(autorité royale)은 결코 소멸되지 않는다."라고 선언한 지 16년 후, 보댕은 한 걸음 더 나아가 "국왕은 결코 죽지 않는다."라는 주장을 하면서 군주권은 독립된 권리이며, 자연권이고 양도할 수 없는 최고권이라는 원칙을 확정했다.[6] 그리고 그것은 군주의 사망으로 소멸되는 것이 아니라 왕위계승자에게 이어진다고 주장했다. 그는 파리에 비치는 태양은 바로 로마와 콘스탄티노플에 비친 그 빛과 열기와 같은 것이다. 결국 신의 공의(justice divine)와 자연법(droit naturel)은 유럽의 기독교인들에게나 아메리카의 원주민들에게나 다른 것이 아니라고 하여 로피탈의 주장과 궤를 같이하는 국왕주권론을 확립했다.[7]

보댕은 카사스(Las Casas)나 자기보다 40살 위인 빅토리아(Victoria)에게서 새로운 세계의 발견에 대한 교훈을 얻었다. 그는 이전에 빅토리아처럼 만민법(droit universel) 사상에 심취되어 있었

4) William Farr Church, *Constitutional Thought in Sixteenth Century France: A Study in The Evolution of Ideas*, p.214.

5) *Ibid.* p.216.

6) Jacques Maritain, *L'Homme et L'Etat*(Paris: Press Universitaires de France, 1965), p.24.

7) Léon Ingber, "Jean Bodin et Le Droit Naturel," *Jean Bodin-Actes du Colloque Interdisciplinaire D'Angers, 24~27Mais 1984, tome I*, p.289.

제 2 장   절대왕정의 사상적 기반이 있었는가?

■

는데 그것은 인류사회에서 국제법으로 향하는 초기단계였으나, 그의 법사상은 바로 현대로 향하고 있었다. 동시에 그는 왕은 하나이며, 지상에서 지존이라는 생각으로 주권론을 전개함으로써 지방분권에서 중앙집권시대에로의 전개에 이르는 논리적 근거를 확실하게 했다.

『국가론』에서 말하는 그의 정치사상의 중심테마는 바로 주권개념이었다. 그의 주권이야말로 국가의 본질이며 국가를 존재하게 하는 힘이며, 법제적 형태를 만들고 구조적이고 기능적인 조직을 결정하는 핵심이었다.[8] 그의 『국가론』은 1629년까지 무려 14개의 판본이 만들어졌으며, 이탈리아어, 독일어, 스페인어 등으로 번역되어 유럽 각국의 정치교과서가 되었다.

2) 신법과 자연법 안에서의 자유로운 군주권

윌리엄 파르 처치에 의하면, 보댕의 가부장권과 왕의 주권은 강제통치의 가치와 필요성에 대한 주장을 포함하고 있다. 아이들에 대한 생사권도 신법과 자연법의 원리에 의해 아버지에게 부여했다. 로마가 가장 위대한 시대의 질서를 유지했고, 그들의 국가가 쇠할 때에도, 생명력 있는 요인으로 증명되는 것은 바로 엄격한 훈련 덕택으로 생각했다. 따라서 보댕은 로마사회의 면모를 스파르타보다 더욱 감탄하고 그것을 프랑스 절대왕정에 도입하고자

---

8) 장 보댕 지음, 임승휘 역, 『국가론』, 책세상, 2005, 103쪽.

했다.[9]

그에 의하면, 군주는 절대권을 행사함과 동시에 인민의 행복과 평화를 위해 의무를 이행해야 한다. 또한 보댕은 「국가에 대한 검토(l'etude de l'Etat)」[10]에서 "국가란 다수의 가족과 그들의 공유물로 이루어진 주권에 의한 정당한 통치다."[11]라고 하면서 가족을 국가 성립의 기본단위로 설정했다. 사회를 형성하기 위해서는 집합된 다양한 가족들이 기본을 이루어야 한다는 것이 바로 그가 첫 번째로 설정한 공동사회의 이론이다.

그에 의하면, 주권은 '공동성과 공공성(commun et public)'을 가져야 하며 그런 것들이 없으면, 그것은 국가가 아니라고 했다.[12] 그가 발견한 주권은 신에 의해 주어진 것으로 한 국가의 절대적, 영속적 권력을 의미하며, 어떠한 권력에도, 어떠한 책임에도, 어떠한 시대에도 제약받지 않는다는 것이다.[13]

그것은 대관식에서 랭스 대주교가 국왕의 머리 위에 왕관을 씌워주고 나면 12명의 백(伯)들이 나서서 손을 내밀며 "이제부터는

---

9) William Farr Church, *Constitutional Thought in Sixteenth Century France: A Study in The Evolution of Ideas*, p.219 · 224.

10) Jean Bodin, *Les Six Livres de la République avec l'Apologie de R. Herpin Faksimiled ruck der Ausgabe*, Paris, 1583(Scientia Aalen, 1961), chapitre 1, p.1.

11) 장 보댕 지음, 『국가론』, 25쪽.

12) Léon Ingber, "Jean Bodin et Le Droit Naturel," *Jean Bodin-Actes du Colloque Interdisciplinaire D'Angers, 24~27Mais 1984, tome I*, pp. 290~291.

13) 프리드리히 마이네케 지음, 이광주 옮김, 『대우학술총서 26: 국가권력의 이념사』, 민음사, 1990, 93쪽.

당신이 왕국의 진정한 상속인이므로 그리고 전지전능하신 신의 권위에 의해서 이 국가는 온전히 당신의 것입니다."[14]라고 말한 것을 상기하게 한다. 따라서 그는 주권을 신으로부터 받은 권력, 교감, 국가의 조화와 통치에 필요한 협동의 힘으로서 정의했다.

그러나 보댕의 특징은 주권의 기원을 신에게서 찾는 것보다 주권에 절대적이고 항구적인 속성을 부여하는 것에 있었다. 즉 주권은 국가의 절대적이고 영원한 힘이라는 것이다.[15] 그에 의하면 첫째, 주권은 절대적이다. 그것의 의미는, 국왕의 주권은 최고의 권위를 가지고 있어야 한다는 것이다. 왜냐하면, 군주의 신분과 특권이 들어 있지 않는 인간의 법(loix humains)은 신법(loi de Dieu)과 자연법에 의해 지배될 수 있기 때문이다. 둘째, 주권은 영원하다. 주권을 가진 왕들은 인민의 생사에 영향력을 주고, 인민의 간섭 없이 왕위에 즉위한다. 그리고 그는 신법, 자연법, 이성의 법(loi de raison), 정의 중에서 신법을 가장 자주 거론하였으며, 그것에 의해 왕이 세워지며, 임종 때까지 왕은 임기가 없으므로 영원하다는 것이다. 또한 왕위와 주권을 대대손손 이어나갈 수 있으므로 영원하다는 것이다.

특히 보댕은 바르텔르미 축일의 학살사건 직후에 "국왕은 단지 신과 그의 양심에 대해서만 책임을 진다."[16]라고 썼다. 종교전쟁으

---

14) 장 보댕 지음, 『국가론』, 95쪽.

15) Jean Bodin, *Les six Livres de la République, tome 1*(Paris: Fayard, 1986), p.122.

16) 콜린 존스 지음, 박문숙·이호영 옮김, 『사진과 그림으로 보는 케임브리지 프랑스사』, 시공사, 2001, 181쪽.

로 혼란한 상태에 직면한 프랑스를 보면서 보댕은 국가만이 질서의 수호자이고, 국가는 주권이 존재할 경우에만 성립할 수 있다고 생각했다. 그는 왕권이 강화되지 않으면 나라가 위기에 처할 수 있다는 판단에서 주권은 군주에게 속하며, 주권자는 입법, 선전포고, 강화조약, 공직 임명, 재판, 사면, 화폐, 도량형, 과세 등 8개 항목에 대해 절대권을 가져야 한다고 했다.

그에 의하면, 무엇보다 주권자는 법으로부터 구속받지 않아야 한다. 그것은 외적으로는 황제나 교황의 구속으로부터 국왕을 해방하고, 내적으로는 봉건제후와의 계약으로부터 주권자인 국왕을 자유롭게 만들기 위한 고안이었다. 그러나 주권자를 '법'으로부터 해방시키고자 할 때, '법'의 개념이 문제였다. 이때 '법'은 인간 상호간의 동의나 계약에 의해 성립된 규칙을 의미하는 것이지 절대적 힘을 갖는 '신법'이나 '자연법'을 의미하지 않는다. 보댕은 그런 법들은 인간의 동의와 무관하게 관철되므로 당연히 주권자를 구속한다는 영특한 생각을 했던 것이다.

보댕이 비록 절대주의체제를 옹호했고, 군주정을 가장 완벽한 국가 형태로 이해한 것에 문제가 있다고 비판할지라도, 중세적 복종계약의 체계로부터 자유로운 절대왕권을 통하여 종교적 관용과 사유재산권을 보장하고자 했던 것은 당시로서는 새로운 변화를 촉구한 것이다. 그는 일부 양식 있는 사람들과 같이 절대군주가 당파에 가담한다거나 종교에 대한 불관용으로 폭력을 행사해서는 안된다는 교훈을 주고 있다. 특히 군주는 어느 종교가 보다 나은 것이라는 판정을 하려 하지 말고, 폭력 활동을 포기해야 한다고 강조한 것은 괄목할 만한 주장이다. 주권을 행사하는 군주가 어느 당파에 가담하게 되면, 그 당파의 수령에 불과하게 되고, 파당으로 정치싸움의 패자 역할밖에 할 수 없다는 것이다. 그것은 오늘날 정당정치에서 대통령의 금기사항과 다를 바가 없는 것으로서 근대적·선진적인 정치교훈을 제시한 것이다.

그는 절대왕정과 봉건군주정을 명확하게 구분했으며, 자연법, 자연적 자유, 인민의 재산을 보장하는 왕정을 주장했다.[17] 뿐만 아니라 토지, 의복, 식량, 가축, 방어요새, 건축자재, 의술 등 인민의 행복과 평화를 위해 구체적인 조건들을 제시했다. 그에 의하면, 왕에게 절대권을 주는 동시에 절대적 의무도 주어야 한다. 군주는 신법과 자연법에 따라야 하고 군주에게 복종하는 인민들에게 자연적인 자유와 소유의 자유를 누리며, 특히 건강한 환경과 복지시설의 조성을 강조했던 것은 눈여겨 볼만하다.

당시 종교문제에 대해서 깊이 생각한 그는 1580년에 『마법사의 빙의망상(*La Demonomanie des sociers*)』에서 마녀는 악마와 손을 잡은 반사회적 존재이자, 무엇보다도 국가를 혼란에 빠뜨리는 원인으로 단정했다. 그는 앙리 4세가 가톨릭으로 개종한 1594년에 가서야 그가 합법적인 국왕이라는 것을 공식적으로 인정했다. 1596년 페스트로 사망하기 전 그는 우주의 신비를 설명한 『자연의 무대』(1593)와 프랑스를 분열시킨 당파들을 소재로 한 『7인의 회합』(1596)을 저술

---

17) William Farr Church, *Constitutional Thought in Sixteenth Century France: A Study in The Evolution of Ideas*, p.231.

하여 16세기의 기념비적 비판정신의 모델이 되었다.

그때부터 사람들은 장 보댕을 16세기 말부터 17세기 말까지 법철학의 주도적인 흐름을 만든 '자연과 인간의 법학파(L'Ecole du Droit de la Nature et Gens)'의 선구자처럼 생각했다. 브리모(Allbert Brimo)에 의하면, 보댕이 '사회계약의 원리(théories du contrat social)'를 생각했는데, 그것을 홉스, 로크, 그리고 루소가 원용했다. 이들 중 보댕의 자연법 이론을 홉스가 체계화하고 그로티우스와 로크는 그것을 발전시켰던 것이다.[18]

18) Albert Brimo, *Les grands courants de la Philosophie du droit et de l'Etat*(Paris: 1967). pp.82~83. cf) Léon Ingber, "Jean Bodin et Le Droit Naturel," *Jean Bodin-Actes du Colloque Interdisciplinaire D'Angers,, 24~27Mais 1984, tome I*, p.280.

2. 르 브레의 『국왕주권론』

1) 『국왕주권론』의 집필동기와 근본사상

르 브레는 다른 나라와 달리 프랑스 왕들만이 절대권력을 행사한 왕들이라는 것을 증명하려 했다. 그렇게 하도록 르 브레를 격려한 사람은 루이 13세 시대의 유명한 절대왕권의 옹호자이자 실무적 책임자였던 리슐리외였다. 리슐리외는 명실공히 절대왕권을 확립하는 논리를 개발하고자 했는데, 그가 적임자로 선택한 사람이 바로 르 브레였다. 르 브레는 그의 격려를 받고 1632년 저술한 『국왕주권론(De la souveraineté du Roi)』에서 로마 교회에 충성을 맹세하고 매년 연공을 바치는 나폴리, 폴란드, 사르디니아, 영국의 왕들은 결코 절대적 권위를 갖고 있지 않다고 비난했다. 그는 독일이나 이탈리아와 달리 프랑스의 왕들은 교황청의 간섭을 받지 않았을 뿐만 아니라 주변의 모든 제국의 권력 안에 있지 않았기 때문에 진

정한 주권자이며 절대왕권을 행사하는 것이라고 했다.[19]

그의 근본사상은 왕은 신에게 속해 있고, 법은 왕에게 속해 있다는 것이다. 따라서 왕국의 법 제정, 법 개정, 법 해석이 국왕에게만 속한다는 것이다.[20] 이 권리는 인민들이 주권을 누릴 때 인민에게 속하지만 신이 인민들 위에 왕을 세운 이후 인민들은 이 주권을 빼앗기게 된다는 논리에 의한 것이었다.[21] 그는 『국왕주권론』 제4장에서 법 제정, 명령, 칙령 반포의 권리들을 왕들에게 허락한 것은 신 자신이라고 하여 지상에서 왕의 절대권을 확정했는데, 여기에서 그의 갈리카니즘(Gallicanisme)이 엿보인다.

르 브레에 의하면, 국왕은 자신의 자문기관(참사회), 재판소와 상의하지 않고도 입법을 할 수 있다. 평화와 전쟁의 권리, 재정에 대한 권리를 갖는 이는 역시 국왕이다. 국왕은 관리들을 감독하고 비행을 처벌할 의무를 갖고 있다는 것도 강조했다. 그리고 그는 교회의 토지도 세속 토지와 같이 모두가 군주에게 종속되는 것을 원칙으로 했다. 따라서 국왕은 사제들의 거주지를 제한하고, 과거의 관습이나 공의회의 규정을 준수하게 하며 결혼 등의 예식을 관장할 수 있게 했다. 수도원의 설립이나 공회도 왕의 허가를 받아야 했다. 그는 리슐리외와 마찬가지로 수도원의 과잉을 염려했는데, 그것은 국가 재정의 과다지출과 그곳이 절대왕권의 사각지대였기 때문으로 풀이된다.

---

19) Henri Sée, *Les Idées Politiques en France au XVIIe Siècle*(New York: Arno Press, 1979), p.67.

20) W.J. Stankiewicz, *Politics & Religion in Seventeenth-Century France*(Connecticut: Greenwood Press, Publisher, 1976), p.130.

21) Henri Sée, *Les Idées Politiques en France au XVIIe Siècle*, p.67.

2) 절대권력의 남용에 대한 교훈

르 브레가 비록 절대군주론자였다 할지라도 무제한의 절대권력을 고집한 사람은 아니었다.[22] 그는 당시 절대권으로 남용되던 관직 매매와 세습을 강력히 반대했다. 그 이유는 이것들로 인해 재판에서 돈이 많이 들고, 길어지며, 특히 게으른 관리들이 늘어나고 사치와 낭비가 늘어나 가정이 파괴될 수 있기 때문이라는 것이었다. 또한 돈을 가진 사람들만이 관직을 차지하기 때문에 관직의 값을 올리는 등 관직의 품위를 떨어뜨린다고 지적했다.[23] 그는 보댕과 달리 국왕이 왕국의 유일한 주인이라고 말한 것은 아니지만, 하천과 큰 도로에 대해 법적 권리를 행사하는 주인이며, 역참을 세우고 산림, 광산, 사냥에 대한 최고권을 행사할 수 있다고 주장했다. 그러나 모든 재산이 군주에게 속한다는 종래의 논리는 잘못된 원칙이라고 지적하고 평화시에 만약 강제로 재산이 수용된다면, 백성들은 그에 대한 보상을 받아야 한다고 주장했다. 그는 군주가 국민 재산의 자의적인 처분을 할 수 없음을 확실하게 하고 있는 것이다.

르 브레는 귀족들에게 어떤 종류의 정치권력도 인정하지 않았다. 그러나 영지소유권과 더불어 인두세와 보조금의 면제 혜택을 누릴 수 있는 특권을 인정함으로써 '절대주의가 귀족을 위한 인민의 통치'라는 논리를 수립하는 데 기여했다.

그리고 군 복무를 필한 사람에게 귀족이 되는 우선권을 부여하

---

22) W.J. Stankiewicz, *Politics & Religion in Seventeenth-Century France*, p.131.

23) Henri Sée, *Les Idées Politiques en France au XVIIe Siècle*, p.68.

자는 그의 주장은 루이 14세 시대에 이르러 실현되었다. 그는 출신에 의한 귀족이 아니라 능력과 공과에 따라 귀족이 될 수 있는 길을 열 것을 촉구했다. 따라서 그의 마음속에는 서민에 대해 짙은 동정심을 가지고 이들의 생활을 악화시키는 권력남용을 없애기를 희망했던 것이 돋보인다.[24]

르 브레는 절대권력이 합법적인 왕국을 훼손시키지 않기를 간절히 바랐다. 그는 합법적인 왕국을 건설하기 위해 필요한 것은 1. 주권에 인민들을 복종하게 하는 일, 2. 인민의 행복이라는 주요 목표를 위해 모든 수단을 강구하는 일이라는 것을 강조했다. 그리고 이를 위해 군주가 가슴속에 간직해야 할 것은 1. 정의를 엄격하게 시행할 것, 2. 백성들에게 평화를 보장하여야 할 것이라고 하여 권력을 가지고 있는 자들로부터 힘없는 자들을 보호하고 인민들의 행복을 보장하는 것을 군주의 의무로 규정했다.

그러나 그는 자의적 권력으로부터 인민들을 효과적으로 보호하는 것을 염두에 두지 않았다. 그는, 왕들은 신의 권력과 정의에 복속되며, 신은 사악한 왕들을 처벌하므로 왕들은 모든 정의 원칙의 지배를 받아야 한다고 선언했다. 루이 14세도 그의 말처럼 신의 권력과 정의를 믿고 이 정의에 맞게 행동할 것을 생각했다. 하지만 정치현장에서 행해진 그의 자의적 언행은 절대권력의 '남용'이라는 오점을 남길 수밖에 없었다.[25]

---

24) *Ibid.*, p.77.

25) *Ibid.*, pp.77~78.

3. 뒤퓌의 갈리카니즘

1) 갈리카니즘에 의한 왕권강화

앙리 4세가 서거하자 가톨릭과 개신교 간의 싸움이 1618년부터 본격적으로 시작되어 30년 전쟁으로 확대되었다. 프랑스 절대왕정은 가톨릭교회와 단합하여 위그노의 탄압에 성공하자 로마 교황의 간섭에서 탈출하고자 했다. 동시에 이를 뒷받침하는 새로운 학설이 나와 교황으로부터 프랑스 절대군주의 독립성을 촉구했다. 그것은 세속적 질서에 관한 한 국왕은 교황의 간섭을 받지 아니한다는 것인데, 이것이 바로 '갈리카니즘'이다.

갈리카니즘을 주장한 인물은 르 브레, 뒤퓌 등이었다. 뒤퓌보다 앞서 르 브레는 「교회의 권력남용에 대한 상소문(appels comme d'abus)」에서 성직자도 세속법정에 복종해야 한다고 주장했다. 그것은 교회법정의 권력남용에 대한 우려에서였던 것이었지 절대주

의 교리로서 속권의 독립을 강행한다는 것은 아니었다.[26]

그러나 루이 14세의 사서인 뒤퓌(Dupuy:1582~1651)는 르 브레보다 강경했다. 그는『프랑스 교회의 권리와 특권에 관한 논고』(1639)와『피에르 피투의 프랑스 교회 자유론에 대한 논평(*Commentaire sur le traité des liberté de l'Eglise gallicane de Pierre Pithou*)』(1639)에서 프랑스 교회주의 기본 공식 세 가지를 제시했다.

1. 교황은 속권을 가지고 있지 않다. 교황은 세상 것과 관계된 공적인 것이나 개인적인 것에 대해 명령하거나 지시할 수 없다. 지상에서 자신보다 높은 존재를 인정하는 세속 군주는 군주가 아니며, 교황이 속권을 지배할 경우 속권은 더 이상 존재하지 않을 것이다. 그러므로 왕은 교황의 명령에 따를 필요가 없다. 2. 교황이 영적 지도자라 할지라도, 프랑스에서 절대적이고 무제한의 권력은 존재하지 않으며 프랑스가 인정한 공의회의 법규나 규정에 의해 억제되고 제한된다. 3. 프랑스 국왕은 일시적이 아니라 교회법(canons)에 대한 존경을 통해 집행권을 갖게 된다.[27]

사실 그간 교황은 국왕을 파문하거나 복종을 면제해주는 등 속권에 대해 간섭해 왔지만 이제 갈리카니즘에 의해 이런 교황의 권리가 프랑스에서 통해서는 안 된다는 것이다. 따라서 뒤퓌는 교황의 권리가 공의회보다 우월하다고 생각해서는 안 된다고 강조함으로써 프랑스 갈리카니즘에 입각한 절대왕권에 힘을 실어주는 논리

26) W.J. Stankiewicz, *Politics & Religion in Seventeenth-Century France*, p.131.

27) Henri Sée, *Les Idées Politiques en France au XVIIe Siècle*, pp.78~79.

를 제시했다.

　이어서 뒤퓌는 프랑스 국민교회의 자유를 보장할 수 있는 원칙도 제시했다. 1. 국왕의 '검열'을 받지 않고 어떤 교서도 프랑스에서 발간될 수 없으며 프랑스 교회의 자유에 위배되는 교서는 받아들이지 않는다. 2. 위배되는 교서에 대해 차기 공의회에서 이의를 제기할 수 있다. 3. 프랑스의 왕권을 보전하기 위해 국왕은 교황과 주교에 대해 항소권을 행사할 수 있다.[28]

　뒤퓌의 책은 1639년 파리 '사제회의'에서 금서로 결정되었다.[29] 뒤퓌를 가장 반대한 에르상의 『분리론에 대하여(*De cavendo schismate*)』도 파리고등법원이 금서처분을 내렸다. 그러나 뒤퓌로부터 감명 받은 리슐리외는 마르카(Pierre de Marca)로 하여금 에르상의 책에 답변토록 용기를 주었다. 마르카는 『영권과 속권 조화론 (*De concordia sacerdotii et imperii*)』을 통해 국가는 교회와 마찬가지로 하나님에 의해 건립되었으므로 로마 교회의 주권과 국왕의 주권이 동시에 인정되어야 한다고 주장을 했다. 따라서 왕권은 자신보다 우월한 존재를 인정하지 않으며, 영적인 면에서 권력을 행사하지 않는다 하더라도 교회의 수호자로서 교회 법규 집행과 관계되는 법률은 시행할 수 있다는 것을 주장하여 절대왕권을 옹호했다. 이 책은 1641~1704년에 4판이 거듭되면서 대중들의 인기를 끌었고, 교권과 속권의 독립을 보편화시키는 데 크게 기여했다.[30]

---

28) *Ibid.*, p.80.

29) W.J. Stankiewicz, *Politics & Religion in Seventeenth-Century France*, p.132.

30) Henri Sée, *Les Idées Politiques en France au XVIIe Siècle*, p.81.

이 외에도 당시 갈리카니즘을 주장한 의견들이 많았는데, 예를 들어 1682년 프랑스 가톨릭 성직자 총회는 4개 조항을 통해 교권으로부터 왕권의 독립을 강조했다.

1. 세속적 사항에 관한 한 국왕은 교황의 간섭을 받지 아니한다. 2. 교황은 공의회의 의결을 따라야 한다. 3. 교황은 프랑스 내의 관습과 권리를 존중해야 한다. 4. 신앙사항에 관한 교황의 결정은 공의회의 승인을 얻음으로써 확정한다.

이 선언은 성실청(Saint-Siège)에 의해서 단죄되었지만, 이러한 사상은 프랑스에서 국민교회의 기반을 공고히 하는 데 큰 힘이 되었다. 그렇다면 갈리카니즘은 어떤 형태의 프랑스 국민교회였나? 그것은 앙리 4세가 예수회 학교에 귀족들의 교육을 위탁하고, 루이 14세의 고해 신부가 예수회 출신이었으며, 또한 그가 77세의 일기로 사망했을 때 관례에 따라 그의 심장을 도려내어 예수회 수도원에 보관한 것을 보면 프랑스 국민교회는 프랑스에 있었던 예수회 자체이거나 그와 깊은 관계가 있는 것이 확실하다.

2) 갈리카니즘적 또 다른 절대군주론

이 밖에도 프랑스의 갈리카니즘과 '절대군주론'의 확립에 기여한 사람은 많다. 루이 13세 시대에 발자크(Balzac)는 『군주론(*Le Prince*)』에서 국왕은 위험하다고 생각되는 사람들을 죽임으로써 위험을 예방할 수 있다고 하여 국왕의 사형권을 공식화했다. 따라서 1624년 루이 13세는 파리고등법원에서 공법(公法)의 범위에 속한 사건을 다루지 못하게 함으로써 반역죄를 국왕재판소에서 다루도록 했다. 그리고 그것은 루이 14세가 친정을 시작한 1661년까지 계속되었던 것을 볼 수 있다.[31] 충실한 신하는 자신이 구금되거나 죽는 일도 즐겁게 감수해야만 한다는 것은 전혀 새로운 말이 아니었다. 그렇지만 왕은 선량한 사람들이 손해 보지 않게 하는 것에 최선을 다해야 하며, 공공의 이익을 위해 인민들에게 지나치게 무거운 세금 부담을 주지 않아야 한다는 주장을 했다.

한편 의사이자 사서인 노데(Gabriel Naudé:1600~1653)는 처음 리슐리외에 의해서 사서로 발탁되었다가 다시 1643년 리슐리외의 뒤를 이은 마자랭의 사서가 되었다. 그는 유럽 전역에서 약 4만 권의 책을 수집하여 '마자랭 서재'를 만들고, 종전의 도서 분류체제를 응용해 신학, 의학, 법학, 역사, 철학, 수학, 고전문학 등으로 분류했다. 그는 1639년에 발간된 『쿠데타에 관한 정치적 고찰 (*Considerations politiques sur les Coups d'Etat*)』에서 개인의 이익보다 공공의 이익과 효용을 강조하였다. 그리고 프리에작(Daniel de Priézac)은 인민들은 뛰어난 이성을 넘어설 수 없으며, 이것을 어렴풋하게나마 조금 느낄 수 있을 뿐이라고 하여 외부로부터 간섭받지 않는 군주의 절대권의 필요성을 강조하였다. 하지만 군주는 인민들이 알지 못하는 보편적 이성으로 사물을 관찰해야 한다는 군주의 우

---

31) Bonney, *Political change in France under Richelieu and Mazarin, 1624~1661*(London: Oxford University Press, 1978), pp.25~26. 김성학, 「프랑스 관직매매와 절대왕정의 형성」, 『서양사론』 제23호, 한국서양사학회, 1982, 70쪽 재인용.

월성과 의무를 제시했다.

그 후 다반(François Davanne)은 『국왕의 인민에 대한 권력과 인민의 국왕에 대한 권력에 대하여(*De la puissance qu'ont les rois sur les peuples et du pouvoir des peuples sur les rois*)』(1650)에서 "국왕이 인민을 만든 것이 아니라 인민이 국왕을 만들었다."라는 대범하고 혁명적인 말을 했다. 따라서 인민에게는 조건부의 복종의무만이 있다고 했으며, 또한 1650년에 쓰인 『당대의 정치(*Politique de temps*)』를 통해 인민은 국왕의 선출자이며, 행정가는 인민을 위해 만들어졌지 인민이 행정가를 위해 만들어지지 않았다고 주장했다. 결과적으로 절대군주제의 이상적인 논리는 군주가 계약에 충실하지 못할 때 인민들은 군주에게 이의를 제기할 수 있어야 한다는 것이다. 그리고 군주가 권력을 남용할 때 최초의 계약은 파기된다고 그가 역설한 것은 국왕의 절대권력을 누구를 위해 행사되어야 할 것인지를 잘 보여주고 있다.

4. 자크 보쉬에의 『세계사론』과 『성서에서 발췌한 정치학』

1) 왕권신수설에 의한 루이 14세의 왕권강화

자크 보쉬에는 『세계사론(*Discours sur L'Histoire Universelle*)』(1681)에서 "하나님은 말씀에 의해 하늘과 땅을 창조하시고, 그 자신의 형상으로 인간을 지으셨다."[32]는 『성서』의 내용부터 소개했다.[33] 그리고 그는 "하나님은 국왕을 그의 백성으로, 그리고 국가 전체를 통치하는 자로 만들었다. 국왕이 쓰는 왕관은 인간의 것이 아니라, 그것은 바로 하나님의 왕관이다."[34]라고 하면서 종교전쟁으로 인한 무정부 상태를 해결하는 가장 적절한 방법이 바로 왕권 강화라

---

32) 『구약성서』 창세기 1장.

33) Jacques-Bénigne Bossuet, *Discours sur L'Histoire Universelle*, 1681(Polo Design, 2006), p.9.

34) 콜린 존스 지음, 『사진과 그림으로 보는 케임브리지 프랑스사』, 181쪽.

프랑스의 절대왕정시대

50

고 주장했다.

　보쉬에의 왕권 강화론은 프랑스 절대주의 가장 전성기라고 할 수 있는 루이 14세 시대에 그 최종적인 모습을 보여주었다. 보쉬에의 정치이론은 루이 14세의 현실 지배와 어느 정도 일치하면서 상호작용했다. 루이 14세는 신권의 대리자로서의 영광을 최대로 누리고 있었으나 지난날의 전통에 대한 기억이 완전히 사라지지 않아서 파리고등법원이 왕의 권력에 대한 견제 역할을 하고 군주가 폭군이 되는 것을 방지하는 규칙도 여전히 남아 있었다. 보쉬에는 지난날 군주제의 이와 같은 기본 원칙을 완전히 버리지 않았다. 그는 국가 주권론의 지지자로 자처했으나 종교적 불변의 원칙을 부정하지는 않았다. 그는 군주가 인민의 이익을 먼저 생각해야 하고, 군주의 권리는 대신 필수적인 의무를 수반해야 한다고 생각했다. 그의 견해는 '국왕은 지상에 있는 하나님의 형상'이며 진정한 신이라고 주장한 영국의 제임스 1세(Jacques I)의 정치사상과 흡사하였다. 국왕은 교황의 간섭으로부터 자신의 세속권을 보호할 권리를 갖고 있다는 것을 단호하게 강조하여 역시 교황의 지배나 간섭으로부터의 독립을 강력히 뒷받침하였다.[35]

　또한 보쉬에는 당시 절대주의 사상의 수호자로서 명성을 떨치고 있었던 홉스의 영향도 받은 것으로 보인다. 이들은 모두 폭력적이고 무정부적인 자연 상태를 절대적 정치권력으로 해결할 수 있다고 생각했다. 그에 의하면, 사랑으로 충만한 사회는 카인의 욕심에 의해

---

35)　Henri Sée, *Les Idées Politiques en France au XVIIe Siècle*, pp.139~140.

아주 옛날에 침탈되고 파괴되었다. 최초의 인간인 아담은 하나님으로부터 벌을 받아 에덴동산에서 쫓겨났고, 그 자손 카인은 아우 아벨을 죽였는데 보쉬에는 이것이 바로 '자연 상태'라고 했다. 인간에게 또 다른 분열의 원인은 인구의 증가로 국가가 분리되고, 언어가 다양해졌기 때문이다. 원시사회에는 믿음도 없고 확실함도 없고 어떤 권리나 정의도 없었다. 그러므로 자연 본래의 원칙에 따르면, 어느 누구도 어떤 것에 대한 권리도 갖고 있지 않으며 모두는 모두의 먹이일 뿐이므로 '하나님의 왕관'을 쓴 강력한 군주의 통치를 주장했다. 따라서 개인의 권리는 이 권력 밖에서 도출될 수 없다. 그래서 그는 홉스와 마찬가지로 절대군주제가 평화, 질서, 법률의 안정을 가장 잘 보장할 수 있다고 주장했다.

2)『성서』에서 절대군정의 4원리 발견

보쉬에의 정치사상은 그 기초가 매우 신학적이다. 그는 신의 섭리(Providence)가 모든 인간사를 권위 있게 이끈다고 생각했다. 그의『세계사론』의 중심사상은 아우구스티누스(Saint Augustine)의『신국론(De civitatae Dei)』을 전적으로 수용한 것이다. 그것은 태자(Dauphin)를 위해 특별히 간행된 책이었다. 서문에서 그는 "역사는 다른 사람들에게는 무익한 것이나 왕자들은 읽어야 할 필요가 있다."[36]라고 하면서 역사만큼 정열과 흥미, 시기와 정세, 선·악의

---

36) Jacques-Bénigne Bossuet, *Discours sur L'Histoire Universelle*, 1681, p.6.

상담자를 찾을 수 있는 방법
은 없다고 했다.

보쉬에는 『세계사론』에서
하나님은 천지를 창조하셨으
므로 자연법을 세웠을 뿐 아
니라 개별적인 일들에도 관
여한다고 주장했다.[37] 그리
고 그는 바로 하나님이 군주
에게 영감을 주고 충고하며,
정복자를 태어나게 하고 제
국을 멸망시킨다는 논리를
전개하였다.

보쉬에는 『성서에서 발취
한 정치학』[38]과 『변화하는 역

자크 보쉬에
Jacques-Bénigne Bossuet, *Discours sur L'Histoire Universelle*(Pogo Design, 2006)

사에 관한 쥐리외 목사의 편지에 대한 다섯 번째 경고(*Cinquiéme avertissement contre les lettres du ministre Jurieu relativement à 1'Histoire des variations*)』에서 절대주의의 정치원리를 확정한 것처럼 보인다. 그는 정치의 모든 원칙을 『성서』에서 찾았다. 그에 의하면, 정치는 신학의 한 갈래이며 정치의 모든 원칙은 종교 자체에서 파생된다

37) *Ibid.*, p.81.
38) 『성서에서 발취한 정치학』은 자크 보쉬에가 죽은 다음 아베 보쉬에(L'abbé Bossuet)에 의해 1709년에 발간되었으며, 초판 6권을 태자(Dauphin)를 위해 쓴 것이다. 1693년 교정을 거쳤고, 새로운 4권은 1700~1704년에 쓴 것이다.

제 2 장 절대왕정의 사상적 기반이 있었는가?

는 것이다.[39] 그는 「왕세자 교육에 관해 이노센트 11세에게 보낸 편지」에서도 정치의 비밀들과 정부의 공식들을 『성서』에서 발견했다고 하면서 『성서』 이외에 어디에서도 정부에 관한 확실한 공식을 볼 수 없다고 했다.

보쉬에는 『성서에서 발취한 정치학』에서, 그는 왕의 절대권에 대한 4가지 원칙을 제시했다. 첫째, 왕권은 신성하다. 둘째, 왕권은 부계상속이다. 셋째, 왕권은 절대적이다. 넷째, 왕권은 이성을 근거로 한다.[40]

따라서 절대권력의 정부도 하나님의 주권 안에 있고, 군주는 그 안에서 하나님의 주권을 대리한다는 것을 확실하게 하고 있다. 왕은 하나님 이외에 누구에 대해서도 책임을 지지 않으며, 하나님이 왕보다 위에 있는 것과 마찬가지로 왕은 다른 인간들보다 훨씬 위에 있다는 것이다. 그것은 임승휘의 해석과 같이, 프랑스에서 국민은 국왕의 인격 안에 완전히 자리잡고 있게 되어야 한다는 것이다.[41]

그러나 "하나님은 거룩함 그 자체이시며, 선 그 자체이시며, 의로우심으로"[42] 절대권력의 정부는 압제적인 정부와는 다르다는 것을 강조했다. 그래서 그는 국왕의 의무를 많이 강조했다. 그는 국왕의 기본 의무의 하나는 자비이고, 가장 중요한 또 다른 하나는 하나님에 대한 사랑이라고 했다. 왜냐하면, 하나님에 대한 사랑으

---

39) Henri Sée, *Les Idées Politiques en France au XVIIe Siècle*, p.150.

40) Wesley D. Camp, *Roots of Western Civilization, vol.1*(N.Y.: John Wiley & Sons, 1983), p.185.

41) 임승휘, 『절대왕정의 탄생』, 37쪽.

42) 『구약성서』 이사야 5장 16절.

로부터 종교의 보전과 인민에 대한 사랑의 의무가 나오기 때문이라는 것이다.

그는 『변화하는 역사에 관한 쥐리외 목사의 편지에 대한 다섯 번째 경고』에서도 정치는 신학의 한 갈래이며 정치의 모든 원칙은 종교 자체에서 파생된다는 것을 강조했다. 하나님은 모두의 아버지이므로 그를 사랑하고 그에게 순종해야 하는 것처럼 서로를 형제처럼 사랑해야 한다는 것이다. 그것은 모든 인간의 결합과 사회의 창조를 바로 하나님이 원했다는 『성서』의 내용에 입각한 것으로 풀이된다.

3) 절대군주의 치세술

프랑스 절대왕정의 기구는 루이 14세가 친정을 한 1661년부터 개편되어 18세기 말까지 존속되었다. 왕은 절대권력을 행사하였으므로 자연히 군주정은 중앙집권화가 되었다. 게다가 보쉬에가 왕은 정치에서나 종교에서나 신으로부터 부여받은 것으로 간주함으로써 루이 14세의 절대권력에 힘을 실어주었다.[43]

그렇다면 보쉬에는 절대권을 행사하는 정부가 어떻게 만들어질 수 있을 것이라고 생각했는가? 앙리 쎄(Henri Sée)에 의하면, 보쉬에는 홉스처럼 각자 자신에게 할당된 자연권을 양도해야 가능하다고 했다. 각자가 자신의 의지에 따라 자연권을 양도하고 군주나 관

43) Joël Cornette, *Histoire de la France: Absolutisme et Lumières, 1652~1783*(Paris: Hachette, 1993), p.16.

리의 권리에 결합시킬 때에만 인민의 일체감이 존재할 수 있다는 것이다.[44] 그는 홉스처럼 정부라는 제도에 의해서 각 개인은 보다 강해지며, 각자는 자신의 권리를 행사하게 된다고 생각했다.

또한 그는, 권력은 하나님으로부터 나오기 때문에 진정한 군주는 실제로 하나님이며, 하나님 자신이 인간에 대한 권력을 행사하는 것으로 생각했다. 따라서 그는 왕이 절대권력을 가지고 있지 않으면 좋은 일을 하지도, 악을 다스리지도 못한다고 했다.[45] 그러므로 국왕은 성스러우며, 국왕에 대한 모든 공격은 하나님을 모독하는 것으로 간주했다. 따라서 인민은 종교와 양심의 원칙에 따라 군주에게 절대복종을 해야 하는 것을 왕권신수설의 원칙으로 삼았다.

보쉬에 의하면, 모든 인간사회의 근본은 가족이기 때문에 정부는 당연히 부권적 체제의 확대에 따라 설립된 것이다. 군주는 하나님으로부터 권력을 받은 가장과 같다. 그것이 인민의 동의에 의한 것인지 아니면 정복에 의한 것인지는 중요하지 않다. 그리고 그는 그 정복이 합법적인 것인지 아닌지는 염두에 두지 않았다. 따라서 절대군주정에서 잔혹, 공정, 폭정, 무력 등은 문제가 되지 않으며 성립된 제국 모두는 합법적인 것이 될 수 있다는 것이다. 그러므로 어떤 기원으로든지 일단 성립된 모든 정부를 존중하고 사랑해야지 그것을 공격하는 것은 범죄라고 했다.[46] 그는 군주정이든 귀족

44) Henri Sée, *Les Idées Politiques en France au XVIIe Siècle*, p.152.

45) Donald Kagan · Steven Ozment · Frank M. Turner, *The Western Heritage*(N.Y.,: Macmillan Publishing Company, 1987), p.463.

46) Henri Sée, *Les Idées Politiques en France au XVIIe Siècle*, p.154.

정이든 민주정이든, 정부는 모두 존경받을 권리를 갖고 있으며, 주권의 관리자는 모두 자신의 권력을 하나님으로부터 받았기 때문에 신성하다고 했다.

보쉬에는 정부에 대한 반란보다도 갈리카니즘에 위배되는 것에 대한 엄한 처벌을 더욱 강조했다. 그는 모든 형태의 개신교는 프랑스 교회의 원칙 자체를 침해하는 것으로 보았으며, 그것을 정치적 반란으로 단정했다. 그는 홉스의 한계를 넘지 못하고, 인민은 어떤 방법으로든 공권력에 저항할 수 없다는 것과 군주의 행동을 통제할 권리가 없다고 하면서 절대권력론을 주장했다.

그러므로 쥐리외의 이론은 그에게 걸림돌이 되었다. 보쉬에가 특히 쥐리외를 못마땅하게 생각한 것도 사실은 인민의 권리에 대한 견해 차이였다. 쥐리외는 첫 번째 『목자의 편지(Lettres pastorales)』에서 군주의 절대권력 즉, 왕권신수설을 비판하고 인민주권을 주장했다. 그는 인민은 왕 위에 있다고 주장했는데,[47] 왜냐하면 군주의 권력은 인민으로부터 나왔기 때문이라는 것이다.[48]

그는 『변화하는 역사에 관한 쥐리외 목사의 편지에 대한 다섯 번째 경고』에서 인민이 지배하는 정체는 모든 정체 중에서 가장 나쁜 정체이고, 모든 국가의 기초가 인민에 의한 국가라면, 모든 권력은 모두 파괴될 것이라고 했다.[49] 그는 자연 상태의 인간을 가정하면

---

47) Paul Pic, *Les Idées Politiques de Jurieu et les Grands principes de 89*(Montaubant: Imprimerie Coopérative, 1907), p.29.

48) *Ibid.*, p.32.

49) Henri Sée, *Les Idées Politiques en France au XVIIe Siècle*, p.156.

서, 자연 상태는 무정부 상태로 각자는 모든 것을 주장하는 동시에 부정하는 야성적이고 야만적인 자유를 누리는 상태에 있었을 뿐이며, 이러한 상태에서는 재산도 없고 땅도 없고, 행복도 없고 확실한 휴식도 없으며, 가장 강한 자의 권리 이외에는 어떤 권리도 없는 상태라고 했다. 그는 인민들이 국가를 건설하면서 자신의 주권을 양도했으므로 인민은 더 이상 주권을 가질 수 없다고 주장했다. 그는 홉스, 로크, 그리고 루소와 달리 인민은 최초의 순간에도 주권을 가지고 있지 않았다고 하면서 인민은 주권을 가지고 있다는 쥐리외의 이론을 비난하며 루이 14세의 절대권력을 정당화했다.

그리고 앙리 쎄에 의하면, 보쉬에는 전쟁과 정복을 폭력으로 생각한 쥐리외와 달리, 전쟁권은 합법적이기 때문에 정복은 합법적이며, 승리자는 패배자에게 무조건 항복을 강요할 수 있는 권리가 있다고 주장했다. 또한 부모와 자식, 남편과 아내의 관계에도 계약이란 없으며 하나님이 부여한 상호 의무만이 있을 뿐이다. 사회계약이 없다면 정치계약도 없고, 실제로 군주와 인민 사이에 계약이란 결코 없었다는 것이 정부론의 특색이다.[50]

그렇다면 인민들은 어떤 보장도 없이 절대권력을 가진 군주를 원했을까? 그것은 어떻게 해서라도 무정부 상태로부터 탈출하고, 적들의 공격에 대해 방어해줄 사람이 필요했기 때문이라는 것이 보쉬에의 논지이다. 그는 마치 전쟁터에 나아가 장군들의 지휘에 자신을 맡기는 경우와 같은 상황논리로 설명했다. 사람들은 적의

---

50) *Ibid.*, p.157.

손에 죽는 것보다 장군의 명령을 수행하며 살아남는 것을 더 좋아한다는 것이다. 결국 보쉬에가 생각하는 '인민'은 규칙도 없고 법률도 없는 다수에 불과했던 것이다.

그는 군주제 중에서도 '세습적이고 상속적인 군주제'를 선호했는데, 그것은 '국왕은 결코 죽지 않는 영원한 존재'이기 때문에 권력 승계가 어떤 혼란도 야기하지 않아서 좋다는 것이다. 그리고 절대권력 없이는 선을 베풀 수가 없고 악을 물리칠 수 없으므로 국왕의 권력은 절대적이어야 한다는 것이다. 그는 국왕이 있고 난 후부터 인민은 국왕의 권력 밑에서 비로소 편히 머물 수 있다고 생각했다. 그러므로 군주에 대해서는 어떤 속박도 가해질 수 없으며 '강제력(force coactive)'도 있을 수 없다. 그러나 그것은 군주의 이익이 국가의 이익과 인민의 이익에 완전히 일치한다는 것을 전제로 할 경우에만 가능할 것이다.

그렇다면 보쉬에가 생각한 국왕의 의무는 무엇일까? 1675년, 『루이 14세에게 드리는 교훈(*Instruction donné à Louis XIV*)』과 같은 해에 쓰여진 한 편지에서 보쉬에는 국왕의 의무를 보다 구체적이고 보다 실천적인 방법으로 규정했다. 여기에서 그는 모든 행정에서 국왕은 인민의 행복과 공공이익에 대한 사랑을 가져야 하며, 공공이익에 대한 사랑은 대중을 구성하는 각 개인들에 대한 가능하고 필요한 모든 관심을 갖게 한다는 것이다.[51] 또한 군주는 재정을 잘 관리하고, 특히 힘없고 가난한 사람들을 약탈하는 것을 방지해야

---

51) *Ibid.*, p.165.

한다. 따라서 군주는 정의의 원칙이 올바르게 시행되도록 해야 하고, 무엇보다도 인민들이 비참한 생활을 벗어나게 해야 한다는 것이다. 당시 프랑스는 네덜란드와의 전쟁 부담이 가중되고 있었으며, 기엔(Guyenne)과 브르타뉴(Bretagne)에서는 폭동이 일어날 정도였으므로 보쉬에가 이러한 제안을 한 것은 당연했던 것이라고 볼 수 있다. [52)]

보쉬에는 인민은 군주의 종교와 다른 종교를 가질 수 없다고 하여 루이 14세의 퐁텐블로 칙령에 힘을 실어주었다. 그는 설령 '우상 숭배'를 인정한다 할지라도 종교는 국가의 안정과 발전에 기여해야 한다는 것이다. 국왕은 하나님의 대리자이므로 모든 인간의 문제들을 다루고, 종교를 보호하는 것은 당연하다는 것이 그의 지론이다. 따라서 그는 교권과 속권이 서로 질시하고 투쟁하기보다는 서로 도와야 한다는 '화의 정책'을 제시했다. 특히 프랑스의 국왕은 교회가 군주권을 공고히 하고, 국왕에게 왕국의 보호자 역할을 하게 한 것에 대해 감사해야 한다고 했다. 그에 의하면, 잘못된 종교를 파괴하는 일도 국왕의 의무이며 폭력 사용도 합법적이다. 그는 만약 국왕이 모든 종교에 대해 관용을 베푼다면, 모든 인민과 모든 국가는 우상 숭배, 이슬람교, 유대교, 그 밖에 모든 종교에 시달려야 하며 신성 모독, 무신론과 엄청난 범죄에도 벌을 줄 수 없어, 사회가 혼란에 빠지게 될 것을 우려했다. 그러면서도 그는 이

---

52) Le Comte Louis de Carné, *La Monarchie française au Dix-Huitième Siècle*(Paris: Didier et Cie, Libraires-Éditeurs, 1859), p.19.

교도에 대한 군주의 폭력 정책보다는 '화의 정책'이 바람직하다고 말한 것을 보면, 평화와 질서를 통치원리의 이상으로 삼았던 것으로 풀이된다.

그는 개신교에 대해 폭력적 탄압을 주장하는 주교들과는 달리 관용을 주장한 것처럼 보이나, 인민은 군주의 종교 이외의 종교를 가질 수 없다고 하며 종교의 자유를 인정하지는 않았다.[53] 개신교도들은 낭트 칙령이 폐지되었을 때 보쉬에가 광란적 박해자가 아니라는 것을 알았다. 그러나 「89개의 대원리」 중 제10조에서 의사 표현과 종교의 자유를 주장하면서 위그노에 대해 온정적 태도를 보인 쥐리외[54]와 달리 1700년 보쉬에가 발표한 두 가지 원칙을 보면, 오히려 낭트 칙령의 폐지를 합법적이고 자비적인 행위로 보았던 것을 알 수 있다.[55] 1. 군주는 모든 이교도들이 서원을 하고 가톨릭교회에 복종하도록 강요할 수 있다. 2. 교회는 이러한 군주의 명령을 따를 뿐 아니라 교회 내에서 이 원칙은 지속적으로 통용될 수 있다.

비록 보쉬에가 종교의 관용을 주장하였다 할지라도 그것은 앙리 4세의 '화의 정책'과 다르며, 종교의 자유가 아니고 평화적 개종을 의미하는 것이었다. 그의 종교는 프랑스 갈리카니즘을 공고히 하는 데 초점을 두었던 것이다. 그리고 그의 종교사상은 나폴레옹의

---

53) Henri Sée, *Les Idées Politiques en France au XVIIe Siècle*, p.167.

54) 김충현, 「피에르 쥐리외의 정치사상」, 『서양사학연구』 제25집, 한국서양문화사학회. 2011, 36쪽.

55) Paul Pic, *Les Idées Politiques de Jurieu et les Grands principes de 89*, p.52 · 68.

「교리문답」에서도 기묘하게 이용되었다. 나폴레옹은 황제로 추대되었을 때, 하나님의 가호가 없이는 어떠한 군주도 오래갈 수 없다는 생각에서 대관식을 서둘렀고, '하나님의 가호로 선택된 프랑스 국민의 황제'라는 명제를 완성시켰다. 그리고 그는 새로운 「교리문답」에 대한 칙령을 만들었고 그 시행에 대해 주교들과 교황청의 동의를 얻어내고자 했다. 이 「교리문답」에는 보쉬에의 사상이 첨가되어 있어 오늘날 「보쉬에 교리문답」이라고 부르고 있다.[56]

56) 서정복, 「나폴레옹」, 살림, 2009, 52쪽.

왕권 강화와 중앙집권체제는
확립되었나?

1. 앙리 4세와 쉴리의 왕권 강화와 중앙집권

1) 앙리 4세의 '화의적 왕권 강화'

메리맨(John Merriman)에 의하면, 절대왕정시대 프랑스는 유럽에서 최강의 나라였고, 프랑수아 1세와 앙리 4세가 왕권을 확립했다.[1] 그러나 프랑스 절대왕정의 계보는 앙리 4세(Henri VI:재위 1589~1610)부터 시작된다. 그는 가톨릭 국가를 맡은 개신교 왕이었다.[2] 그가 왕이 되기까지 그의 인생은 참으로 파란만장했다. 그가 치른 전쟁과 상황에 따라 그가 여러 번 개종을 반복하지 않으면 안 되었던 사실이 그것을 증명하고도 남는다.

---

[1] John Merriman, *A History of Modern Europe: from the Renaissance to the Present*(New York: W.W. Norton & Company, 1996), p.283.

[2] 앙리 쎄 지음, 나정원 옮김, 『17세기 프랑스의 정치사상』, 민음사, 1997, 21쪽.

그는 1554년 태어나서 가톨릭으로 세례를 받고, 1559~1562년 어머니의 영향과 교육을 통해 개신교로 전향했다. 그러나 1562년 아버지의 압력으로 가톨릭 신자가 되었다가 아버지가 죽고 개신교로 다시 개종했다. 1572년 성 바르델르미 사건 직후 발루아 궁전에서 "개종, 감옥행, 사형"의 갈림길에서 가톨릭으로 돌아섰다. 그리고 1576년 궁전을 탈출하여 세 번째로 개신교도가 되었고, 프랑스 국왕이 된 후 정략상 1593년 가톨릭으로 다시 개종했다.[3] 그의 개종은 실로 살아남기 위한 개종이었으며 또한 왕이 되기 위한 것이었다.

그는 프랑스의 세 앙리의 싸움에서 앙리 3세와 결탁하여 앙리 드 기즈 공을 암살하고 가톨릭 동맹군과 싸워 승리함으로써 왕위 상속의 기선을 잡았다. 그는 유능하고 평판도 좋았고, 36세에 프랑스 왕에 즉위하였으며, 즉위 초부터 귀족들의 세력을 누르고 왕권을 확립하였다.

앙리 4세가 즉위할 당시 프랑스는 세 앙리의 싸움에 의해 가축이 거의 전멸되어 밭갈이가 불가능할 정도였다. 전쟁을 치룬 이전과 달리 사람들은 교활하고 거칠고 야만스러워졌다. 농부들은 소가 없어서 어깨에 줄을 걸고 우마처럼 가래를 끌며 밭을 갈았다. 도시의 인구는 현저히 감소되어 어떤 곳은 3분의 2밖에 남지 않았고, 직물업은 폐업 상태였다. 재정 상태도 절망적이었으며, 왕의 속옷은 해어졌고 저고리와 팔꿈치에는 구멍이 났으며, 손님 대접을 할 수 없을 뿐 아니

3) Emmanuel Le Roy Laduirie, *L'Etat Royal 1640~1610*(Paris, 1987), trans, Juilet Vale, *The Royale French State, 1460~1610*(Oxford UK&Cambridge USA, Blackwell, 1994), p.230.

앙리 4세
G. Slocombe, *Henrie IV*(Paris: Payot, 1933)

라 이집 저집으로 옮겨 다니면서 식사를 할 지경이었다.[4] 풍자시인 메니페의 말과 같이 옛적에는 누구나 광에는 곡식, 지하창고에는 포도주를 저장하고 은기, 타피스리, 가구를 가지고 있었다. 그러나 당시에는 도적을 빼놓고 3주 동안 지탱할 물자를 가지고 있는 사람이 없었다.

그리고 시골에 살면, 부르주아 출신이든 귀족출신든 간에 그 부인들도 직접 일을 하였다. 16세기 일 드 프랑스 지방에서는 후에 국왕고문관(참사원, Conseille de roi)의 부인이 되었던 푸아낭(Poignant) 양은 이삭을 베는 사람들과 판매인들을 직접 지휘하였다.[5] 이러한 현상은 노르망디 지방, 프로방스 지방 등을 비롯하여 농촌에서 일상적으로 있는 일이었다.

앙리 4세는 강력한 왕이 나타나 빈궁한 삶과 전쟁의 참상으로부

4) Pierre de Vaissière, *Scènes et Tableaux du Règne de Henri IV*(Paris: Éditons Gautier-Languereau, 1935), p.155.

5) 마르크 블로크 저, 김주식 역, 『프랑스 농촌사의 기본성격』, 신서원, 1994, 149쪽.

터 구해주기를 갈망했던 인민들의 소원을 풀어주었다. 사람들은 앙리 4세가 용감하고 선량한 군인이었으며, 프랑스를 사랑하고 가난한 사람들을 이해한다는 생각에서 그를 좋아했다. 게다가 그의 빛나는 눈동자, 커다란 매부리코, 반듯하게 깎아 붙인 수염, 가스코뉴 지방의 듣기 좋은 사투리, 명랑한 성격, 심지어 여자와의 애정행각까지도 많은 사람들의 인기를 끌었다.[6]

그는 국가의 기본요소로 가족과 가부장권을 중요하게 생각했다. 따라서 보댕의 주장과 마찬가지로 자식에 대한 가장의 생사여탈권을 인정했다. 그리고 블루아 칙령(L'ordonnance de Blois, 1557)에서 부모들의 의사에 반하여 결혼하는 자식들에게 상속권을 박탈할 수 있도록 한 것과 25세 이전에 부모의 동의 없이 결혼하는 것은 무효라고 하는 것을 기초로 하여 1606년 12월 칙령을 발표했다. 그의 칙령은 발전하여 루이 13세 시대인 1629년과 1639년 결혼할 때 한 사람의 사제와 3명의 증인참석을 명문화했다. 그는 성혼의 중요성을 강조하고 이혼으로 인한 가정의 파괴를 최소화함으로써 사회안정과 국력신장의 기틀을 확고하게 했다. 프롱드 난 동안에 이와 같은 방법으로 결혼했던 청원심판관 골맹(Gaulmin)의 이름을 따서 오늘날에도 '골맹식 결혼'이라 불리어지고 있다.[7]

6)   André Maurois, *Histoire de la France, tome 1*(N.Y: Éditions de la Maison Française, 1947), p.213.
     * 신용석 역, 『프랑스사』(홍성사, 1981)로 번역되었다. 이후 원문 대조가 필요한 부분은 원문을 인용한다.

7)   Roland Mousnier, "L'Unité Monarchique," *La France et Les Français*(Paris: Éditions Gallimard, 1972), p.1027.

그런데 앙리 4세의 가장 큰 고민은 신앙에 대한 것이었다. 그는 우선 가톨릭 국가의 개신교 왕으로서 국민적 일체감이 필요하다는 것을 느꼈다. 그는 조국과 동포에 대한 사랑을 내세워 가톨릭교도와 위그노가 잔인한 감정을 버리고 이성과 온정을 가지고 화해하지 않으면 안 된다고 역설하고, 왕은 용감하고 선량한 사람들의 종교에 가담할 것이라는 것을 밝혀 국민들의 마음을 샀다.

그는 1598년 낭트 칙령(Edit de Nantes)을 발표하여 위그노들에게 신앙의 자유를 인정하고, 징세권을 부여한 왕으로 명성을 얻었다. 또한 위그노에게 공직 취임과 법정입회권을 부여하였다. 그는 중상주의 정책을 실현하여 수입보다 수출을 늘려 금은보화를 비축하고 견사, 양탄자 직조, 크리스틸 유리 제조 등의 사치품 산업을 장려하여 국고를 튼튼하게 했다. 루아르와 센 강을 잇는 운하의 건설로 수로를 확대하고 루앙(Rouen)과 마르세유(Marseille) 등의 항구를 개척하여 교역과 시장경제를 활성화시켰다.

동시에 그는 재무상 쉴리(Sully:1560~1640)의 도움을 받아 국토재건이라는 대사업과 더불어 재정의 정비 · 세제의 개혁 · 산업의 보호육성 · 무역과 식민지 개척에 힘을 기울였다. 1608년에는 샹플랭(Champlain:1567~1635)으로 하여금 아메리카에 생 로랑(세인트 로렌스)과 누벨 오를레앙(뉴올리언스)을 건설하여 해외의 영토를 확보하였다.

그는 농업과 산업 진흥책을 제시하고 세제개혁으로 세금 부담을 줄이고 경비를 절약하여 국고를 늘이는 데 크게 공헌하였다. 그는 농민들의 생활 안정에 역점을 두었다. 소득의 증진으로 농민들의 생활 향상에 주력하였으며 "각 가정마다 일요일에 냄비 속에 닭 한 마리를 넣어 줄 것"을 계획했다. 그가 장려한 사치품 산업은 수공업자들에게 일자리를 마련해 주었고, 부유층에게는 사치할 기회를 주어 부유층과 서민으로부터 동시에 찬양을 받았다.

앙리 4세는 무엇을 어떻게 하여 절대군주의 기초를 확립했을까? 그는 프랑스와 명예를 사랑하는 사람들에게 기대를 걸면서 가톨릭교육을 받고 지식을 배우겠다고 선포했다. 그러나 가톨릭 동맹이 국왕 반대파를 조직하고, 앙리 드 기즈의 동생인 마이엔 공은 추기경 부르봉을 샤를 10세로 호칭하고 그 자신은 국왕 대리를 자칭하는 어처구니없는 일을 꾸몄다.

이러한 소식을 들은 앙리 4세는 즉시 1만 명의 병사를 거느리고 반대파 진압작전에 나섰다. 그는 작전상으로 유리한 랑그독을 포기하고 노르망디 지방으로 진격했다. 그는 추격해온 마이엔 공작을 디에프 근방 아르크에서 격파하고, 민중들의 마음을 돌리는 데 성공했다. 게다가 가톨릭 동맹이 혁명적 노선으로 전향한 것을 알게 된 파리 시민들이 마음을 앙리 4세 쪽으로 돌렸기 때문에 유리해졌다. 그는 파리를 포위했으나 가혹한 봉쇄를 하지 않고 성내로 식량 반입을 허용하여 민심을 샀다. 1593년 파리에서 신분제 의회가 개최되었고, 왕위에 대해 논란이 있었으나 앙리 4세가 슈렌느에서 스페인과 화의를 했고, 이어 가톨릭으로 개종함으로써 사태를 안정시켰다.

앙리 4세는 왕권의 유지와 혼란을 방지하기 위해서만도 두 번이나 위그노가 되고 두 번 가톨릭이 되었다. 그는 주교들에게 "짐을

교도하기를 바란다. 짐은 고집불통인 사람이 아니다."라고 하면서 1594년 3월에 전면 휴전을 약속한 후 파리에 입성하여 미사를 올리기 위하여 노트르담 대성당으로 행진했다. 국왕이 휴전 조건을 성실하게 준수하고 복수할 의사를 가지고 있지 않다는 것을 확인한 각 지방에서는 파리 시민들의 선례를 따라 왕에 대한 충성을 약속했다.

그는 '화의적 방법'이 '무력적 방법'보다 10배 정도 비용을 절감할 수 있다고 생각했다. 내적인 평화는 어느 정도 이루어졌으나 외적인 평화를 성취하는 것이 남았다고 생각한 그는 최강의 적이었던 마이엔 공작을 설득했다. 1598년 5월 2일 베르뱅 조약(Traité de Vervins)을 통해 스페인의 필립 2세와는 완전히 친선관계를 회복했다.[8] 무질서와 무정부를 종식시킨 앙리 4세의 나머지 과업은 교황청과의 화해였다. 그의 강경한 태도와 '화의적 노력'을 지켜본 추기경들은 프랑스 교회가 국왕을 지지하고, 로마 교황과 단절할 가능성을 예견하고 교황에게 양보하도록 청원하였다. 이에 힘입어 '1516년의 협약'을 기초로 하는 협정이 성립되고 프랑스 교회는 자주성을 유지하게 되었다.

앙리 4세는 직접 주교를 선임하고 성직 수입의 상납도 받으며, 성직자의 봉록표와 교회에 대한 절대권을 확보함으로써 로마 교황

---

8) Claude Mettra, *La France des Bourbons: D'Henri IV à Louis XIV*(Bruxelles: Edtions Complexe, 1981), p.59.

  * 클로드 메트라 지음, 서정복 역저, 『부르봉 왕조 시대의 프랑스사』(서원, 1994)로 번역되었음.

의 지휘감독에서 해방된 첫 번째의 절대군주가 되었던 것이다. 앙리 4세는 하나님이 주신 절대권을 싸우고 휘둘러서 얻은 것이 아니라 가톨릭교도, 위그노, 그리고 교황과의 화의와 양보로써 얻었다는 데 그 의미가 크다. 따라서 앙리 4세의 절대주의는 평화와 국민들의 행복을 목적으로 출범했다.

2) 쉴리의 왕권 강화

쉴리와 앙리 4세는 업무상의 의견과 능력 차이로 서로가 질투하는 사이였으나 프랑스의 발전을 위한 공통점이 있었다. '근면과 금욕의 화신'이라고 불린 쉴리와 같은 뛰어난 신하가 앙리 4세를 도왔다는 것은 앙리 4세로서는 행운이었다. 그는 앙리 4세를 도와 산업을 일으키고 재정을 튼튼하게 했다. 그가 장려한 농업과 목축은 정말 프랑스를 키우는 두 개의 젖줄이 되었다.

앙리 4세의 '위대한 과업(grand dessein)'은 쉴리의 『회고록(*Mémoires*)』에서 볼 수 있다. 그의 깊은 뜻은 실질적인 평화였으며, 기본조건으로 크고 작은 나라들 사이에 하나의 균형을 찾는 것이었다. 1606년 쉴리와 함께 수립한 그의 계획은 프랑스 발전의 획기적인 것이었다.[9] 쉴리는 소양, 정직, 능력을 구비하고 있는 천재적 인물이었다. 그는 나폴레옹처럼 보고서들을 철저하게 살폈다. 메트라(Claude Mettra)에 의하면, 앙리 4세의 위대한 계획은 모두 쉴리를 통해서밖

---

9) *Ibid.*, p.105.

제 3 장 왕권 강화와 중앙집권체제는 확립되었나 ?

■

71

에 알 수 없고, 그것은 18세기 생 피에르(Saint Pierre) 신부의 작품을 통하여, 그리고 루소(Jean-Jacques Rousseau)의 『영구평화론』 같은 훌륭한 저술을 통해서 되풀이되었다.[10]

쉴리는 4시에 기상하여 6시 반까지 일을 하고 조반을 든 후 정오까지 일하고 점심을 먹은 후 또 일을 보고 10시에 잠자리에 들곤 했다. 그는 까다롭고 완고한 사람이어서 왕이 가톨릭으로 개종한 후에도 자기 방의 벽에 칼뱅과 루터의 초상화를 걸어 놓을 만큼 철저한 개신교도였다.[11] 앙리 4세는 특히 쉴리의 솔직한 성품과 근면성, 그리고 개신교 정신을 사랑했다. 그래서 왕은 그에게 "경이 나에게 반대를 하지 않으면 나를 좋아하는 것으로 생각할 것이네"[12]라고 말하면서 모든 것을 상의하고 맡겼다.

쉴리는 인색하다고 할 만큼 검소하고, 근면하며, 성실할 뿐만 아니라 농민처럼 부지런하게 업무를 처리했다. 그는 국가는 신중, 질서, 재보로써 발전하는 것이라고 확신하고 있었다. 그는 횡령하는 징세관과 경리관을 가차 없이 처단했다. 그는 가혹할 정도로 부정 소득을 철저히 환수하고 단속하며 국가의 기강을 세웠다. 그리하여 사람들은 그를 재정가가 아니라 군인이라고 혹평했다. 그는 정말로 철두철미한 군인처럼 충성을 다하며, 공사를 가리어 일했으므로 국왕은 그에게 재정뿐만 아니라 포병대의 재건마저 맡겼다.[13]

---

10) *Ibid*. pp.105~106.

11) André Maurois, *Histoire de la France, tome 1*, p.218.

12) Pierre de Vaissière, *Scènes et Tableaux du Règne de Henri IV*, pp.212~213.

13) André Maurois, *Histoire de la France, tome 1*, p.219.

쉴리가 취임했을 때 국가 재정은 연수입이 고작 2천3백만 리브르였다. 제반 소요 경비를 제한 실수입이 불과 7백만 리브르였으므로, 전비, 연금, 하사금이 전부 탕진되었다. 게다가 채무액이 3억 리브르나 되었으므로 재정파탄의 위기에 놓여 있었다. 그러나 쉴리는 유지들의 찬조, 경비 절약, 교묘한 유통 정책, 채무의 감액과 탕감 등으로 채무를 청산하여 재정 회복에 성공했을 뿐 아니라 바스티유 궁에 1천3백만 리브르의 현금을 비축하고 포병대를 크게 확충함으로써 앙리 4세의 재정기반을 튼튼히 했다.

그는 토지의 경작과 목축에 진력했다. 그는 전쟁의 폐허를 재건하기 위해 국도를 정비하고, 가로수로 느릅나무를 심었으며, 교량을 개수하고 1604년에 센 강에 퐁 뇌프(Pont-Neuf)를 건설했다. 그것은 센 강을 가로지르는 파리 최초의 다리이며 지금도 존속하고 있다.

그는 운하를 확장하고, 민병대의 무장을 해제하여 지방의 질서와 평화를 회복함으로써 민생을 안정시켰다. 생업의 기본이 되는 가축과 농기구의 압류를 금지하고, 지방영주에게 3개월마다 한 번씩 사람, 농작물, 가축들에게 피해를 주는 늑대, 여우, 살쾡이 등 유해한 야생동물을 포살하게 하여 마음 놓고 농사에 전념할 수 있게 했다. 종마장(種馬場)을 신설하고 삼림 관리를 재정비하고 소택지대를 매립하여 아름다운 프랑스의 도로, 삼림, 산야로 만들었다. 오늘날 프랑스의 산야가 아름다운 것은 바로 그의 덕택이라 할 수 있다.[14]

---

14) 콜린 존스 지음, 박문숙·이호영 옮김, 『사진과 그림으로 보는 케임브리지 프랑스사』,

그러나 안타깝게도 쉴리는 무역과 식민지에 전혀 관심이 없었다. 1604년에 건설한 캐나다의 퀘벡(Quebec)에 관한 이야기를 해도 아무 반응도 보이지 않았다. 그는 외국에 있는 영토나 멀리 떨어져 있는 지방은 경비만 들고 소득이 없을 것이라는 판단에서 식민지 개척을 하려 하지 않아 앙리 4세의 속을 태웠다. 게다가 쉴리는 앙리 4세의 공업 장려 정책에도 협조하지 않았으며, 왕이 권장하는 양잠사업, 샹플랭(Champlain)의 탐험 항해, 사치품 산업, 징세청부 제도, 귀족과 부유한 시민의 통혼 등을 모두 반대한 것은 그의 한계성을 잘 보여준다.[15]

16세기 초기만 해도 프랑스는 영국보다 공업이 훨씬 앞서 있었으며, 진보적이었던 앙리 4세의 덕분으로 생필품 산업과 국민들의 생활이 대단히 향상되었다. 그러나 프랑스는 이탈리아와의 대외 전쟁에 뒤이어 치르게 된 장기간의 종교전쟁으로 구매력을 잃어 겨우 부유층을 상대로 하는 사치품 생산을 장려할 수밖에 없었다. 앙리 4세는 쉴리를 독려하여 금은사(金銀絲)로 혼직한 라사카페트, 유리 공업 등의 사치품 산업으로 재정을 충당하고 10년간의 휴전 상태를 유지하여 이른바 황금시대를 만들었다.[16]

하지만 앙리 4세는 쉴리의 말을 귀담아 듣지 않는 경우가 종종 있어 위대한 프랑스를 만들지 못한 아쉬움도 있다. 예를 들면, 쉴

시공사, 2001, 191쪽.

15) André Maurois, *Histoire de la France, tome 1*, p.220.

16) *Ibid.*, p.221.

리는 『왕실재정』을 통하여 유럽을 선거제로 임명하는 60명의 위원회가 통치하는 그리스도교 국가연맹을 창설할 계획을 앙리 4세에게 제언하였다. 그러나 왕은 그것을 귀담아 듣지 않고, 오히려 1610년 살해당할 때까지도 클레브와 줄리의 불화 사건을 이용하여 합스부르크 가와의 전쟁을 생각했다. 그러나 생시몽(Duc de Saint-Simon:1675~1755)의 지적처럼 앙리 4세가 쉴리의 제언을 듣지 않아 프랑스를 신성로마제국처럼 만들 수 있는 기회를 놓쳤다는 것은 지나치게 과장된 표현인 것 같다.

2. 루이 13세 시대 마리 드 메디치와
리슐리외의 왕권 강화

1) 루이 13세(1610~1643)와 마리 드 메디치

1610년 앙리 4세는 불길한 예언에 따라 온종일 궁중에서 불안한 마음으로 있었다. 그러다가 신하들도 많이 거느리지 않고 가볍게 재상 쉴리의 병문안을 하러 가던 중 가톨릭의 광신자 라바이악(Ravaillac)에게 살해되었다. 그것은 온 국민의 충격이었다. 국왕이 대낮에 마차 위에서 살해된 사건으로 국왕의 위상은 말이 아니었고, 프랑스는 슬픔과 혼란에 빠졌다.[17] 당시 루이 13세는 9세의 어린 나이였으므로 1614년 성년이 되기까지 모후 마리 드 메디치(Marie de Médicis)가 섭정을 했고, 그 후에도 3년 동안 계속 통치권을 행사했다. 마리 드 메디치는 이탈리아파 중신들과 국왕파 대신

---

17) Michel Carmonaq, *Marie de Médicis*(Paris: Librairie Arthème Fayard, 1981), pp.158~163.

들의 의견 대립으로 국정이 혼란하게 되자 1614년 10월 22일 신분제 의회를 해산함으로써 집단적인 반왕적 격론을 피할 수가 있었다. 그녀는 귀족정, 개신교회, 그리고 궁핍한 인민에 대항하여 25년간 군주정의 비극을 체험하였는데, 그것은 프랑스사에서 가장 심한 비극 중의 하나가 되었다.[18]

루이 13세
Pierre Chevallier, *Louis XIII*(Paris: Librairie Arthème Fayard, 1979)

루이 13세는 약골이고, 신경쇠약과 소심증이 있는 데다가 정적들 속에 포위되어 있었고, 어머니, 형제, 가족들에게 배신당한 상황에 있었다.[19] 그가 항상 시무룩하고 뚱한 것은 어린 나이에 즉위했고, 기마 교사, 종복, 요리사들 사이에서 자라 그렇게 된 것이다. 게다가 모후 마리 드 메디치는 자신의 섭정기간을 연장하기 위해 고의로 루이 13세의 교육을 소홀히 함으로써 제대로 왕도를 배우지 못했다.[20] 모후는 소꿉동무인 레오노라 갈리가이라는

---

18) 클로드 메트라 지음, 서정복 역저, 『부르봉 왕조 시대의 프랑스사』, 서원, 1994, 122쪽.

19) Jean-Louis Berthel, *Une Histoire de France, vol.I*, préface de Jacques Le Goff(Paris: Editions Garamont Archimbaud, 1987), p.72.

20) François Lebrun, *Le XVIIe Siècle*(Paris: Armand Colin, 1967), p.101.

마리 드 메디치
Michel Carmona, *Marie de Médicis*(Paris: Librairie
Arthème Fayard, 1981)

욕심 많은 검은 머리의 요부에게 농락을 당하고 있었다. 피사 대학에서 공부한 레오노라는 콘치니(Concino Cocini)라는 멋쟁이 건달과 살면서 수년간 모후를 조종하고 나아가서는 모후를 통하여 프랑스를 농락했다. 드디어 콘치니가 당크르 후작에 서임되고 원수의 칭호까지 받았으므로 실권은 모후와 그들 부부가 쥐게 되었다.[21]

루이 13세의 유년시절은 타의 반, 자의 반으로 자연히 춤, 극장, 그림 등에서 위로를 받았다. 그러나 1617년 성년이 된 루이 13세가 백색 왕복 차림으로 연약하면서도 우아한 모습으로 신분제 의회에 나타나자 열렬한 갈채를 받았다.

그동안 허송세월에 바보 같은 짓만 하던 루이 13세는 성년이 되자 비트리(Vitry)로 하여금 4월 24일 루브르 궁에서 콘치니를 잔인하게 암살하고, 그의 아내 갈리가이도 처형했으며, 그의 측근들

---

21) Fernand Hayen, *Le Maréchal d'Ancre et Léonara Galigai*(Paris: Librairie Plon, 1910), pp.153~173.

프랑스의 절대왕정시대

■

을 모두 감옥에 집어넣었을 뿐만 아니라 모후를 밀쳐내고 친정을 시작했다.[22] 사람들은 그것을 '루이 13세의 정변(Le coup d'etat de Louis XIII)'이라고도 한다.[23]

루이 13세는 서서히 실질적인 개혁을 추진했다. 그는 도처에서 '왕권'을 강화하는 데 힘썼다. 그 후 프랑스는 나폴레옹 이전까지 한 세기 반 동안 왕권 강화가 이루어졌다. 베르테에 의하면, 그는 예술과 종교에 관심이 많았으며 프랑스 절대주의 왕들 중에 가장 대담하고 완고했다.[24]

2) 리슐리외의 양면전에 의한 왕권 강화

프랑스는 20년 동안 붉은 피로 물든 발을 가진 두 마리의 무서운 사자, 즉 루이 13세와 리슐리외에 의해 지배되었다. 두 사람은 서로 질투하는 사이였으나 프랑스의 번영과 왕권 강화에 대한 공통된 이해로 결합되었다. 리슐리외는 루브르 궁에 죄수나 다름없이 연금되어 있는 마리 드 메디치를 배반할 수 없어, 유일하게 왕과 모후의 교량적 역할을 했다. 리슐리외는 왕이 모후에 대한 애착이 강해 모후를 죽이지 못할 것이라는 확신과 자기를 발탁해준 모후에 대한 보답에서 그렇게 했다.

리슐리외는 모후의 추천에 의해 장관이 된 것을 한시도 잊지 않

---

22) *Ibid.*, pp.209~210.

23) Michel Carmonaq, *Marie de Médicis*, pp.315~316.

24) Jean-Louis Berthel, *Une Histoire de France, vol.I*, p.72.

고 있었다. 게다가 1622년, 그는 다시 메디치의 추천으로 추기경이 되었다. 1623년, 궁지에 빠진 왕은 모후의 섭정에서는 탈출했지만, 국사가 여전히 무거워 정신적으로 피곤하고 갈등을 면치 못했다. 바로 그때 모후는 리슐리외를 최고 고문으로 추천했다. 왕은 리슐리외에 대해 치를 떨고 있었지만, 사실 마땅한 인물도 없던 터라 모후의 천거를 받아들였고 나중에는 재상 자리까지 맡겼다. 그는 이전의 재상들과 달리 왕을 단지 궁지에서 빼내려고만 하지 않고, 왕의 야심찬 계획을 실현하도록 격려했다. 그것은 바로 위그노를 상대로 한 십자군 전쟁, 그리고 스페인과의 전쟁이었다.[25]

리슐리외는 이후 18년 동안 왕의 약점을 십분 활용해 프랑스를 자신의 뜻대로 국가의 틀을 짜고, 프랑스를 이후 수세기 동안 유럽의 강국이 될 수 있도록 기반을 마련했다. 그는 교회, 인민, 왕을 '하나의 동체(même mouvement)'로 만들고자 했고, 국왕참사회(국왕자문위원회)에 성직자의 참여를 요구했다. 그는 정신적 일관성과 정치적 통일로 주권을 지키고자 했다.[26] 그는 "나의 첫째 목적은 왕의 절대적 권위를 확립하는 것이고, 둘째 목적은 왕국을 위대하게 하는 것이다."[27]라고 하면서 국왕의 절대권을 반석 위에 올려놓고자 했다. 리슐리외는 루이 13세의 충성된 신하이자 사부이며, 정치의 동반자로서 어떻게 하든지 위그노들이 국왕에게 복종하도록 했다.

프랑스가 어떻게 '하나의 종교'로 되지 않고 스페인처럼 절대주

25) 로버트 그린 지음, 안진환·이수경 옮김, 『권력의 법칙』, 웅진씽크빅, 2009, 576쪽.
26) 클로드 메트라 지음, 『부르봉 왕조 시대의 프랑스사』, 113쪽.
27) 앙드레 모루아 지음, 신용석 역, 『프랑스사』, 홍성사, 1981, 191쪽.

의 국가로서 명성을 날릴 수 있었을까? 리슐리외는 누구보다 프랑스에서 위그노를 타파해야 한다는 것을 잘 알고 있었으므로 본질적인 문제가 아니라 방법상의 문제만 남았다고 생각했다. 그는 이교도일지라도 프랑스 국민이면 사랑해야 한다는 애족적 감정을 실현하고자 했다: "일부 위그노들이 프랑스의 가톨릭교도들보다 영국의 신교도들을 더욱 좋아한다. 그러나 나는 스페인

리슐리외 추기경
Marshall B. Davidson, *France*(N.Y.: American Heritage Publishing Co., INC, 1971)

의 가톨릭교도들보다는 위그노들을 더욱 좋아한다." 그는 가톨릭의 수장이면서도 프랑스의 영광과 이익을 위해 30년 전쟁 동안 합스부르크 왕가에 맞서 신교도 세력을 지원하고 중앙집권 강화를 위한 '현실정치'를 추진했다. 그는 "『성서』 대신 마키아벨리의 『군주론』을 가지고 다닌다."라고 비난을 받으면서 국가 이성을 왕국의 통치이념으로 확립하고, 전문 능력을 갖춘 관료들을 기반으로 행정기반을 구축하였다. 그는 앙리 4세와 달리 '국가 내 또 하나의 국가'를 구성하고 있던 위그노 세력을 점진적으로 약화시키면서 왕권을 강화하였다. 위그노와의 격전은 1625~1627년이 치열했

다. 1628~1629년 그는 위그노의 정치적·군사적 보루인 라 로셸 (La Rochelle)을 포위, 공격한 후 남부 지방의 위그노 근거지들을 차례로 소탕하여 종교와 국민의식의 통일을 추진했다.[28]

그는 프랑스에 위그노가 존속하는 한 국왕은 결코 절대적일 수 없으며, 질서와 규범도 결코 수립될 수 없다는 신념에서 가톨릭 중심의 종교적 단일화를 추진하였다. 그리고 그는 각종 정보망을 통하여 색출된 귀족들의 음모를 가차 없이 소탕하여 왕국의 혼란을 사전에 저지했다. 여기에서 한몫을 한 것이 바로 지방에 파견된 '지사(intendants)'들이었다. 이들이 바로 지방을 감독하고 중앙집권을 강화하여 절대왕권을 확립하는 데 기여했다.

그렇다면 리슐리외는 어떻게 절대권력을 유지했을까? 그는 절대권력을 유지하기 위해 정말 비인간적인 마키아벨리의 지혜를 이용했다. 1630년 11월 10일 리슐리외 추기경을 권력의 자리에서 축출하려는 음모가 꾸며졌다. 이 음모에는 국새담당관인 마리악 (Michel de Marillac)을 비롯한 고위 관리들과 마리 드 메디치가 가담하여 성공할 가능성이 높았다. 마리 드 메디치는 뤽상부르 궁전에서 정책 문제로 루이 13세와 과격한 언쟁을 한 후 아들로부터 추기경의 파면을 얻어낸 것으로 생각했다. 그러나 잠시 후 모후에게 추종자들이 몰려드는 것을 본 왕은 절대권력을 빼앗길 수 있다는 위기의식이 들어 모후에 대한 신임을 리슐리외로 변경했다. 그러므

---

28) Louis Batiffol, *Richelieu et Roi Louis XIII*(Paris: Clamann-Levy. Éditeure, 1934), pp.159~197.

로 역사에서는 이 사건을 '속은 자들의 날(La journée des Dupes)'이라고 했고,[29] 다음날 모후를 따르는 경건파들은 혁파되었다.[30]

리슐리외는 이 사건에서 마리악을 잡아들이면, 메디치가 연루될 것으로 판단되어 '희생타'를 만들기로 결심했다. 그는 당시 군부세력을 염려하고 있었기 때문에 음모에 가담하지도 않은 마리악의 아우인 군사령관에게 조작된 혐의를 씌워 처형함으로써 군부의 불순세력을 제거하고 경건파들을 벌벌 떨게 만들었다. 그리고 마리악이 추방되자 마리 드 메디치가 위험을 느껴 네덜란드로 달아남으로써 리슐리외는 절대왕권을 보강하고 자신의 절대권력을 계속 루이 13세 곁에서 행사했던 것이다.[31]

이렇게 하여 루이 13세는 1624년 이래 대치되었던 두 정책 중 리슐리외의 정책에 손을 들어줌으로써 경건파와 모후의 권력으로부터 벗어나 마음껏 절대권력을 휘두를 수 있었다. 두 정책 중 하나는 마리 드 메디치를 중심으로 합스부르크 가와의 동맹과 왕국의 내정개혁을 승인하는 평화 정책인 경건파의 정책이었다. 그리고 다른 하나는 유럽의 지배권을 수립하려는 합스부르크 가를 저지하는 것을 목표로 리슐리외가 내정개혁을 뒤로 미루고, 전쟁을 수행하려는 정책이었다. 그는 절대군주제의 승리를 원했으며, 왕국의 전능함을 제한할 수 있는 모든 제도를 파괴하거나 약화시키는 데

29) *Ibid.*, pp.250~262. cf. Richard Bonney, *Society and Government in France under Richelieu and Mazarin 1626~1661*(London: The Macmillan Press LTD, 1988), pp.1~2 · 9~10.

30) *Grand Dictionnaire Encyclopédique Larousse*(Paris: Librairie Larousse, 1983), tome 4, p.3447.

31) 클로드 메트라 지음, 『부르봉 왕조 시대의 프랑스사』, 118~119쪽.

주저하지 않았다.[32] 그러므로 루이 13세의 절대권력은 리슐리외와 같은 충성스런 신하의 덕으로 강건하게 되었던 것이다.

그러나 1635년 5월 루이 13세는 리슐리외의 권고를 듣지 않고 스페인에 선전포고했다. 하지만 1638년 개신교 국가들과의 동맹문제를 둘러싸고 도덕적인 갈등이 있었을 때에 리슐리외가 이를 해소시켜 루이 13세의 체면을 세워주었다. 이처럼 루이 13세와 리슐리외는 왕과 신하였으나 업무 면에서는 철저하게 자신의 논지를 굽히지 않았고, 견제와 조화로서 절대권력의 위상을 정립했다. 리슐리외가 사망할 무렵 프랑스는 스페인에 대해 실질적인 승리를 거두었으며 루이 13세는 유럽에서 가장 강력한 절대군주가 되었다.

그렇다면 내외의 위기적인 상황을 극복하고 어떻게 루이 13세와 리슐리외가 국왕의 절대권 행사를 가능하게 할 수 있었을까? 그것은 첫째 리슐리외가 중소 부르주아로 구성된 군중과 다른 군중을 조절하는 능력을 가지고 있었기 때문이다. 둘째 그가 이교도 국가들과의 동맹과 화해 정책을 통하여 국방의 안전을 도모했기 때문이다. 그의 깊은 뜻은 실질적인 평화에 대한 기본 조건으로 크고, 작은 나라들 사이에 하나의 균형을 찾는 데 있었다.[33] 그리고 그것들을 앙리 4세의 '화의 정책'처럼 인민의 화합과 단결에 의해 '실질적이고 점진적인 개혁(véritale et lente révolution)'으로 추진했다.

32) Henri Sée, *Les Idées Politiques en France au XVIIe Siècle*(New York: Arno Press, 1979), p.46.

33) Claude Mettra, *La France des Bourbons: D'Henri IV à Louis XIV*, pp.141~143.

3. 프롱드 난의 평정과 루이 14세의 왕권 강화

1) 고등법원 프롱드 난(1648~1649)의 평정을 통한 왕권 강화

(1) 마자랭의 집권에 대한 불만

이른바 '태양왕'이라고 부르는 루이 14세(1638~1715)도 어린 시절에는 우여곡절이 많았다. 그는 30년 전쟁(1618~1648)과 내란으로 얼룩진 시대에 태어났다. 게다가 5세도 채 안 된 어린 나이에 즉위하여 모후의 섭정과 이탈리아인 마자랭(Mazarin)의 도움을 받았으므로 친정 이전까지는 왕은 상징적 존재에 불과했으며 허울뿐이었다.

루이 14세가 즉위했을 때도 왕족들은 여전히 세습 총독직을 보유하고 있었으며, 기회만 있으면 왕위에 도전하려는 자들이 많았다. 1635~1669년까지 프랑스에서 무려 290회의 반란이 일어났다. 이들 중에도 가장 위험했던 것이 바로 프롱드 난(Fronde:1648~1653)이었다. '프롱드(fronde)'라는 말은 원래 아이들의 놀이 기구인 '투석기(投石器)' 또는 '고무줄 총'이었으나 위험하다는 이유로 이 놀이를 금지시키고 있었다.[34] 그것이 정치적 용어로 등장하게 된 것은 고등법원의 프롱드 난이 일어났을 때, 왕당파들이 반역자들을 '고무줄 총'에 비유하여 사용한 데서 유래했다. 그러나 레즈 추기경은 이 말을 역으로 이용해 반란군의 상징으로 삼았다. 따라서 반란은 '프롱드의 난'으로, 반란군은 '프롱드당'으로 알려졌다. 그리고 모자에는 새총을 상징하는 장식띠를 달기 시작했고, 새총은 반란군의 집결 구호가 되었다.[35]

루이 13세가 죽고 약 반 년이 지난 1643년 5월, 리슐리외가 죽었다. 태어난 지 겨우 4년 8개월 밖에 되지 않은 루이 14세가 프랑스 왕에 즉위하고 스페인 왕가 출신인 모후 안 도트리슈(Anne d'Autriche:1601~1666)가 섭정을 시작했다. 이때 리슐리외는 루이 13세의 유언을 받들어 참사회의에 왕이 미성년인 동안 섭정인 안 도트리슈와 육군 중장 가스통 오를레앙을 경계하라는 뜻을 전달했다.[36]

이 소식을 전해들은 안 도트리슈는 화가 나 어린 왕을 파리고등

---

34) Ernest Lavisse, *Louis XIV: Histoire d'Un Grand Règne 1643~1715*(Paris: Robert Laffont, 1989), p.42.

35) 로버트 그린 지음, 『권력의 법칙』, 66쪽.

36) Pierre de Vaissière, *Scènes et Tableaux du Règne de Henri IV*, pp.212~213.

법원으로 데리고 가서 찢어질 듯한 목소리로 유언을 파기하고 섭정권에 부수된 조건을 취소하라고 호통을 쳤다. 파리고등법원은 권위를 과시할 수 있는 절호의 기회라 생각하고 즐거이 받아들여 "섭정에 부가된 제한은 원칙과 왕조의 통일에 위배된다."라고 선언했다. 이로써 안 도트리슈는 자문관을 임명할 권한을 얻게 되었고 이탈리아 출신 마자리니(Guilio Mazarini:마자랭)를 재상으로 임명하였다.[37]

마자랭(Mazarin:1602~1661)은 리슐리외와 달리, 지혜와 재치를 갖춘 온화한 사람으로 상대방을 잘 구슬렸다. 다소 교활하고 아첨을 잘 하며, 필요할 때 양보하고, 과다한 야망과 높은 자리에 대한 욕심도 없으며, 박력도 없고 탐내는 것도, 부정도, 용기도 없었다. 하지만 대단히 재치가 있었다.[38] 그가 재상이 되자, 파리고등법원과 궁정의 대귀족들은 자기들의 세상이 온 것처럼 기뻐했다. 특히 그들을 멸시하던 리슐리외가 없는 세상에 파리고등법원은 신임 재상이 "왕비는 매일같이 파리고등법원의 권고만을 바라고 있다."라고 말하는 것을 듣고 안도의 숨을 쉬었다. 성직자로서 세상에 겸양을 보이려는 마자랭의 태도를 그들은 '복종'으로 착각하고 있었던 것이다.[39]

모든 사람들은 곧 마자랭의 지지자가 되고 말았다. 특히 부왕에

37) 앙드레 모루아 지음, 『프랑스사』, 211~212쪽.

38) Jean-Louis Berthel, *Une Histoire de France, vol.I*, p.77.

39) Pierre Goubert, *Mazarin*(Paris: Fayard, 1990), pp.116~123.

제3장 왕권 강화와 중앙집권체제는 확립되었나?

게 눌려 살면서도 정절과 부덕을 지켜온 안 도트리슈가 별안간 미남자와 만나게 됨으로써 생의 기쁨을 느꼈다. 마자랭의 빛나는 검은 눈동자, 생기가 넘쳐흐르는 용모, 세련되고 공손한 언동에 그녀가 매혹되었던 것이었다. 당시 안 도트리슈는 41세였으며, 역시 평판이 난 미모의 왕비였다. 그녀는 체구가 크고, 날씬했다. 눈이 크고 코도 컸다. 입술은 작고 분홍빛이었으며, 목소리는 맑고 아름다웠다. 손재주가 있는 그녀의 하얀 손은 전 유럽의 칭송을 받고 있었다. 게다가 그녀는 비싸지 않은 옷을 멋있게 입고, 금이나 은으로 장식하지 않고, 화장도 하지 않으며 가발이나 가면을 사용하지 않아도 예뻤다.[40] 마자랭과 도트리슈가 정말로 비밀리에 정을 통했는지 알 수 없지만 서로 교환한 서신에는 친절 이상의 사연이 남아있어 사람들의 의혹을 사고 있다. 이제 그녀는 마자랭 없이는 아무 일도 못하게 되었고 그를 루아얄 궁에 끌어들여 신변 가까이에 머물게 함으로써 감히 절대왕권을 흔들려는 사람이 없었다.[41] 그리하여 그는 루이 14세가 친정을 하기 전까지 18년 동안 프랑스 절대권력을 휘둘렀다.

(2) 마자랭에 대한 모함과 파리고등법원의 시민 선동

루이 14세의 전성시대는 30년 전쟁 중의 한 전투인 로크루아의

---

40) Ernest Lavisse, *Louis XIV: Histoire d'un Grand Règne 1643~1715*, p.5.

41) *Ibid.*, p.6.

승리와 함께 열렸다.[42] 1648년 10월 이 전쟁을 종식시킨 베스트팔리아 조약에 의해 독일은 많은 연방국가로 분열되었고 신성로마황제의 세력은 쇠퇴하였다. 이를 계기로 프랑스는 독일 국경 쪽으로 영토를 확장할 수 있었으며, 오랫동안 싸움을 계속해온 스페인마저 굴복시킴으로써 1659년 피레네 조약을 체결하기에 이르렀다.

마자랭은 리슐리외가 생전에 뿌려놓은 씨앗의 열매를 순조롭게 거둠으로써 그의 권세가 황제처럼 보일 정도로 높아졌다. 그러자 마자랭은 터무니없는 중상에 시달리게 되었다. 그가 오스트리아로부터 2천9백만 리브르를 받았다는 것, 한 사람의 스페인인, 한 사람의 이탈리아인, 이 두 사람의 외국인이 프랑스를 좌지우지한다는 것, 추기경이 재상이 된다는 것도 지긋지긋하다는 것, 재정이 악화되고 세금이 과중하다는 것, 정부 공채가 미불 상태에 있다는 소문이 나돌았다.

라 로슈푸코에 의하면, 마자랭을 모함하는 무리들이 보포르 백작의 미덕을 선전하여 자신들이 마음대로 배정한 허위 작위를 내세우고 있었다. 게다가 몰지각한 파리 시민들은 마자랭을 리슐리외만큼 무서워하지 않고, 마자랭에 대해 적의를 품고 있는 선동가 공디(Paul de Gondi:후일의 레츠 추기경)와 샤토뇌프(Châteauneuf)

---

42) 루이 2세(1621~1686, 대 콩데라고 불린다)는 북동부 국경의 로크루아에서 스페인 군에 대승리를 거두었다. 한편 튀렌(Turenne:1611~1675)이 이끄는 군대도 호응하여 1644년부터 1645년 사이 황제의 군대를 압박했다. 1648년 10월 베스트팔리아 조약의 성립으로 30년 전쟁은 끝이 났다.

를 지도자로 추대했다.[43] 그는 그의 백부가 되는 파리 대주교의 보좌역을 맡고 있었는데, 연로한 대주교의 권한을 활용하여 왕권을 위태롭게 하고 있었다. 이 장기적인 반란은 추기경 겸 재상인 마자랭의 창문에 돌을 던짐으로써 시작되었고, 그것은 어떻게 보면 프랑스혁명의 전초전 같기도 했다.

오랜 전쟁으로 경제 위기가 심각해지자 당국은 증세와 함께 관료와 귀족들에게 불리한 조치를 취했다. 이에 파리고등법원이 파리 시민들의 불만을 폭발시켰고, 파리고등법원이 선두에 서서 왕권의 제한과 통제를 주장하고 개인의 자유와 재정보장 등을 요구했다. 그러나 그들은 민주혁명의 성격을 가지고 있지 않았다. 그들의 주요 관심사는 정치권력의 획득이었다. 그들은 파리 부르주아의 후원을 받고 있었다.[44]

파리고등법원의 반대에도 불구하고 루이 14세의 섭정정부는 재정에 관한 칙령을 거듭 내놓았다. 파리고등법원은 일부 지방법원의 지지를 받고 파리의 회계원, 조세원 등과 협력하여 1648년 6월 국정개혁을 요구하는 「27개조 선언」을 발표했다. 그것의 주된 내용은 새로운 세금은 모두 파리고등법원의 찬동에 의거할 것과 소득세의 감면, 지방감찰관의 폐지 등을 요구하는 내용이었다. 리슐리외에 의해 설치된 지방감찰관은 왕권을 대리했으므로 자연히 기

43) Robin Briggs, *Early Modern France, 1560~1715*(London: Oxford University Press, 1977), p.135.

44) Henri Sée, *Les Idées Politiques en France au XVIIe Siècle*, pp.86~87.

존 관료층의 권한에 대립되었기 때문에 반감을 사게 되었으며, 게다가 영국의 청교도 혁명에 고무된 파리고등법원이 스스로 '왕국의 개혁자'로 자부하고 나섰던 것이다. 또한 고등법원은 법관의 자주성을 옹호하는 것이 근본적인 의무라고 주장했다.

물론 리슐리외 시대부터 억눌려온 귀족의 불만과 어린 왕에 대한 경시, 마자랭과 섭정 안 도트리슈에 대한 반감도 강하게 작용하고 있었다. 30년 전쟁 말기 군사력 증강 이외에 다른 여유가 없던 절대왕정은 일단 7월에 이 「27개조」에 대해 부분적으로 양보를 하고 기회를 기다렸다. 그러나 1648년 8월 20일 콩데가 이끈 프랑스군이 렌 전투에서 스페인 군에게 승리를 거두자, 왕정은 기세를 몰아 26일 파리고등법원의 사법관들을 일제히 체포하였는데, 그중에는 파리 민중에게 인기가 높고 반정부운동의 핵심인물로 알려진 피에르 브루셀이 끼여 있었다. 평소 존경받던 브루셀이 체포되어 생제르맹으로 끌려가게 되자 파리 시민들은 마자랭의 적들에 선동되어 봉기했다. 파리 시가에는 바리케이드가 쳐지고 성난 민중은 순간적으로 격분을 터뜨리고 "마자랭을 죽여라(Mort à Mazarin)!"라고 외치며 거리를 행진했다.[45]

공디는 "브루셀! 브루셀!"이라고 함성을 올리는 군중을 거느리고 감격한 나머지 자기도 모르게 달려가 루아얄 궁으로 뛰어들었다. 그 때 왕비는 태연하고도 몹시 날카로운 태도를 보였고 마자랭은

---

45) Carl Grimberg, *Des guerres de religion au siècle de Louis XIV*(Paris: Marabout Université, 1974), p.139.

온순하면서도 당혹한 표정을 보였다. 만행을 저지를 수 있는 위험한 상황이었다. 바로 그때 한 재치 있는 측근이 "왕비 폐하께서는 병환 중이십니다. 보좌 대주교가 임종 성유를 가지고 왔습니다." 라고 말하자 하는 수 없다는 듯이 나갔다. 분노한 파리 시민들은 26일부터 28일에 걸쳐 술 단지·돌·짐차 등으로 거리에 바리케이드를 설치하고 정부군에 맞섰다. 폭도들이 파리를 장악하고 있어 콩디도, 용기 있는 파리고등법원장 마티우 몰레도 민중의 환영을 받지 못했다. 안 도트리슈는 강경했지만 마자랭의 의견을 받아들여 결국은 브루셀을 그들에게 돌려보내지 않을 수 없었다. 늙고 가없은 브루셀은 자기가 받은 갈채와 주위의 소란에 겁을 먹고 파리 시민에게 무기를 버리라고 권고했다. 그러나 성난 민중들은 용납하지 않았고, 마자랭의 추방을 요구했다. 동시에 괴문서가 모후와 추기경의 추문을 유포했고 왕궁에 침입한 민중들은 모후에게 침대에 누워 있는 어린 왕을 보여 달라고 협박했다.

(3) 왕정과 파리고등법원의 화의

왕과 가족들은 콩데의 보호를 받고 파리를 떠나 뢰이유(Reuil)로 피난 갔다. 그것은 마자랭과 왕가를 위한 것이었다.[46] 파리고등법원의 법관들은 왕국의 전통적 자유와 조세의 감독을 요구했다. 프롱드에 참가한 귀족들은 그들의 복권과 리슐리외가 제정한 귀족의

---

46) Pierre Goubert, *Mazarin*, p.263.

단속을 파괴하기 위하여 진군하려 했다. 1647년과 1649년의 흉작에 허덕이던 민중들은 대귀족과 법복귀족들로부터 선동되어 봉기했으나 그들을 신뢰할 수 없었다.

프롱드 난에서 나타난 민중소요의 급진성에 놀란 귀족들은 결국 군주정에 대한 최후의 감정적 이탈을 일찌감치 접을 수밖에 없었다.[47] 이와 때를 같이 하여 왕실을 대표해서 콩데 공이 1만 5천의 병사를 이끌고 2월 파리를 포위했다. 파리고등법원을 중심으로 파리는 저항전선을 폈지만, 이에 대적할 만한 지휘관이 없었다. 사실 파리고등법원에 찬동하는 시민들은 무기의 사용방법조차 제대로 알지 못해 싸움에 지기 일쑤였고, 성 안에 머무르며 수비하는 데 따른 식량난에 봉착했다. 하층시민의 무리는 시끄럽게 돌아다니며 소란을 피우거나 날치기할 기회를 노리고 있을 뿐이었다. 또 유산시민들은 이러한 대중의 움직임을 점차 두려워하게 되었다. 지방 총독들은 지방고등법원에 대한 원한을 갚으려고 하였으며, 시 당국은 지방의 사법행정 관리들을 공격할 기회를 찾았다. 프롱드는 종교전쟁에서 나타났던 많은 요소들을 재현했다. 특히 보르도와 서남단 지방에서는 마자랭의 군대에 끝까지 저항했다.[48]

귀족들은 목적을 위해 수단과 방법을 가리지 않고, 적국 스페인과 결탁하려 했다. 난의 주도세력인 파리고등법원은 이 방법을 따를 수가 없어 궁정 측과 협상을 모색했다. 절대왕권에 대한 반항은 이미

---

47) 페리 앤더슨 지음, 김현일 외 옮김, 『절대주의 국가의 계보』, 까치, 1997, 112쪽.
48) 위의 책.

지방에까지도 확산되고 있었기 때문에 궁정으로서도 타협이 불가 피했다. 이리하여 1649년 3월 화약이 성립되어 '고등법원의 프롱드' 는 막을 내렸다. 마자랭은 자기 생각을 반영할 수도 있었으나 다시 복귀할 마음을 먹고 일부를 양보하면서 협력을 얻는 편을 택했다. 1649년 8월 18일 왕과 궁중사람들이 7개월 반 만에 파리로 돌아왔 다. 파리 사람들은 습관처럼 길게 줄지어 왕의 귀환을 환영했다. 호 화스런 4륜마차의 행진이 루아얄 궁까지 가는 데 3시간 동안이나 계 속되었다. 수개월동안 치욕을 받은 마자랭도 다른 사람들처럼 환영 을 받았다.[49] 이처럼 제1차 프롱드 난은 '지루한 만우절'에 불과하였 으나 절대왕권을 강화하는 데 한 몫을 더해 준 사건이었다.

2) 귀족 프롱드 난(1649~1653)의 평정을 통한 왕권 강화

(1) 콩데의 불만과 배신

마자랭은 파리고등법원과 일반 민중들에게 여전히 '불만의 종 자'로 남아 있었으며, '도둑놈, 장사꾼, 장물아비, 이탈리아 사기 꾼'이라는 비난을 면치 못하고 있었다. 민중은 마자랭과는 아무 관 계도 없는 소맥가격의 앙등을 가지고도 그를 비난했다. 게다가 그 간 궁정을 지지하고 있던 콩데가 돌연 배반했다. 그것은 자기가 없 었더라면 추락할 뻔했던 마자랭이 자기를 환대하지 않는다는 섭섭

---

49) Pierre Goubert, *Mazarin*, p.273.

함 때문이었다. 어깨가 우쭐해져 있던 콩데는 자기와 부하 모두를 위해 지위·금전 등을 과다하게 요구했지만 루이 14세는 그것을 모두 들어줄 수가 없었다. 프랑스는 마자랭, 콩데, 그리고 스페인 왕까지 가세된 싸움판에 휘말렸다. 그리고 지방에서도 노르, 노르망디, 부르고뉴, 앙주, 기엔, 프로방스, 보르도 등 많은 지역이 프롱드 난에 휩싸였다.[50]

1651년 2월 마자랭은 견디다 못해, 실질적으로 루아얄 궁의 포로가 되어 있는 왕비와 두 왕자를 두고 하는 수 없이 독일의 라인 강변으로 망명했다.[51] 이때 프롱드파가 단결했더라면 왕권은 결정적인 위기에 빠졌을 것이다. 그러나 그들은 사리사욕과 질투심에 사로잡혀 있었다. 1652년이 되자 명장 튀렌도 왕실 측으로 돌아서버렸다. 1652년 봄 지방에 칩거하던 콩데는 파리로 진군하여 7월 초 튀렌이 이끄는 왕군과 생 탕투안 가의 문 입구 근처에서 접전을 벌이면서 아슬아슬하게 파리로 숨어들었다. 이때 왕의 동생 가스통 오를레앙 공의 딸 몽팡시에(1627~1693), 즉 그랑드 마드무아젤(Grande Madmoiselle)이라고 불리는 '처녀 여장부'가 갑주를 입고 군대를 거느리고 콩데 군과 합류하려 하였다. 그녀는 대귀족들의 군대를 영입하려고 파리의 성문을 열었다. 그녀는 바스티유의 대포를 왕군에게 발사하여 콩데를 도왔다. 그러나 파리로 들어간 콩데

---

50) *Ibid.*, pp.281~290. 이에 대한 자세한 내용은 필로르제(René Pillorget) 교수가 무려 1,000페이지나 되는 『1596~1715년 프로방스의 반란(*Mouvements insurrectionnels en Provence entre 1596~1715*)』에서 소개한 364개의 반란을 참고해야 할 것이다.

51) *Ibid.*, pp.309~310.

는 거기에 오래 머무르지는 못했다. 파리에는 프롱드파, 마자랭파, 중립파 등 여러 세력이 대항하고 있었고, 다시 시민들과의 사이가 나빠진 콩데는 네덜란드 방면으로 도망쳐 버렸다. 그곳에서 콩데가 스페인 군에 의지함으로써 프롱드 측을 동요시켰다.[52)]

(2) 민중의 지지와 루이 14세의 파리 입성

애국심이 강한 민중들은 콩데가 스페인 병사들을 프롱드 군에 끌어들인 것을 알고 도리어 그들을 선동한 사람들에게 총부리를 돌렸다. 치열한 싸움으로 시 청사는 유혈이 낭자하고 불에 타고 있었다. 상인 대표단은 눈물로 루이 14세에게 파리로 돌아올 것을 애원하였다. 1652년 8월 프롱드 난으로 각지를 전전하던 루이 14세는 10월 왕다운 위풍을 떨치면서 마자랭 없이 군대와 함께 모후를 모시고 파리에 입성하자 파리시의 유지들이 국왕을 배알하고 감사의 말을 드리기 위해 루아얄 궁 복도에 운집했다.[53)] 그것은 바로 귀족 프롱드 난의 종말을 의미했다.

구베르(Pierre Goubert)의 말과 같이, 루이 14세는 젊은 시절 프롱드 난으로 긴 세월 동안 시련을 받았으며, 질서가 회복되고 파리고등법원의 권위가 추락한 다음부터 대단히 열정적으로 정무를 보았다.[54)] 루이 14세와 마자랭에 대한 귀족들의 반항은 마침내 마

---

52) Robin Briggs, *Early Modern France, 1560~1715*, pp.138~139.

53) Ernest Lavisse, *Louis XIV: Histoire d'un Grand Règne 1643~1715*, p.52.

54) Pierre Goubert, *Louis XIV:-Mémoires pour l'instruction du Dauphin*(Paris: Imprimerie Nationale

자랭의 승리로 막을 내렸다. 발리에 의하면, 마자랭의 귀환은 수개월 후에 이루어졌지만, 추방된 사람, 공공의 안녕을 교란한 사람, 지독한 악당으로 불리던 사람들은 이렇다 할 비난과 욕설도 받지 않고 개선장군처럼 영광스럽게 왕궁으로 돌아왔다. 지금까지 마자랭을 당대에서 제일 더러운 인물이라고 욕설을 퍼붓고 있던 금리생활자 조합도 그에게 머리를 조아리고 정중하게 인사를 드렸다.

그간 일생을 두고 잊지 못할 교훈을 얻은 루이 14세는 친히 나아가 마자랭을 영접하며 기쁨을 감추지 못했다. 왕은 반역의 뜻을 가진 귀족과 권력에 눈이 먼 파리고등법원의 지지를 받은 민중들이 왕궁을 유린하는 것을 친히 목격했고, 너무도 권세가 강대하게 된 한 사람의 재상에 대한 증오가 왕국 전체를 전쟁의 도가니에 몰아넣을 수 있다는 것을 체험했다.

귀족 프롱드 난은 루이 14세로 하여금 친정을 하기로 결심하게 하는 동기를 부여했다. 그는 귀족을 회유하고 파리고등법원의 법관들을 사법업무 집행에만 국한하도록 했다. 그리고 1661년 루이14세는 친정을 발표하면서 재상을 두지 않았으며 마자랭을 추기경에 다시 등용하지 않겠다는 의사를 밝혔다.[55] 그러나 루이 14세는 마자랭에 대하여 "그는 짐을 사랑하고, 짐도 그를 사랑한다."라고 말하면서 죽을 때까지 그 자리에 머물러 있게 하는 우정을 보였다. 그런데

Editions, 1991), p.17, 〈présentation〉

55) Robin Briggs, *Early Modern France, 1560~1715*, p.144.

마자랭

John Merriman, *A History of modern Europe:from the Renaissance to the Present*(New York: W.W. Norton & Company, 1996)

루이 14세는 마자랭을 왜 그처럼 붙잡고 있었을까? 첫째 국왕은 자기에게 정치원리를 가르쳐준 과묵하고 겸손한 마자랭의 덕을 잊지 못하고 있었으며, 둘째 프롱드 난의 평정에 대한 마자랭의 공로와 그의 남다른 능력을 인정했기 때문이었다.

마자랭은 1661년까지 살면서 루이 14세를 도와 프랑스에 위대한 업적을 많이 남겼다. 첫째 마자랭은 카탈로니아, 포르투갈, 나폴리에서 반란군을 조직하여 대 스페인전에 이용했고, 또한 스페인을 타도하기 위해, 국왕을 시해한 영국의 개신교도 크롬웰(Oliver Cromwell:1599~1658)과 동맹하기를 불사했다. 그는 크롬웰과의 동맹을 성공시켰고, 튀렌의 천재적인 전술로 된 전투에서 스페인을 대파시켜 군사적으로 스페인을 프랑스의 경쟁권 밖으로 내몰았다.

둘째 전승 이외에 스페인과의 평화를 유지하기 위해 정책 결혼을 주선했다. 루이 14세가 마자랭의 질녀 마리 만치니를 열렬히 사랑하고 있었지만, 그는 국왕에게 "폐하의 영광과 명예 그리고 신에 대한 봉사와 왕국의 안녕을 위하여, 황공하오나 자제하시기를 간절히 바랍니다."[56]라고 간곡히 부탁함으로써 스페인의 필립 4세와 엘리자베스 사이에 태어난 마리아 테레사와 결혼시키는 데 성공했다. 왕은 섭섭하면서도 마자랭의 충성심에 감동했다.

어쩌면 프롱드 난은 1789년 프랑스혁명처럼 왕권 교체의 중요한 계기를 마련할 수도 있었다. 그러나 프롱드는 가톨릭 동맹을 '모방'한 것도 아니고, 입헌적 · 대표자적 · 고등법원적이라고 다양하게 불리는 정부 형태를 열망한 것도 아니었다.[57] 그들은 민중을 상징하는 대표가 아닌 하나의 도당에 불과했기 때문에 성공할 수 없었다. 프롱드들의 주체인 파리고등법원과 귀족들은 오히려 민중들에게 많은 피해를 주어 왔고, 종교전쟁 못지않게 비참한 결과를 초래했으며, 부르봉 왕조의 시작부터 민중들이 절대군주제를 찬성하며 왕의 절대권에 의한 통치를 갈망하도록 만든 주체였으므로 민중들이 이들을 지지하지 않았던 것이다.

프롱드에 대한 구체적인 것들은 카리에(Hubert Carrier)가 소개한 바와 같이 쿠르토(Henri Courteaullt), 앙리 쎄, 둘랭(P. R, Doolin), 무니에(R. Mousnier), 마담 포르트메르(Madamme Portemer) 등의 저서를 통해서 좀 더 자세히 연구될 수 있을 것이다.[58]

---

56) 앙드레 모루아 지음,『프랑스사』, 219쪽.

57) Hubert Carrier, *La presse de la Fronde(1648~1653): Les Mazarinades*(Genève: Librairie Droz, 1989), p.9.

58) *Ibid*., p.9.

4. 루이 14세의 친정과 절대권력의 이면

1) 루이 14세의 친정

루이 14세가 친정을 시작할 때 보쉬에는 「국가는 완전히 그의 것이다(Tout L'Etat est en Lui)」에서 "모든 권력은 왕에 속한 것이며, 왕은 신 앞에서만 책임을 진다."[59]라고 하여 루이 14세의 절대권력을 공고히 하는 데 기여했다.

절대권력 위에 홀로 선 루이 14세는 그의 할머니 마리 드 메디치로부터 군주로서의 자만심을 배웠고, 시종 라 포르트(La Porte)와 가정교사 발로리(Valory)에 의해 자신을 절대주인으로 생각하는 습관을 가졌다. 섭정과 명석한 대신들 틈에서 때를 기다리던 루이 14

59) Joël Cornette, *Histoire de la France:Absolutisme et Lumière 1652~1783*(Paris: Hachette 1993), p.16.

세는 1661년 마자랭이 죽은 다음 친정체제를 구축함으로써 프랑스의 장래에 밝은 빛이 보였다. 그가 친정을 한 이래 그의 정치사상은 항상 같았다고 할 수 있다.[60]

루이 14세의 절대권력 행사가 사실상 절정에 달했을 때, 보쉬에는 절대권력의 지지자로 자처했으나, 군주는 인민의 이익을 먼저 생각해야 하고 필수적인 의무를 생각해야 한다는 것을 강조했다. 보쉬에의 저술들은 프랑스 절대주의 최고 분수령이라 할 수 있는 루이 14세 시대를 장식했다. 그는 왕권과 세습권에 의해서 '국왕은 지상에 있는 하나님의 형상'이며 진정한 신이라고 주장한 영국의 제임스 1세의 정치사상을 좋아했다. 랑송(Lanson)에 의하면, 보쉬에는 군주제 원칙과 절대주의 사상의 수호자로서 유럽에서 명성을 떨치고 있었던 홉스의 사상도 수용했다. 보쉬에는 결국 홉스와 마찬가지로 군주제가 평화, 질서, 법률의 안정을 가장 잘 보장하기 때문에 '가장 좋은 정부 형태'라는 데 뜻을 같이하여 루이 14세에게 힘을 실어주었다.

그렇다면 루이 14세가 강화한 왕권은 어느 정도였을까? 보댕에 의하면, 루이 14세가 마음속으로 실현하고자 했던 정부는 국왕의 군주제가 아니라 하나의 '영주적 군주제'였다. 브리그스(Robin Briggs)에 의하면, 루이 14세 자신도 전제군주(despot)가 아니라는 것을 개인적으로 또는 측근들을 통해서 강조했다고 한다.[61] 그리

60) Henri Sée, *Les Idées Politiques en France au XVIIe Siècle*, p.130.

61) Robin Briggs, *Early Modern France, 1560~1715*, p.145.

고 르 브레뿐만 아니라 다른 절대군주론자들도 전제주의는 반대하였으므로 자연히 왕권은 국가의 이익이나 인민의 행복을 전제로 행사했던 것이다.[62]

볼테르도 『루이 14세 시대』에서 그리스의 필리프와 알렉산드로스 시대 또는 페리클레스, 데모스테네스, 아리스토텔레스, 플라톤 등의 시대, 로마의 카이사르, 아우구스투스 시대, 키케로, 티투스 리비우스 등의 시대, 그리고 마호메트 2세의 콘스탄티노플 점령 시대 또한 이탈리아의 메디치 시대, 프랑스의 루이 14세 시대는 바로 예술이 세련되었고, 그리고 인간 정신의 위대함을 위해 봉사하면서 후손에 대해 모범되는 시대라고 하였다.[63] 그는 이들 시대 중에서 루이 14세 시대가 가장 완성된 시대라고 찬사를 아끼지 않았다.

볼테르에 의하면, 리슐리외 추기경의 마지막 시대부터 시작하여 루이 14세가 죽은 시대까지 예술, 정신, 풍습에서 조국 프랑스의 진정한 영광에 '영원한 표시'가 되는 '전체적인 변화(révolution générale)'를 이루었다는 것이다. 이러한 것은 영국으로 전파되어, 재치 있고 과감한 영국인들에게 필요했던 경쟁심을 자극하였다. 또한 그것은 독일에서 좋아했으며, 러시아에서 연구되었고, 역시 침체된 이탈리아에서도 활기를 띠는 등 다른 나라에 모범이 되었다.[64]

루이 14세는 친정체제를 구축하면서 근대 초기의 다른 어떤 군주

---

62) Henri Sée, *Les Idées Politiques en France au XVIIe Siècle*, p.77.

63) Voltaire, *Siècle de Louis XIV*, dans *Oeuvres historiques*(Paris: Éditions Gallimard, 1957), p.616.

64) *Ibid.*, p.617.

보다 절대왕권 확립의 중요성을 인식한 왕이었다. 그는 "권세는 하나님께로 나지 않음이 없나니 모든 권세는 다 하나님의 정하신 바라. 그러므로 권세를 거스르는 자는 하나님의 명을 거스름이니 거스르는 자들은 심판을 자취하리라."[65]라고 한 「로마서」의 내용을 증명하듯 절대권력으로 큰일들을 거침없이 수행하였다.

모루아의 말처럼, 루이 14세는 "짐은 국가다(L'Etat, c'est moi)."라는 말을 직접 하지 않았지만 그러한 생각을 가지고 왕권신수설에 의한 절대권을 행사하였다.[66] 그러나 그는 결정하는 일을 단독적으로 하지 않았다. 그는 참사회(conseil d'état), 공문서위원회(conseil des dépèches), 재무위원회(conseil de Finance), 추밀위원회(conseil privé) 등을 통해 국가의 중대사를 결정하였다. 행정기구에 대법관, 재무장관, 육군장관, 해군장관, 궁내장관 등의 장관을 두고 중앙집권체제를 강화했다. 그리고 종래의 국왕참사회도 그대로 유지하면서 중요한 일은 재무총감 콜베르, 육군대신 르 텔리, 그리고 루부아와 상의하는 경우도 많았다. 그러므로 그는 독단적으로 결정하거나 업무를 처리하지 않고 '행정 군주정'을 통해 절대왕권을 확립했던 것이다.

<hr>

65) 『신약성서』 로마서 13장 1~2절.

66) 앙드레 모루아 지음, 신용석 역, 『프랑스사』, 207쪽.

"짐은 국가다."라는 말에 대해 이영림은 그의 「루이 14세와 절대군주정: 절반의 성공」에서 19세기 초 레몽테(P.F. L'émontey)가 루이 14세의 절대권력을 빗대어 출처없이 사용한 것 뿐이라고 했다(P.F. L'émontey, *Essai sur l'établissement monarchique de Louis XIV*(Paris, 1818), p. 37. Joël Cornette, *Historie de la France: Absolutisme et Lumières 1652~1783*(Paris: Hachette, 1993), p.11에서 재인용).

■

이처럼 세 사람과 국정을 상의했으므로 세도가가 생길 수밖에 없었다. 특히 콜베르는 쉴리와 마자랭이 역임했던 건설총관(surintendant des bâtiment)을 거쳐 재무총감에 이르렀다. 그리고 1669년 리온의 부서에 속한 해군업무를 빼앗아 해군비서를 겸했고, 심지어 국무비서직마저 구입했다. 또한 그는 푸케 사건에 몰려 벌금형을 받은 뒤플레시스 게네고에게서 궁내부 국무비서직을 60만 리브르의 헐값에 사들여 궁정 소비와 납품에 대한 전권을 장악했다. 게다가 1671년 리온이 사망하자 그의 동생 크루시아를 외무장관이 되게 함으로써 해군성, 외무성, 궁내부가 모두 콜베르 가족들이 독점하게 되어 콜베르가 '왕처럼 행세하는 위원회'가 되기도 했다.[67]

한편 루이 14세는 군주정의 이데올로기 수립과 실천에 진력했다. 그는 궁중의 의례와 준칙을 바로 잡고 질서를 확립하였다. 1654년 랭스에서 거행한 대관식에서 그는 관례에 따라 "정치적 지배자가 종교를 지배한다."라는 것을 준수할 것을 맹세하였다. 그는 보쉬에가 『성서에서 발췌한 정치학』에서 말한 것처럼 프랑스의 절대군주는 '하나의 믿음, 하나의 법의 원칙'을 실천하는 완전한 기독교 왕이라는 것을 결코 잊지 않고 철저하게 준행하였다. 그가 얀센주의를 탄압하고, 1685년 낭트 칙령을 폐지한 것은 바로 절대 군주정을 실현하려는 정치적 계산으로 풀이하는 것이 좋을 것 같다. 하지만 1679부터 1688년까지 10년 동안 각국이 반 프랑스 동맹

---

67) 이영림 · 주경철 · 최갑수, 『근대유럽의 형성:16~18세기』, 까치, 2011, 98~99쪽.

을 맺고 프랑스에 대항함으로써 프랑스는 난관에 부딪쳤다. 루이 14세가 치른 여러 전쟁들의 결과는 오히려 프랑스의 지위를 하락시켰다.[68] 그러므로 그는 엄격한 규율과 질서의 확립으로 절대권력을 유지하려는 심산이었다.

그는 의례 준칙을 세부까지 규제하고 빈틈없이 실천하면서 절대군주정의 기강을 바로 잡았다. 연회나 공석에서 혹시 국무대신 부인이 대공비보다 먼저 앉든지 하면 막을 수 없을 만큼 노기를 터뜨렸다. 생시몽은 국왕의 천성이 너무 꼼꼼하여 그렇기도 했지만 한편으로는 나누어 줄만한 은전이 별로 없었기 때문에 이러한 관념적인 은전을 내세우게 된, 하나의 술책으로 해석했다. 그러나 루이 14세는 초대나 친절한 말 한마디 그리고 따뜻한 눈길 등 사소한 호의적 표시가 얼마나 가치 있는 것인가를 잘 알고 있었다. 궁중의 행사에서 장엄하게 꾸민 의식도 절대왕정의 이미지 부각에 대한 효과적인 수단의 하나가 되었다.

궁정예법은 사교적인 차원에 머무르지 않았고, 그에게 있어서는 귀족들과의 거리두기인 동시에 정치권력의 한 수단으로 활용되었다. 그는 궁정 귀족과 부르주아 사이에 긴장을 조장하고 조정하면서 자신의 권력을 증대하는 것이 습관화되어 있었다. 심지어 그는 여인의 앞을 지날 때 귀족의 부인이면, 모자를 거의 벗어 가슴에 대고 고개와 눈으로 답례를 했고, 앞에 있는 여자가 하인이라는 것을 알면서도 자신의 모자를 벗는 척 하는 예절을 갖추었다고 하니

68) 위의 책, 274쪽.

제 3 장 왕권 강화와 중앙집권체제는 확립되었나?

얼마나 철저한 본보기가 아니었겠는가?

프랑스 국왕도 처음에는 이전의 봉건 귀족들과 마찬가지로 자기 영지의 군주에 불과했던 국왕이었지만, 역할을 고차원적으로 능력 있게 수행하여 국가의 절대권을 독점할 수 있게 되었다. 그러므로 절대주의 시대의 국왕들은 능력 있고 잘난 왕들이었으며, 그중에 루이 14세가 특출했던 것이다. 그러나 브리그스의 말처럼 루이 14세의 '절대왕정'은 때때로 그 외관에 비해 보잘 것이 없었고, 그 이면에는 계속 수술해야 하는 낡은 구습들이 많이 있었다. 그것들은 종교와 소유권에 대한 법률 이외에도 군주정이 가지고 있는 모순들이었다.[69]

그렇다면 국왕은 권력만 있고 의무는 없었는가? 루이 14세가 도핀을 위해 쓴 글에서 보면, 군주가 해야 할 일은 첫째 하나님을 잘 섬기는 것이다. 그것은 지상의 절대권력으로 최선을 다해 종교와 교회를 보호해야 한다는 것이었다. 둘째 국왕은 일하는 기쁨을 가져야 하고, 자신의 일에 정성을 다해 이행해야 한다. 그래야 권력을 장관들에게 양도하지 않고 자신이 직접 행사할 수 있다는 것이다. 셋째 국왕은 인민들의 행복을 책임져야 한다. 왜냐하면 왕은 인민의 머리이며 인민은 그의 몸과도 같기 때문이다.[70] 그러나 루이 14세가 도핀에게 준 교훈을 자신이 행한 것이냐에 대해서는 의문의 여지가 많다. 그는 왕비 라 발리에르와 몽테스팡과의 사이에

---

69) Robin Briggs, *Early Modern France, 1560~1715*, p.145.

70) Henri Sée, *Les Idées Politiques en France au XVIIe Siècle*, p.140.

16명의 아이를 낳았다. 그는 가까이 있는 여성들치고 건드리지 않는 여성이 없었다. 궁전은 정식 결혼으로 태어난 아이들과 수를 헤아릴 수 없는 반쯤 합법적인 아이들로 득실거렸으므로 후사에 대해 고민이 많아 자신과는 관계없이 바른 교훈을 주었을 것이다.[71]

그렇다면 그는 하나님을 얼마나 섬기고, 하나님에게 얼마나 순종했는가? 그는 하나님을 섬기지도, 하나님에게 순종하지도 않았다. 그가 비록 퐁텐블로 칙령을 발표하여 가톨릭으로 왕국의 종교를 통일했다하더라도 그가 지극히 하나님을 섬긴 흔적은 없다. 오히려 그는 교회와 성직자가 너무 많고, 그들이 너무 부유한 데 대해 단호한 말을 했다.[72]

2) 절대권력의 이면

17세기 말 18세기 초 다른 나라에 비해 프랑스는 부강한 나라였다. 인구도 1천9백만 명으로 스페인의 2배, 영국의 3배나 되었다. 프랑스의 풍부한 자원, 기름진 땅과 더불어 부르주아들이 루이 14세에게 힘을 실어 주었다. 그러나 그는 하나님의 축복을 모두 받지는 못했다. 아무리 절대군주라도 자신의 문제에 대해서는 절대권을 행사할 수 없었다. 그가 1715년 사망했을 때, 백성들은 '전쟁광(homme de guerre)'으로 생각했던 이 왕의 죽음을 별로 애도하지 않

---

71) 이바르 리스너 지음, 김동수 옮김, 『위대한 창조자들의 역사』, 살림, 2005, 452쪽.

72) Pierre Goubert, *Louis XIV: Mémoires pour l'Instruction du Dauphin*, p.29. 〈présentation〉

앉으니 솔로몬의 『전도서』와 같이 루이 14세의 세상도 '헛되고 헛된 것이었다'.

1647년 9살 때 루이 14세는 천연두로 얼굴에 곰보자국이 생겼다. 그리고 1658년 성홍열을 앓으면서 머리가 빠져 20세에 이미 대머리가 되었다. 그의 키도 사실은 160센티미터에 불과해 당시에도 작은 편이었다. 그래서 그는 항상 실내에 있을 때도 사자머리 가발을 썼다. 억세고 잘난 '태양왕'의 이미지와는 달리 루이 14세는 건강의 약화, 과중한 업무와 행사, 신체적 통증 등을 피할 수는 없었다. 그는 죽기 약 3개월 전인 1715년 6월 8일 성신강림축일 전날에 거의 기력이 없는 상태임에도 불구하고 연주창 환자들의 발을 씻겨주는 행사를 했다. 이날 그가 만난 사람들은 모두 1,700명이었다. 온갖 부류의 사람들이 몰려들고 유럽 각처, 특히 스페인에서 온 사람들이 많았다. 8월 10일부터 왕은 다리가 아파 일어나지도 못했다. 그럼에도 불구하고 13일에는 선 채로 페르시아 대사 후세인 미르자(Husssein Mirza)를 접견했다. 8월 24일 드디어 다리가 검게 변했다.[73]

주치의들의 〈일지〉에 의하면, 그는 일반적으로 우울증, 설사, 감기, 복통 등을 제외하고도 1647년 천연두, 1658년 칼레병, 1663년 홍역, 1684년 치통 등을 앓았다. 특히 1686년 소독제도 마취제도 없이 몇 차례의 치질과 치근수술을 하는 고통을 받았다. 종기를 짜내고 불에 달군 쇠막대기로 지지는 지독한 수술의 육체적 고통에

73) 이영림, 『루이 14세는 없다』, 푸른역사, 2009, 355~356쪽.

루이 14세의 야간 외출
John Merriman, *A History of Modern Europe*(New York: W.W.Norton & Company INC, 1996)

서 헤어나지 못하고 있었다. 특히 루이 14세는 팔다리가 굳어지는 통풍으로 밤마다 불면증에 시달렸다. 주치의는 다음과 같이 기록했다.

"왼쪽 발의 통풍 때문에 지난밤에 전혀 주무시지 못했다."(1688. 11. 21)

"통증이 몇 시간 동안 수면을 방해했다. 밤마다 거의 수면을 취하시지 못하기 때문에 괴로움을 당하셨다."(1694. 9. 26)

"오늘밤 특히 11시에서 자정 사이에 통증이 극심하여 거의 참을 수 없는 정도에 달했다."(1694. 10. 3)

"목에 생긴 종양은 불면증을 악화시켰다. 아침에 왕이 가발을 쓰시려고 할 때 목덜미에 통증을 느끼셨다. 왕은 토요일 밤부터 일요일까지

잠시도 눈을 붙이지 못하였다. 통풍으로 인하여 왕은 평범한 구두조차 신으실 수 없었다."(1695. 5)

"왕은 독감에 걸렸다. 아침에 침대에서 일어나기 위해 몸을 움직이는 순간 통증이 악화되어 자리에서 일어나지 못하다. 통증 때문에 일어나시지 못한 채 참사회를 주재하셨다."(1705. 1)[74]

루이 14세는 1691년 장기간의 치열한 격전을 치른 몽스 봉쇄 후에 발에 통증을 얻어 죽을 때까지 고통을 받았다.[75] 1711~1712년 그는 장손과 손주 하나를 더 잃었다. 볼테르의 말과 같이 그들의 죽음 앞에서 루이 14세는 부르봉 왕조의 절망을 느꼈다. 영광의 '태양왕(Roi soleil)'이 사라질 때는 전쟁의 패배, 무질서, 백성들의 불만이 가득 담긴 어둡고 슬픈 그림자만 드리웠다.[76] 전쟁의 영웅임을 과시하기 위해 그렇게 많은 '마르스 메달'을 만들었지만 그는 임종 직전 5세의 어린 후계자에게 "전쟁을 좋아한 짐을 닮지 말라."라는 당부를 했다.

그는 "나는 가노라. 그러나 국가는 영원히 남을 것이다."[77]라는 마지막 말을 남겼다. 영원불변한 것은 절대군주의 생명이 아니라 자기가 지키고 영광을 빛낸 프랑스라는 것을 강조하고 싶었던 것

---

74) 필리프 아리에스 · 조르주 뒤비 · 미셸 페로 편, 이영림 역, 『사생활의 역사: 르네상스에서 계몽주의까지』 3권, 새물결, 2002, 348 · 467~468쪽.

75) 위의 책, 469쪽.

76) Alfred Cobban, *A History of Modern France, vol 1: 1715~1799*(London: Penguin Books, 1964), p.9.

77) Jean-Louis Berthel, *Une Hiistoire de France, vol.I*, p.82.

이다. 그는 '태양왕'이라는 이미지답지 않게 거의 40년간을 병마에 시달리며 살았다.

그는 심지어 결혼에서도 사랑하는 여인과 결혼조차 마음대로 하지 못하고 정략결혼을 해야 했다. 그는 17세에 마자랭의 질녀인 18세의 마리를 만났다. 얼굴이 미모여서가 아니었다. 그녀는 루이 14세를 즐겁게 해 줄 뿐만 아니라 그가 좋아하는 것을 가지고 있었기 때문이었다. 그녀는 라틴어와 그리스어 이외에 프랑스어를 깊이 공부했고, 음악에 재능이 있었다.[78] 그녀는 궁정 자매들의 경박한 언어를 루이 14세가 좋아하지 않는다는 것, 궁전에서의 정치공작과 술수를 혐오한다는 것, 왕은 낭만적인 성격을 가지고 있으며, 모험소설을 즐기고, 군대의 선두에 서길 좋아했고, 높은 이상과 명예에 대한 욕심을 품고 있다는 것을 알았다. 그녀는 왕을 만날 때마다 쓸데없는 잡담보다는 궁정의 로맨스, 용맹한 기사들의 무용담, 과거의 왕과 영웅들의 이야기를 들려주어 명예에 대한 그의 욕망과 갈증을 채워주었다. 드디어 왕은 보잘 것 없는 얼굴의 마리에게 애정을 느껴 전쟁터에도 데리고 갔으며, 자신이 싸우는 모습이 잘 보이는 곳에 그녀를 앉혔다. 그리고 심지어 마리를 왕비로 삼겠다는 약속을 했다.

그러나 루이 14세는 그녀가 프랑스의 외교적 이익이나 왕실에 전혀 도움이 되지 않는다는 마자랭의 건의를 받아들여 결혼을 하지 않았다. 1658년 루이 14세는 오스트리아나 스페인의 공주와 결혼해야 한다는 주위의 압력 때문에 어쩔 수 없이 첫사랑의 여인과 헤어지고 한동안 슬픔에서 헤어나지 못했다. 그가 평생 마리 만치니만큼 사랑한 여인이 없었다[79]고 말한 것을 보면, 자신을 위해 절대권력을 행사하지 못한 슬픈 왕이었다.

79) 위의 책, 636쪽.

국왕은 입법권·행정권·사법권을
직접 장악했는가?

1. 입법을 통한 절대권 행사

왕권신수설을 지지하는 자들은 교회법이나 살리크법보다도 왕의
의지를 법으로서 생각했다.[1] 그간 관습법을 보존하고 감독한 것은
파리고등법원이었으므로 입법은 왕과 파리고등법원의 몫이었다.

보댕의 입법개념에 따라 많은 이론가들이 왕의 의지를 법 제정
의 기본으로 생각하는 데 동의했다. 루아젤의 『제도(*Institutes*)』에 대
한 첫 번째 격언은 "법이 원하는 것은 왕이 원하는 것이다."라는
것이었다. 이에 대해 오모(Hommeau)는 통치자가 법의 힘을 가지
고 있으므로 새로운 법을 만들어야 하며 제정된 법은 당연히 왕의
의지가 담겨있어야 한다고 설명했다.[2]

---

1) William Farr Church, *Constitutional Thought in Sixteenth-Century France: A Study in the Evolution of Ideas*(Cambridge: Harvard University Press, 1941), p.268.

2) *Ibid.*, pp.333~334.

17세기 초기에는 파리, 툴루즈, 보르도, 루앙, 엑스, 그르노블, 디종, 렌 등에 고등법원이 설치되었다. 그중 파리고등법원장은 왕을 제외한 왕국의 최고 지위이며 왕후(王侯)와 재상 이외의 사람이 취임한 사실이 없었다. 법관들은 왕을 대신하고 있었으므로 붉은색 의복과 흰 담비 외투를 착용하고 모든 사건의 최종판결을 내렸다. 그들은 국왕의 칙령을 등록하며, 그것이 왕국의 기본법에 위반된다고 생각할 경우 왕에게 직간할 수 있었다.

법의 준행도 중요했지만, 앙리 4세는 때때로 파리고등법원의 법관들을 기사처럼 취급하면서 질책하였다: "경들은 짐의 칙령이 국가 재정에 과중한 부담을 주게 된다고 생각할 것이다. 그러나 경들은 대안도 강구하지 않을 뿐더러 군대의 유지비조차 돌보아주지 않고 있다. 만약에 경들이 저마다 2~3천 에퀴를 상납하거나 경들과 재무관들의 봉급을 국고에 반납한다는 말이라도 비친다면 칙령을 철회할 수도 있을 것이다. 경들은 넉넉한 봉급을 바라며 미사여구로 가득 찬 간언을 함으로써 큰일이나 한 것처럼 난로 앞에서 손을 녹이며 자기 볼 일만 본다."

법관들은 당시 칙령등록을 거부할 수 있는 파리고등법원을 통해 프랑스 왕정의 독주를 충분히 견제할 수 있다고 생각했다. 그러나 절대왕정은 왕명을 등록하는 파리고등법원과 각종 사법업무를 왕과 행정부의 지휘와 감독을 받게 했기 때문에 단위기관에서 무엇 하나 독자적으로 처리할 수 없었다. 게다가 왕들은 파리고등법원을 왕정의 옹호세력으로 활용했으므로 절대권력을 더욱 보장받았던 것이다. 지방고등법원장은 필요에 따라 지방장관의 직책을 대행했으나 절대왕정시대의 시작부터 '지사(감독관, intendants)'들이 파견되어 조세, 징집, 사법, 행정, 재정 등을 감독하고 때로는 왕을 대신해서 직결처리함으로써 지방고등법원의 기능이 현저하게 약화되었다. 게다가 왕명은 재상, 재무장관 그리고 기타 국무장관으로 구성되는 참사회에 하달되었으나 앙리 4세 시대까지도 직책의 범위에 관한 규정은 분명하지 않았으므로 왕의 판단과 재량에 따라 업무가 분장되고 처리되었다. 또한 재상은 종신 옥새의 보관자였으므로 절대왕권을 오히려 재상이 대행하는 경우가 많았다.

루이 14세는 때때로 겉보기와는 달리 이전의 시대보다 입법 분야에서 절대권력을 그렇게 많이 행사하지 아니한 것 같다. 그의 시대에는 이전의 많은 제도들이 지속되고 있었다. 그가 절대권을 행사한 것은 부분적으로 군주정 자체가 가지고 있는 특성이었고, 또 다른 일부는 왕은 종교, 재산권에 대한 절대권력을 가지고 있었기 때문이다.[3]

파리고등법원은 국왕의 절대권력을 배제하고 독자성을 지킬 수 있는 여력이 없었다. 실제 파리고등법원의 간언은 때때로 국왕에게 아무런 영향력이 없을 때가 많았다. 그것은 첫째 기본법을 확실히 아는 법원장이 별로 없었기 때문이었다. 일반적으로 왕은 어려서부터 별도의 왕재수업을 받았으므로 각 분야에 거의 통달해 있었지만, 파리고등법원장은 한시적이었으므로 법을 가지고 토론하

프랑스의 절대왕정시대

■

116

---

3) Robin Briggs, *Early Modern France, 1560~1715*(London: Oxford University Press, 1977), p.145.

기가 힘들었다. 둘째 국왕은 이른바 '신을 대리한 옥좌'에 앉아서 법정을 사회할 권리를 가지고 있어, 이른바 왕이 출석한 '친림법정'에서는 왕의 의사를 따르지 않을 수 없었기 때문이었다.

법학자이자 파리고등법원의 변호사였던 루아조는 그의 『관직론』에서 입법뿐만 아니라 입법가들에게 공권력이 필요하다는 것을 역설했다. 그리고 그 공권력의 근원은 왕에게 의지해야 하는데, 하나님이 왕에게 부여한 주권을 왕이 입법가에게 전한다는 논지였다. 따라서 입법가는 결국 '신성한 명예(honneur divin)'의 담당자가 되는 셈이었다. 그는 『성서』의 「에스더」 6장을 비유하여 설명했다. 왕은 자신을 대표하면서 훌륭한 대리인들 특히 입법가와 관리들에게 명예를 나누어 주었다. 그래서 입법가를 무시하는 사람들은 하나님 자체를 무시하는 사람이라고 했다.[4] 그러므로 입법가들이 마음에 들지 않더라도 '신성한 명예'를 가지고 있으므로 존경해야 한다는 뜻이었다.

특히 앙리 4세가 살해된 후, 1614년부터 신분제 의회가 해체된 상태였으므로 왕과 섭정의 말은 곧 법이 되었다. 왓킨스의 말처럼 프랑스는 여러 방면에 있어서 유독 개혁에 대해 저항이 강한 국가였다. 수많은 법적 장애와 제안은 사회적 유동성을 저해하였고, 정부의 검열제도는 비록 효과적으로 시행되지 못했다하더라도 항상 사상의 자유로운 교환을 방해하고 있었다.[5]

제 4 장 국왕은 입법권·행정권·사법권을 직접 장악했는가?

---

4) Henri Sée, *Les Idées Politiques en France au XVIIe Siècle*(New York: Arno Press, 1979), p.25

5) Frederick M. Watkins, *The Age of Idealogy: Political Thought 1715 to the Present*(New Delht:

따라서 종래의 재판제도에서 크게 변한 것이 없어 절대왕정시대 왕의 절대권도 거의 변함이 없었다. 다만, 파리고등법원이 정치문제에 깊이 개입하려 했으므로 자연히 국왕과의 사이에 여러 가지 대립이 불가피했다. 예를 들면, 파리고등법원은 스스로 '국가의 보호자(pères de l'Etat)' 또는 '국왕의 후견자(tuteurs des rois)'로 자처하고 재판관은 영구불변하는 진리로 판정할 뿐이라고 선언하였다. 그러나 파리고등법원은 실제적으로는 국왕의 모든 법령을 그대로 등록하고 하급재판소에 송치할 의무만을 지고 있었으며, 거부 또는 변경할 권한이 없었다. 다만, 국왕에 대하여 건의할 수 있었으나, 그 건의권도 1667년의 루이 14세의 칙령에 의하여 파리고등법원 소재지에서는 8일 이내, 그 외의 지역에서는 6주간 이내에 행사해야 했으며, 그 건의에 대하여는 국왕이 별도로 결정하여 통지하게 되어 있어 왕권을 제한할 수 없었다.

이러한 상황을 목격한 블랭빌리에(Boulainvilliers:1658~1722)는 『과거 프랑스의 파리고등법원에 대한 연구(*Lettres sur les Anciens Parlements de France*)』를 통해 프랑스 사람들은 이전에는 아주 자유롭고 완전히 평등했다는 것을 강조했다. 그리고 국왕들은 국민의 의사를 묻지 않고 어떠한 중요한 결정을 내리지 않았으며, 국왕이 나라의 주인이고 소유자가 아닌 적은 한 번도 없었다고 하면서 국왕이 의무를 이행하지 않는 것도 불행이며 백성들이 자신의 의무

Pretice-Hall of India Ltd, 1963), p.21.

를 이행하지 않는 것도 불행이라고 개탄하였다.[6]

　파리고등법원은 법령 등록권과 건의권의 제한에 반발하기 시작
했고, 루이 14세가 사망하자 국왕으로부터 하달된 법령의 등록을
보류하고 건의하는 권리를 확보하는 데 성공했다. 그 후부터 국왕
이 발포하는 모든 법령은 파리고등법원에 의하여 비판되었고, 건
의 없이 등록된 예가 없었으므로 루이 14세 시대를 절대주의 시대
입법권 행사의 극치로 보아야 할 것이다.

6)　Henri Sée, *Les Idées Politiques en France au XVIIe Siècle*, pp. 274~275.

2. 행정을 통한 절대권 행사

프랑수아 1세가 루이 11세의 정치사상과 업적을 차용한 것처럼, 그리고 앙리 4세가 프랑수아 1세의 정치사상과 업적을 계승한 것처럼 루이 14세도 선왕들의 정치를 모델로 하였다.[7] 루이 13세는 서거 이전에 그의 아들이 성년이 될 때까지 정부를 통괄할 법령의 기초를 다져주었다. 그러나 왕비가 고등법원에 압력을 넣어 그의 유언을 파기했다. 그리고 그녀는 마자랭과 손을 잡고 정권을 휘둘렀으므로 루이 14세 초기 18년은 이른바 '공위시대(interrègne)'가 될 수밖에 없었다.[8] 행정도 왕의 행정이 아니었다. 그는 프롱드 난으로 두 차례나 파리를 떠나 도망쳐 다녀야 했다. 그러나 20세가 되

---

7) Le Comte Louis de Carné, *La Monaarchie française au Dix-Huitième Siècle*(Paris: Didier et Cie, Libraires-Editeurs, 1859), p.89.

8) 클로드 메트라 지음, 서정복 역저, 『부르봉 왕조 시대의 프랑스사』, 서원, 1994, 174쪽.

어 스페인 왕의 딸 마리아 테레즈와 결혼하고 파리로 돌아와 친정을 선언한 후로는 상황이 달라졌다. 그에게 뛰어난 정치인들과 행정능력을 갖춘 사람들이 모여들었을 뿐만 아니라 각 분야를 속속들이 알고 있는 전문가들이 많았다.

그러나 루이 14세가 친정을 시작한 후는 재상을 두지 않고 행정을 했다. 그는 재위 54년 중 단 17명의 장관만을 임명했다. 장관을 선임할 때 신분보다는 능력을 보고 임명했다는 것이 특기할 만하다. 마치 로마 시대에 그랬던 것처럼, 출신보다는 업무능력과 사회적 역량에 따라 관리를 등용했다. 그것은 그가 하급신분을 우대하려는 것이 아니었고 귀족의 권력 집중을 막고 왕권을 강화하려는 목적에서였다. 지사는 세금의 유출과 군대의 징집 감독, 지방귀족의 감시, 그리고 비적, 밀수업자, 색마들을 진압하는 일을 했다. 또한 시장이 치안을 유지하고 기근을 구제하며 도시와 동업조합과 거래하고, 법원을 감시하며 가끔 소송사건들을 판결했다.[9]

보니(Richard Bonney)의 통계에 따르면, 지사는 1560~1630년 사이의 70년 동안에 120명이 임명된 반면, 1630~1648년 사이의 18년 동안에는 무려 120~150명이 임명되었음으로 루이 13세 후반부터 그 이전보다 왕이 행정권을 더욱 장악하고 있었던 것으로 보인다.[10]

9) R. R. 파머 · J. 콜든 지음, 강준창 외 3인 역, 『서양근대사』 1, 삼지원, 1988, 229쪽.

10) Richard Bonney, *Political Change in France under Richelieu and Mazarin in 1624~1681*(Oxford University Press, 1978), p.34. 김성학, 「프랑스 관직매매와 절대왕정의 형성」, 『서양사론』 제23호, 한국서양사학회, 1982, 71쪽 재인용.

루이 14세의 참사회 주재(1672)
Jacques Marseille, *Histoire, tome 2*(Paris: Nathan,1987)

　루이 14세는 중앙정부를 강화하기 위해 36개 또는 33개에 달하는 프랑스 기본 행정 단위인 '제네랄리테(generalités:행정구, 사법구, 납세구)'에 행정과 징세를 담당하는 '지사'를 파견하여 행정, 납세, 사법을 총괄하게 했다. 그것은 원래 100년 전쟁 후 지방의 군대를 감독하고 통솔하는 역할을 해온 총독(gouverneur)을 대신 하는 왕의 대리인이었으나 프롱드 난 때에 폐지되었다.[11]

　20세기의 역사가 라비스가 루이 14세 시대의 정부를 '행정 군주정'이라고까지 말한 바와 같이 전국에 파견된 36명의 지사들에 의해 지방 행정을 체계적으로 조직하고 조세의 합리적 분배를 실천했다. 지방장관들은 우리나라 조선 시대의 상피제도처럼 결코 자신들의 출신 지역에 임명되지 않았으므로, 관할 지역의 지방유력자들과

11)　이바르 리스너 지음, 김동수 옮김, 「위대한 창조자들의 역사」, 살림, 2005, 454쪽.

결탁하는 일이 없어 부정부패가 최소화되었다. 보수적인 역사가 미쉘 앙투안은 그것을 루이 14세의 '행정혁명'이라고 하면서 절대주의 강화를 위한 탁월한 정책으로 소개했다.

루이 14세는 왕국의 발전이나 국왕에 대한 봉사의 공과에 따라 새롭게 귀족으로 편입시키는 사례를 만들어 사람들에게 희망을 주었고, 지방엘리트층과 타협하고 일종의 거래를 하였으며 이들을 국익에 동원했다. 그는 중세의 봉건적 가신제가 아니라 지위가 높은 사람은 낮은 사람을 보호하고 지위가 낮은 사람은 높은 사람을 지지하는 '후견제(patronage)'를 이용했던 것이다. 이로써 충성을 약속받고 이에 걸맞은 대가를 주고받는 지배와 복종의 불평등한 관계가 형성되었다.

그는 성실근면하고 공사를 분명히 하며 공직자로서의 의무를 다하는 절대군주의 위엄을 보였다. 그는 매일 6시간씩 정무를 보았으며 사소한 국비의 지출도 직접 서명했다. 그는 "국왕의 본분은 위대하고 고귀하며 스스로 계획한 일을 실천할 때 느끼는 보람만큼 즐거운 일은 없다."[12]라고 한 것처럼 '모범적인 행정군주'였다. 그는 마자랭의 교훈을 항상 기억하고, 자신이 스스로 재상의 역할을 하기로 결심하여 참사회에 성직자를 임명하지 않았다. 그는 위원회를 직접 주재했다. 그리고 「회계일부」라는 비망록을 가지고 있었으며, 사소한 국비 지출도 직접 서명함으로써 출납관들의 부정을 최소화했다.

---

12) 앙드레 모루아 지음, 신용석 역, 『프랑스사』, 홍성사, 1981, 220~221쪽.

아들을 위해 남긴 「통치술」이라는 비망록에서도, 루이 14세는 참으로 성실하고 근면한 왕이었다는 것을 엿볼 수 있다: "우리가 백성으로부터 받은 복종과 존경은 공짜로 얻어지는 것이 아니다. 그들이 우리를 존경해야만 하듯이, 우리는 그들을 보호하고 지켜 주어야만 한다."

루이 14세 시대의 행정기구는 수석장관(premier ministre: 재상)의 부재를 제외하면, 앙리 4세나 루이 13세의 그것과 큰 차이는 없었으나 관직 또는 관리의 수가 증가했다. 그것은 관할의 경합을 피하고 사무량을 경감시키려는 목적에서였다. 그러나 놀랍게도 국왕이 수입을 증가시키려는 방법으로서 새 관직을 증설하거나 관리의 수를 증가시킨 경우가 많았다. 그것은 바로 왕이 관직을 매매하였다는 것을 의미한다.

그렇다면 왕은 행정을 통해 어떻게 절대권을 행사할 수 있었을까? 마자랭이 사망하기 이전까지만 해도 참사회에는 모후와 재상, 3명의 방계왕족, 대상서(chancelier), 중신(pair)직을 지낸 4명의 공작, 4명의 국무비서, 6명의 원수가 참석했다. 추기경 및 고위성직자들도 고정참석자들이었다. 그러나 루이 14세가 친정을 하면서 참사회에서 방계왕족을 모두 몰아냈다. 심지어 자신의 아우인 대공(Monsieur)까지 발을 디디지 못하게 함으로써 외형상 참사회를 유지했으나 소수의 대신체제에 의존하는 행정을 했다. 그는 주로 르 텔리에, 리온, 콜베르 등 3명의 법복귀족 출신들과 정무를 상의했던 것이다.[13] 사

---

13) 이영림, 『루이 14세는 없다』, 푸른역사, 2009, 94~95쪽.

실 법복귀족이라는 명칭이 탄생한 것은 1607년 발표된『프랑스 연구』(1607)에서 나타난다. 저자 에티엔 파키에는 왕권 강화에 법관들이 협력했으며, 이들이 기능상 '행정귀족'이 되었다는 것이다.[14] 그러므로 프랑스의 행정은 법복귀족들이 앙리 4세 시대부터 맡아왔던 것이므로 절대주의 시대 내내 법복귀족에 의해 행정이 이루어졌다고 볼 수 있다.

루이 14세는 중앙에 7인의 행정장관(ministère)이 행정을 장악하도록 했다. 그리고 국왕의 지시에 따라 대상서와 4인의 국무장관(secrétaires d'Etat) 및 재무총감(surintendant des finences)이 각각 업무를 분장하도록 했다. 생시몽의 말과 같이 루이 13세 시대는 세기에(Séguier), 루이 14세 시대에는 빌모르(Villemor)가 국정을 잘 이끌어주었다.[15] 그러나 루이 14세 시대의 행정장관들은 합의기관이 아니고 각각 업무가 분할된 독립기관이었으므로 왕명을 직접 받아 거침없이 집행하는 체제였다. 그중에서도 국가비서관은 행정장관과 흡사하게 전쟁과 외교에 관한 행정과 더불어 각각 지리적인 구역을 분담하고 있어 막강한 권력을 가지고 있었다.[16]

---

14) 위의 책, 165쪽.

15) Roland Mousnier, *Les Institutions de la France sous La Monarche Absolue, tome 1*(Paris: P.U.F., 1974), p.29.

16) 루이 14세 때의 행정장관의 수는 5인이었다. 즉, 3인의 국무장관과 재무총감 및 국왕의 고백청취관(Le confesseur du roi)이었다. 그 후 17세기와 18세기에도 변경이 있었다. 당시에 수석장관(Le premier ministre)이라는 직제가 기록되어 있으나 법제상의 칭호는 아니었다. 예컨대, 17세기 전반기에 리슐리외를 "principal ministre du Conseil d'Etat" 또는 "principal ministre de notre Etat"라고 불렀고, 루이 15세 때에도 "principal ministre de notre

루이 14세는 중앙에 통제관(controleur général:1661년 이래 재무장관)제도를 두었는데, 그것은 루이 15세 및 루이 16세 때까지 존속하면서 재정을 총괄했다. 그러나 다른 왕들과 달리 루이 14세는 일일이 직접 결재를 함으로써 일반 행정에 대한 오류나 이탈을 막으면서 재정에 대한 절대권을 행사했다. 그리고 그의 말년에는 섭정위원회 외에도 신앙생활위원회, 외교위원회, 전쟁위원회, 재정위원회, 해사위원회, 내정위원회 및 상무위원회 등 다원합의제(Polysynodie)를 운영했다. 각 위원회의 의결은 모두 섭정위원회에 보고하였던 것으로 보아 섭정위원회가 수석위원회의 역할을 하며 왕의 절대권을 보좌 또는 대행했던 것으로 보인다. 그러나 이와 같이 자문 역할을 하는 위원회는 집행기관과의 잦은 충돌로 인해 곧 폐지되고 말았다. 국왕참사회(Conseil du roi)는 처음에는 모든 국무를 총괄하고 있었으나 점차 업무에 따라 국책위원회, 긴급위원회, 재정위원회, 사법위원회, 상사위원회 등의 분과위원회에서 업무를 분담하였다. 그러나 각 위원회가 국왕의 직속이었으므로 업무가 세분되었다하더라도 왕의 절대권력 행사에는 문제가 될 게 없었다.

국책위원회는 국가의 기본 정책과 특히 전쟁과 평화, 외교, 국제 협상에 관한 자문기관으로서 참사회라고도 불렀다. 외교를 담당하는 국가비서관은 이 위원회의 일원이었다. 공문서위원회는 처음에 긴급한 사항을 분담하는 데서 출발하였으나 곧 국내행정을 담당하

Etat sous notre autroité'라고 불렀다.

는 위원회로 기능을 전환했다. 이 위원회는 재상, 국무장관, 국책위원 및 국왕이 위촉한 위원으로 구성되어 있고, 국왕의 지침을 사전에 받거나 자문에 응해 왕의 절대권 행사에 당위성을 제공할 뿐이었다.

특히 재정위원회는 국왕을 위원장으로 하고 재상, 재정감, 그 외에 2인의 위원으로 구성되었으며, 위원회들 중에 가장 중요한 위원회가 되었다. 그것은 17세기 중엽에 시작되었고, 푸케가 물러난 후에는 빌루아(Villeroi) 원수가 재무총감이 되어 참석했다. 위원회는 재상으로 하여금 사회를 보게 하고 3명의 보조원이 업무를 정리한 것과 아무리 적은 돈이라도 결제를 일일이 한 것을 보면, 루이 14세가 재정에서 얼마나 철저하고, 절대권을 행사했는지 알 수 있다.[17]

분쟁위원회(Conseil des parties)는 원심파기를 청하는 상고심, 관할권에 관한 분쟁, 재판 규칙, 친족 · 입양에 관한 사건의 이심 및 직무상의 항변에 관한 사항 등을 분담하고 있었다. 재상이 주재하며 4인의 국무장관과 3인의 성직자위원과 3인의 무사위원을 포함하는 30인의 위원으로 구성되어 있었다. 이 위원회는 다른 위원회와 달리 담당사건을 다수결로서 의결할 수 있었고 동수인 경우에는 재상이 그 표결권을 가지고 있어 오늘날의 의결방법과 비슷하나, 역시 재상의 임명권이 국왕에 있었으므로 국왕의 의사에 반하

---

17) Ernest Lavisses, *Louis XIV:Histoire d'un Grand Règne 1643~1715*(Paris: Robert Laffont, 1989), p.138.

예복 입은 루이 14세의 위엄
John Merriman, *A History of Modern Europe: From the Renaissance to the Present*(New York: W.W. Norton & Company INC, 1996)

여 결정할 수 없었다.

상무위원회(Conseil du commerce)는 육지와 바다에 관한 사항을 분담하고 있었다. 12명의 거상을 위원으로 하고, 그들의 의견을 표결하여 국왕에게 제출하였다.

신권을 대리하는 왕이 이처럼 많은 위원회를 설치한 이유가 무엇이었을까? 그것은 왕 자신의 완벽주의와 더불어 신권을 대리한 왕은 실수가 있어서는 안 된다는 신념에서였다. 그렇다면 절대군주가 정책 결정에서 자신의 의지를 얼마나 반영했을까? 계량적으로 증명할 수는 없고 사전에 왕의 의지가 지침으로 전달되었으며, 각 위원회의 지혜와 명철을 신뢰했던 것으로 보인다. 그러므로 신권을 대리하는 왕의 신성한 권리는 신하들의 충성심과 총명함을 알아차린 왕의 판단에 의해 행사되었다고 볼 수 있다.

생시몽의 말처럼 루이 14세 시대의 장관들은 '보수'도, '사무실'도 없었다. 그들은 왕의 공문서에 의해 지명되었고, 왕의 부름에 의해 국책위원회에 참석할 뿐이었다. 한번 임명되면 장관의 타이틀은 죽을 때까지 가지고 있지만 사무실도, 평소의 임무도, 영업허가도, 서약도 없고 다만 왕의 의지에 따라 존재할 뿐이었다.[18]

태양왕의 상징-루이 14세
Roger Mettam, *Government and Society in Louis XIV's France*(London: The Macmillan Press LTD,1977)

그렇다면 왕의 절대권은 지방행정을 어떻게 장악했을까? 오늘날처럼 전화나 팩스, 메일이 없었던 시대에 신속하게 지방을 관장할 수 없으므로 국왕을 대리하는 감독관(지사)을 파견하여 지방의 재판, 경찰 및 재정을 장악했다. 그리고 도시를 장악하기 위해 종래의 자치도시에 시장, 행정관, 배심원(jurés) 등을 두었고 과세권과 행정권을 감독관에게 위임했다. 그러나 때로는 1651년 레츠 추기경의 지적처럼 왕이 멀리 있는 위험을 간과할 수 있는 사건들이 발생하기도 했다. 그러나 부정부패 또는 절대왕권에 대한 도전이나 반항은 살아남을 수 없는 형벌로 다스려 행정의 기강을 확립했다.

루이 14세는 무언으로 행정을 바로 잡는 경우가 많았다. 대개 귀족과 장관들은 중요한 국사를 놓고 여러 날 토론을 벌이는 일이 잦았다. 토론을 하다가, 말다툼을 하다가, 뜻이 한 데 모였다가 다시

---

18) *Ibid.*, p.137.

깨지고, 다시 언쟁을 벌이는 일이 수없이 반복되었다. 어느 시점에서 양측의 대표자를 한 명씩 정해서 왕에게 보내 그의 판단에 맡기자는 결론을 내릴 때가 잦았다. 이때 대표자들은 어떤 식으로 말할 것인가? 어떤 말이 국왕을 설득할 수 있을까? 어떤 말이 국왕을 언짢게 할 것인가? 하루 중 어느 시간이 좋을까? 어느 장소에서 국왕을 만나는 것이 좋을까? 등을 고려하여 국왕을 알현했다.

그런데 루이 14세는 의견을 들은 다음 대표자들을 빤히 바라보며 "생각해 보겠네."라고 말하고 그 자리를 뜨는 것이 상례였다. 그 후로 루이 14세는 그 문제에 대한 답변이나 언급을 다시하지 않음으로써 아랫사람들을 당혹시키고 쩔쩔매게 했다. 그의 과묵함에 의해 주변사람들은 어떤 결론이 나올까를 생각하며 겁을 먹었고, 언행을 신중히 하지 않을 수 없었다. 생시몽의 말과 같이, 루이 14세만큼 자신의 말, 미소, 심지어 눈짓을 이용하는 방법을 잘 아는 사람은 없었다. 사람들은 그의 말과 행동을 어렵고 귀히 여겼다. 거기에는 남과 다른 특별한 힘과 더불어 절대권력을 행사하는 힘이 있었던 것이다. 사실 그의 절대권은 과묵함 그 자체이기도 했다.[19]

그렇다고 루이 14세의 정치를 모두 찬성한 것은 아니었다. 그의 정치에 대한 반감 때문에 피에르(Saint Pierre) 신부는 1713년 『영구평화론(*Projet de paix perpétuelle*)』을 통해 루이 14세의 정치에 대한 반

19) 로버트 그린 지음, 안진환 · 이수경 옮김, 『권력의 법칙』, 웅진지식하우스, 2009, 498쪽.

감을 표명하고 각 주권국가로 하여금 전쟁과 안전대책을 제시했다. 그리고 1732년 블랭빌리에는 『귀족론』을 통해 귀족의 쇠퇴를 분석하면서 루이 14세의 절대주의를 비판하고 프랑스 정치제도의 합리성에 대해 검토했다. 그는 국가의 모든 계급은 모두 짓밟히고 파괴되고 부정되었으며, 정부는 사건들에 대해 원칙도 이론도 없이 대처되었다고 비난하면서 이 같은 해악은 일부 사람들의 영향뿐만 아니라 특히 잘못된 행정조직 때문이라고 지적했다.[20] 그러므로 프랑스 절대주의 시대 행정조직은 절대권을 행사하기에는 유리했으나, 인권이나 인민의 이익을 거의 고려하지 않았던 것으로 풀이된다.

---

20) Henri Sée, *Les Idées Politiques en France au XVIIe Siècle*, pp.272~273.

3. 사법부에 대한 절대권 행사

　　프랑스 법조계의 귀족들은, 특히 출신귀족들의 시각에서 볼 때, 관직귀족들이나 법복귀족들은 귀족이 아니었다. 출신귀족들은 법복귀족을 비웃고 경멸했다. 출신귀족들의 입장에서는 법복귀족들은 단지 부르주아에 불과했다. 그 예로 아카데미 프랑세즈(Académie française)의 회원이었던 드 수아지(François-Timoléon de Choisy) 신부는 종종 드 로피탈 가문 출신이었던 어머니가 그에게 자주 해 준 말씀을 소개했다: "아들아 들거라. 조금도 교만하지 말고 네가 단지 부르주아에 불과하다는 것을 유념해라. 그러나 프랑스에서는 대검귀족만을 귀족으로 인정한다는 것을 명심해라. 대단히 호전적인 국민들은 군대에서 명예를 찾는단다."[21] 이처럼 파리

---

21) Roland Mousnier, "L'Unité Monarchique," *La France et Les Français*(Paris: Éditions Gallimard, 1972), p.1032.

고등법원장을 제외한 사법부의 직원들 거의 모두 귀족이 아니었으므로 왕이 이들에게 힘을 실어줄 필요가 없었다.

일반적으로 이 시대의 법은 세 가지로 나눌 수 있는데, 그것은 관습법, 로마법, 왕법이다. 우선 구전되어 온 관습이 재판에 적용됨으로써 판례관습법이 편찬되었다. 예를 들면, 재판에서 장 르 코크의『파리 재판소 판례관습법류집』, 15세기 귀 파프의『판례관습법류집』, 14세기『브레타뉴 지방 고관습법류집』, 부틸리에(Boutillier)의『농촌관습법류집』, 자크 다블레주(Jacques d' Ableiges)의『샤를 6세의 프랑스 관습법대집』등을 참고했다.

그 다음 몽틸 레 투르(Montilz-les-Tours)가 100년 전쟁에서 영국의 세력을 몰아내고 보르도와 기엔 지방을 수복한 때에 국왕의 명령에 의하여 1454년에 재판에 적용시킬『관습법집』을 편찬하기에 이르렀다. 그리고 이 당시 로마법은 관습법 또는 보충법으로서 실제에 있어서 널리 재판규범으로서 사용되고 있었다. 인문주의 사상은 16세기에 로마법의 제2차 부흥을 낳게 하였으며, 알시아(Alciat), 뷔데(Budé), 돈노(Donneau), 고드프루아(Godefroy) 및 특히 저명한 퀴자스(Jacques Cujas) 등의 로마법학자를 배출하였다. 그중 고드프루아는 역사법학파의 발단을 마련한 학자이면서도『테오도시우스 법전』의 주해를 내놓았다.

하지만 법전은 법전이고 그것을 집행하는 사법부에 대한 왕들의 태도는 달랐다. 앙리 4세는 화합과 안정을 목표로 했기 때문에 국왕의 위신이나 절대권력을 휘두를 생각이 별로 없었다. 그러나 루이 13세는 달랐다. 보니에 의하면, 1624~1661년 법원의 활동은 '사법(私法)의 범위로 국한되었고, '공법(公法)'에 관련된 문제를 다루었다. 따라서 반역죄와 같은 중죄자들은 더이상 파리고등법원에서 다루지 못하게 됨으로써 사법부의 기능이 크게 위축되었다.[22] 그리고 국왕이 몽테스키외(Montesquieu: 1689~1775)의 말과 같이 루이 13세는 국왕의 권리와 의무에 대하여 누구보다도 심오한 견해를 가지고 있었던 엄정한 군주였다. 그는 자신의 위신을 세우려고 리슐리외에게까지도 굴욕을 주었고, 파리고등법원에 대해서도 가차 없이 비하하여 다루었다. 그는 파리고등법원장 루 제이에게, "경들은 피에르 선생이나 장 선생의 일들을 재판하도록 되어 있다. 경들이 그 이상 마음대로 하고 싶다면 살이 묻어나오도록 손톱을 벗겨버리겠다. 짐은 신하나 관리들과는 타협하지 않는다. 짐은 군주이며 누구든지 복종하기만을 원한다. 짐은 보르도고등법원의 법관들의 머리통을 북북 문질러 주고 싶다. 그런 놈들은 너그럽게 대할수록 기어오르기 때문이다."[23]라고 하는 과격한 선언을 했다.

루이 13세는 절대권력으로 사법부를 휘어잡았다. 그는 범죄자에 대해서도, 파리고등법원에 대해서도 엄정했다. 그러므로 사형을 고집하는 것은 국왕이었으며, 리슐리외는 그러지 않았다. 어느 재판에 대해 루이 13세는 리슐리외에게, "제후들은 주인의 은혜를 망각하고 있는 자들이므로 짐은 경에게 그들을 자비심으로 동정하거나

---

22) 김성학, 「프랑스 관직매매와 절대왕정의 형성」, 『서양사론』 제23호, 70~71쪽.

23) 앙드레 모루아 지음, 『프랑스사』, 203쪽.

관대한 처분을 하지 않도록 명령한다."[24]라고 경고했다.

　루이 14세 시대에 이르러 콜베르와 다그소(Daguesseau)가 종래의 판례와 제도를 참고하여 프랑스법을 완성시켰다. 이들은 1689년과 1697년 사이에 로마법을 완성시킨 도마(Domat)의 『자연질서에서의 민법(*Les lois civiles dans leur ordre naturel*)』과 『공법(*Le Droit public*)』을 참고로 하였다. 그의 법의 원리는 『성서』에 근거를 두었다. "인간은 하나님을 알고 사랑하기 위해 태어났다. 인간은 하나님의 모습이고 하나님을 닮았다. 그러므로 인간의 첫 번째 법은 하나님과 같은 '훌륭한 군주(souverain bien)'에 대한 탐색과 사랑이다. 이 법은 모든 사람에게 해당되는 공동의 법이다. 그것은 인간이 모두 형제로서 서로 사랑하고 하나가 되어서 사회를 형성해야 한다."[25]는 것이었다.

　콜베르는 『1667년 4월의 법령에 의한 민사소송법』, 『1670년 8월의 법령에 의한 형사소송법』, 『1673년 3월의 법령에 의한 육상법』, 『1681년 8월의 법령에 의한 해상법』, 『1685년 3월의 법령에 의한 미주식민지경찰법』, 『1689년 4월의 법령에 의한 전함법』, 『1689년 4월의 법령에 의한 수리·산림법』 등을 편찬하여 프랑스 절대왕정을 공고히 했다.

　그러나 루이 14세 마지막 20년 동안 서민들은 사법권의 극심한

24)　위의 책, 203쪽.

25)　Roland Mousnier, *Les Institutions de la France sous La Monarchie Absolue 1598~1789, tome I*, p.33.

부당행사, 특권층의 오만, 여러 전쟁의 패전으로 인한 굴욕, 군대에 유린당한 지방, 특히 부당한 할당, 강압적인 조세부담으로 견디기 힘들었다. 게다가 추위와 굶주림은 비참한 백성들이 베르사유 문턱까지 이르도록 괴롭혔다. 마시용(Massillon)이 말한 바와 같이, 프랑스의 왕이 '그 백성들의 삶과 재산의 주인'이라면 그들은 서툴거나 잘못 자문 받은 주인이며, 그의 권리에서는 아닐지라도 적어도 그 권리의 행사에서는 변화가 있어야 했다.[26] 그러나 루이 14세는 베르사유 궁에서 안주했다. 겉으로 보기에는 루이 14세가 입법과 행정은 물론 사법권까지도 마음대로 휘둘렀던 것 같이 보이나 사실은 오래전 리슐리외와 마자랭에 의해 다져 놓은 기반 위에 절대권력의 너울을 쓰고 콜베르와 다그소의 보좌를 받고 앉아 있었던 것이다.

반면 부아길베르(Boisguilbert)나 보방(Vauban) 같은 몇몇 사람들은 실천적 견해에 만족했던 사람들이었다. 그들은 가장 좋은 정부의 형태가 어떤 것인지에 대해 탐구하지 않았다. 그들은 절대군주의 법령이나 군주제의 원리들만을 받아들였다. 그들은 다만 어떻게 그 권위가 프랑스를 무너뜨리지 않으면서 행사될 수 있는지에 대해서만 신경을 썼다. 그들은 사법부의 남용, 재정체계를 심층적으로 개혁하며, 상업과 산업의 번영을 확보하고자 했다.[27]

---

26) Daniel Mornet, *Les Origines intellectuelles de la Révolution française 1715~1787*(Paris: La Manufacture, 1989), p.40.

27) *Ibid.*

재판에 있어서도 왕은 파리고등법원에 대하여는 대리관의 권한을 인정하지 않고, 지방에 파견된 지사를 국왕의 대리관으로 하여 소송당사자들의 소청을 접수하고 재판하게 했다. 이러한 파견 위원들 가운데 가장 잘 알려진 사람들은 기마 청원심판관(maitres des requêtes en chevauchée)과 지방행정감독관들이다. 청원심판관은 보통 궁정 청원재판소에서 재판하는 사법관 즉, 궁정관리이다. 그들의 임무는 역시 국왕참사위원(자문위원)과 상훈국(Grande Chacellerie)에서 보고 담당관들의 역할을 포함했다. 그들은 관리들의 행동에 대한 주민들의 불만을 모으고, 그것을 조사하여 참사회에 보고하는 것이었다. 왕은 청원심판관들에게 모든 업무에 관해 참사회에 알리고 모든 결정사항의 집행을 따르며, 모든 소송을 감독하고 필요하다면, 즉석재판을 하거나 마찬가지로 종심재판을 하도록 다양한 권한을 부여했다. 그러므로 통치와 행정에서와 같이 사법부의 재판도 '대행재판제'였다.[28] 재판에는 인근 재판소의 판사 또는 법률전문가로 구성된 합의제 재판위원회를 조직해서 활용했다. 그 판결은 절대적이었으나 때로 불복하는 자는 사법위원회에 그 파기를 신청할 수 있게 했다. 그러나 그것은 형식적인 절차를 설정해 놓은 것에 불과했다.

법은 절대군주가 제정한 것이 아니고, 콜베르나 다그소와 같은 전문가들이 관습법에 입각하여 편찬했다. 따라서 왕은 신성한 권리를 마음대로 행사한 것이 아니라 현명한 신하가 신성한 절대왕

---

28) Roland Mousnier, "L'Unité Monarchique," *La France et Les Français*, p.1052.

제
4
장

국왕은 입법권·행정권·사법권을 직접 장악했는가?

137

권을 지켜주었던 것으로 풀이된다. 그리고 왕권신수설에 의한 절대권도 관습법과 로마법의 정의 앞에서는 그 절대권을 함부로 발휘할 수가 없게 했다. 파리 지역과 달리 각 지방에 있는 영지, 도시, 공동체들은 관습법에 의존할 수밖에 없었다. 영주권은 소유권(puissance en propriété)과 같은 것이었다. 우선 공권력을 내포한 영주권의 본질은 사법권이었다. 영주권은 보통 한 영토, 즉 토지와 봉토를 포함했다. 사법권의 소유자인 영주는 자신의 재판관의 중재로 민·형사상의 일에 관하여 알고 결정하며, 게다가 자신의 재판권 정도에 따라 사법관의 명령서를 시행하게 하기 위하여 공권력이나 강제력을 행사했다. 상급재판관인 영주들은 또한 치안에 대하여 알고 있으며 식료품, 방적기, 도로에 대한 규정을 만들어서 사실상 영지 주민들의 모든 일상생활을 규제할 권한을 갖고 있었다. 브르타뉴, 루아르의 지역들, 맨, 앙주, 투렌 그리고 다른 몇몇 지방들에서 실제로 철저한 영주재판권이 존재했다. 따라서 영주의 재판관은 자신의 영주에게 지불되지 않은 납세금액과 이행되지 않은 주종관계에 대하여 벌금형이나 재산몰수를 언도했다. 몽테뉴(Montaigne)는 만일 한 영주가 자기 땅에서 왕의 사법권 앞에 인도할 재판절차를 피했다면 그는 절대권위에 대하여 부담을 느끼지 않았을 것이라고 지적했다. 말하자면 일생에 두 번 다시 왕의 대리인들과 관계하지 않았을 것이다. 1685년 이후 쥐리외(Jurieu)가 보기에 상급재판관인 영주들은 자기 영토에서 작은 왕들과 같았다.[29]

---

29) *Ibid.*

그러한 현상은 루이 14세 사후에는 많이 달라졌는데, 몽테스키외가 『법의 정신』(1748)을 통해 전통, 기후, 풍토, 생활습관 등에 따라 법과 정부의 형태가 정해져야 한다는 주장과 더불어 절대권력에 대한 반동이 공론화되기 시작했다. 각 단체, 집단, 혹은 동업자 조합은 이러한 것들을 생존에 필요한 신성불가침의 조건으로 간주했고 그것은 프랑스 혁명 때까지 계속되었다.

한편 성직자가 범한 형사사건에 대하여는 특정범죄를 제외하고 교회재판에서 처리했다. 따라서 절대왕정시대에는 신에 대한 불경, 국왕에 대한 반역, 방화, 화폐 위조, 살인, 야간의 절도, 강도, 무기 불법 휴대 및 소요의 죄를 범한 성직자에 대하여는 국왕재판소에서 재판을 받도록 했다. 민사사건에 있어서도 신분관계와 성직자의 이익에 관계된 것은 교회재판을 받을 수 있는 특전이 마련되어 있었다. 그러나 성직자의 소유지 또는 종래의 관직봉령에 관한 재판권은 국왕재판소가 그대로 가지고 있었으므로 재산에 관한 국왕의 개입은 용이했다.

속인에 대한 특별관할권은 국왕재판소와 교회재판소가 경합하였으나, 법률행위의 효력요건은 당사자의 합의이며 선서는 그 효력을 강화시키는 데 불과하다는 법 이론에 따라 그 관할권을 국왕재판소가 쥐고 있었으므로 절대군주의 사법권은 변화가 거의 없었던 것 같다.

그런데 혼인에서 발생되는 문제는 결혼식을 주관한 교회가 재판권을 전담하고 있었다. 그러나 혼인의 무효를 주장하는 당사자는 파리고등법원에 상소할 수 있었다. 루이 14세는 「1695년의 칙서」를 통하여 통치 권력에 영향을 주지 못할 혼인성사, 종교적 맹서, 성무, 교회법규 및 영신에 관한 분규문제를 교회재판소에 전속시켰다. 이 작업에 공헌한 포티에는 관습법을 밝히는 데 큰 공헌을 하였을 뿐 아니라 1804년 나폴레옹의 『프랑스인의 민법전(*Code Civil des Français*)』 편찬에 많은 영향을 주었다.

국방력 강화와 영토 확장은
왕권 강화에 도움이 되었나?

1. 루부아와 보방의 국방력 강화

17세기 프랑스에는 모두 7번의 전쟁이 약 80년간 계속되었다. 그
것들은 30년 전쟁(1618~1659), 위그노전쟁(1620~1629), 크로캉 반
란(1624~1640), 알프스 전쟁(1628~1631), 프롱드 난(1648~1653),
플랑드르 전쟁(1667~1668), 네덜란드 전쟁(1672~1678), 아우크스
부르크 동맹전쟁(1689~1697) 등이었다. 뿐만 아니라 피레네 조약
체결(1659) 이후 1667년까지 이른바 '평화의 시대'에서조차 영국과
스페인 전쟁(1662), 헝가리와 투르크 전쟁(1664), 영국과 네덜란드
전쟁(1665~1667)을 직·간접으로 지원했고, 섭정기간(1643~1661)
에 발생한 내란, 전쟁과 전쟁 사이에 행했던 캐나다 원정(1663) 등
을 통하여 국방력을 강화하고, 영토 또한 확장했다. 절대왕정시대
의 군주들은 전쟁으로 자신들을 영웅의 반열에 올려놓고자 했다.
특히 '태양왕' 루이 14세는 더욱 그러했다. 그러나 과중한 재정 부
담으로 왕권이 위기에 처할 때가 많았다.

군인들의 사기를 진작시키고, 군인 가족들의 생활을 안정시키는 것은 국방력 강화에서 가장 중요했으므로, 프랑스에서는 샤를 7세 이래 대개 국왕이 군대를 유지하고, 왕 자신이 총사령관이 되는 사례가 많았다. 국방력 강화는 귀족들이 '전사직(guerrière)'을 선택함으로써 영향력이 컸다. 무니에(Roland Mousnier)에 의하면, 귀족 중 대검귀족만이 출신귀족(gentilhomme)이라는 칭호를 가질 권리가 있다. 오직 대검귀족만이 전사의 문장(armoiries guerrièures)을 가질 수 있는 권리가 있었다. 출신귀족은 병역의 의무를 다했기 때문에 직접세를 면제받았다. 출신귀족들에게 어울리는 유일한 직업은 바로 '전사직'이었다. 출신귀족은 돈을 벌기 위한 어떠한 활동도 해서는 안 된다. 전사는 자신의 군장, 자신의 군대를 위해 결코 보상되지 않는 엄청난 돈을 써야 했다. 그는 돈을 벌지 않는다는 조건으로 대장장이의 기술과 같은 모든 일에 종사할 수 있었다. 루이 13세는 인쇄공이었으며 루이 16세는 자물쇠 제조공으로 취미활동을 했다.[1]

군은 귀족의 차남 이하가 핵심이 되는 기병과 보병으로 편성된 프랑스인 부대와 스위스, 스코틀랜드, 독일 출신 등의 용병부대로 조직되어 있었다. 루이 14세의 증언에 따르면, 앙리 4세 시대 프랑스에는 군사 훈련을 받은 우수한 현역 및 퇴역 군인이 30만이나 되었다. 당시 병사들을 동원하는 북만 울리면 즉각 8만 명의 병사를

1) Roland Mousnier, "L'Unité Monarchique," *La France et Les Français*(Paris: Éditions Gallimard, 1972), p.1031.

군대의 문장
Alistair Horne, *Seven Ages of Paris*(New York: A Division of Random House,INC,2004)

소집하여 무장을 완비할 수 있었다. 파리에도 성벽과 성문에 100
문에 달하는 대포를 설치했다. 병기고에는 5만 명의 보병과 1천5
백 명의 기병에 필요한 군 장비를 보유하고 있었다. 또한 화약, 포
탄, 기타 군수물자도 풍부하게 확보하고 있었다.

그러나 존스에 의하면, 루이 13세 시대인 1630년 초만 해도 군대
는 2만 명 정도였으며 코르비에서의 패배로 절박한 조치가 필요했
었다. 따라서 1630년 말 모병에 의해 10만 명, 그리고 루이 14세 시
대인 1650년대 이후에는 25만 명으로 병력을 증강했다.[2] 20년 만에

2) 콜린 존스 지음, 방문숙 · 이호영 옮김, 『사진과 그림으로 보는 케임브리지 프랑스사』,
   시공사, 2001, 184쪽.

장비나 전술을 제외하고 숫자상으로는 '병력 혁명'을 이룬 셈이었다. 그리고 린에 의하면, 루이 13세 시대 프랑스가 7년 전쟁에 들어간 후 군대는 12만 5천 명의 소총병을 갖추었으며, 루이 14세 시대 네덜란드와의 전쟁에서는 27만 9천 명이 동원되었다. 또한 9년 전쟁의 절정기에는 무려 42만 명으로 증강되었다.[3] 따라서 프랑스는 70년 사이에 군인들이 무려 20배로 증가했다.

해군력도 중상주의 정책 시행에 필수적이었으므로 프롱드 난을 평정한 후부터 강화했다. 10년간 해군력 강화에 주력하여 38척의 대서양함대를 편성하고, 지중해에 12척의 갤리선을 편성하여 지중해 일대의 해상권을 확보하는 데 주력하였다. 이 지중해함대의 특색은 백인은 노를 젓는 노예로 쓰지 않았다는 것이다. 그리고 영국을 상대로 한 전쟁에서는 해군도 전함이 무려 120척으로 영국의 전함 100척을 능가했다. 막강한 군사력 증강과 함께 프랑스는 17세기 유럽에서 가장 강력한 나라가 되었다.

어떻게 하여 이 같은 '병력 혁명'을 이룰 수가 있었는가? 첫째 전쟁 규모에 따른 상대성의 원리가 적용되었기 때문이다. 전쟁은 승리가 목적이므로 적국보다 병력이나 무기상으로 우세해야 했으므로 병력을 증강하지 않을 수 없었다. 특히 스페인, 오스트리아 등과의 전쟁에 리슐리외까지 뛰어들면서 병력을 증강하지 않을 수가 없었다. 1640년에 이르러 프랑스는 전쟁의 주도권을 잡았으며,

---

3) John A. Lynn, *The Wars of Louis XIV, 1667~1714*(United Kingdom: Pearson Education Limited, 1999), p.50.

1643년 콩데가 스페인 군을 물리치면서 잠시나마 전선이 안정되었다. 둘째 군 복무나 전공에 의해 신분 상승의 기회를 주었기 때문이다. '대검귀족(noblesse d'epée:무관귀족)'과 '법복귀족 noblesse de robe:문관귀족)' 중 특히 법복귀족은 군 복무나 전공에 의해 진급과 더불어 귀족의 칭호를 받았으므로 군에 대한 애정이 지극했다. 그리고 대령과 대위의 지휘관급 이상은 모두 귀족으로 인정했던 것이 병력 증강의 한 요인이 되었다.[4)]

절대왕정에 두 날개가 있었다면 하나는 상비군이요, 다른 하나는 관료체제였다. 아무리 왕권이 강해도 외적으로부터 국가의 재산과 백성을 지키지 못하면 절대권력은 하루아침에 무너진다. 영국 대사 카류는, "프랑스 왕은 농사와 상공업에 조금도 지장을 주지 않고 5만 명의 기병과 20만 명의 보병을 소집할 수 있다."라고 하여 루이 14세의 국방력에 대해 놀라움을 금치 못하게 했다. 따라서 강력한 군대는 국왕에게도 절대적인 권위를 부여했다.

루이 14세는 군 개혁에 아주 열정적이었다. 그는 르 텔리에와 그의 아들 루부아(Louvois:1611~1691)로 하여금 효과적으로 이를 수행하게 했다. 그는 군대의 분열과 사열을 좋아했고 또한 군대를 용맹스런 부대로 만들고자 했다. 그리고 군대를 곧 일어날 전쟁과 영광의 상징으로 생각했다.[5)]

---

4) *Ibid.*, p.51.

5) Pierre Goubert, *Louis XIV: Mémoire pour l'instruction du Dauphin*(Paris: Imprimerie Nationale Éditons, 1992), p.19.

루이 14세는 이들의 건의를 받아들여 프랑스 역사상 처음으로 '전쟁장관직'을 창설했다.[6] 원수에서부터 보병 중위에 이르기까지 모두 전쟁성(Bureau de la Guerre)에서 임명했다. 이들은 '가장 위대하고 가장 용맹스럽다'라고 말하는 전쟁장관과 가장 가까이 생활했다. 총감독관(inspecteurs généraux), 전쟁위원(commissaires de guerres), 생계위원(commissaires de vives)들은 루부아의 직접적인 지휘 아래에서 자체감독 즉, 정기훈련, 각종 특별업무에 대한 지시를 받았고, 잘못되는 것은 인정사정없이 벌을 받았다.[7] 그는 고집이 대단하고, 거만하며 안하무인격이었으나 프랑스에 처음으로 근대식 상비군을 창설한 기념비적인 군인이었다. 그 이전에 대령과 대위가 지휘하는 연대와 중대는 각기 지휘관이 모병을 하고, 봉급을 지불하고 있는 형태였으므로 서류상에만 있는 '유령부대'인 경우가 많았다. 루부아는 이 조직을 폐지할 수 없었으므로 대령과 대위가 지휘하는 부대에 부지휘관으로 중령, 중위를 임명함으로써 이전의 군 조직의 결함을 보완하여 루이 14세의 군을 '무적의 군대'로 만들었다.

그리고 장교의 연공서열에 따른 지휘관 명부를 작성하여 전시에 활용함으로써 전투력을 증강시키는 한편 전장에서 있었던 추악한 권력투쟁을 일소했다. 병사는 4년 복무의 지원병으로 하고 1670년부터 그들에게 제복을 입히고 엄격한 군율로써 훈육하였으며 유럽

6) John Merriman, *A History of Modern Europe: from the Renaissance to the Present*(New York: W.W. Norton & Company, 1996), p.292.

7) Le Comte Louis de Carné, *La Monarchie française au Dix-Huitième Siècle*(Paris: Didier et Cie, Libraires Editeurs, 1859), p.87.

의 어느 나라보다도 우수한 병기를 제공했다.

또한 1687년부터 루이 14세는 창병을 폐지하고 병사들에게는 보방 원수가 고안한 총검을, 기병들에게는 기총을 소지하게 했다. 그리고 척탄병 1개 연대와 포병 12개 중대, 군의 물자 수급과 관리를 위하여 병참부를 창설했으며 1674년에 루부아는 노병의 거처로 사용할 '상이군인 병원(Invalide)'을 건립했다. 이에 따라 루이 14세는 40만 명이 넘는 상비군을 유지할 수 있어 프랑스는 유럽 최강의 군대를 가진 나라로 명성을 날렸다. 여기에는 자연히 스위스 근위병, 프랑스 근위병, 왕실 연대, 대소 총기부대 등이 포함되었고, 부대마다 군기와 전승에 대한 자부심을 가지고 있었다.

1690년대에 해군과 육군에 봉직하고 있는 귀족의 수는 무려 2만 4천 명이나 되었다. 그러나 가문 좋은 귀족 출신의 지휘관들은 여전히 궁중에 머물고, 군부대가 있는 전방에 나가지 않으려 했다. 비교적 허술한 가문의 출신 루부아는 궁중에서 상층 귀족 출신 노가레(Nogaret) 대위와 마주쳤다. 그들의 대화를 보면 당시 군대의 기강이 어떠했는지 알 수 있다.

루부아: 귀관, 귀관의 부대는 대단히 나쁜 상태다.
노가레: 각하, 소관은 그것을 몰랐습니다.
루부아: 그것을 알아야 하는 것이 귀관의 임무이다. 귀관은 그것을 알고 있었는가?
노가레: 각하, 명령을 내리겠습니다.
루부아: 귀관은 이미 그렇게 했어야 했다. 귀관은 스스로 나는 궁정관리라고 선언을 하든지 그렇지 않으면, 장교로서 자신의 의무를 수행

하려는 생각으로 마음을 고쳐야 할 것이다.[8]

이처럼 계급이 낮아도 귀족이거나 가문이 좋으면, 계급장만 달고 궁전에서 즐기려는 '농땡이 지휘관'들이 많아서 걱정이었다. 지휘관들보다 일반 병사들은 애국심이 더욱 없었다. 오히려 병사들을 군대에 묶어 놓는 것은 법과 규율이었다. 영토 확장과 전쟁이 병사들의 이익과 연결되지 않는다는 것을 안 루이 14세의 군대에는 항상 탈영병이 많이 발생했다.[9]

그뿐 아니라 갑작스런 군의 증강에 따른 식량, 장비, 인건비 등보다 많은 군사물자와 행정이 요구되었다. 이미 17세기 초반에도 병사들은 봉급과 식량을 받지 못했다. 그들은 그들이 필요하고 원하는 것을 약탈했다. 난폭한 병사들은 도적질, 강간, 살인을 일삼았다. 그들의 만행은 1659년 스페인과의 긴 전쟁이 끝날 때까지 프랑스 전역을 휩쓸었다. 루이 14세의 군대는 평화의 시대로 돌아온 다음 백성들을 보호하겠다고 선포했다. 루이 14세가 통치 초기에 "명성을 소중히 여기는 왕이라면, 적에 의한 약탈을 방호해야 하는 것처럼, 의심할 여지없이 우리 군대에 의한 약탈로부터 백성의 재산을 보호할 계획을 세워야만 한다."라고 말했지만 모두 허사였다. 그는 절대권력을 가지고도 백성들을 자신의 군대로부터 보호하지 못했다.[10]

---

8) John A. Lynn, *The Wars of Louis XIV, 1667~1714s*, p.50.

9) *Ibid.*, p.51.

10) *Ibid.*, p.52.

게다가 루이 14세는 루부아가 군의 유능한 조직자이기는 했으나 자기에게는 위험한 고문관이라는 생각을 떨치지 못하고 있었다. 루부아는 자신이 국왕의 긴요한 존재가 되기 위해, 그렇지 않아도 프랑스의 영광과 자신의 명예를 바라는 국왕에게 전쟁을 선동했다. 생시몽의 말과 같이 루부아는 국왕에게 맹렬한 질책을 받았던 격렬한 회의 후에 언제나 의식적으로 국왕에게 가공할만한 전쟁의 상황을 보고하여 자신의 신임을 확인했다.

1665년경, 루이 14세는 프랑스를 유럽 대륙에서 가장 안정된 나라로 만들고 싶었다. 스페인은 쇠퇴하고 있었고, 마리아 테레사의 지참금이 지불되지 않았기 때문에 루이 14세는 언젠가 스페인 왕국을 병합하거나 적어도 스페인령 네덜란드를 점유하겠다는 생각을 했다. 게다가 독일과 이탈리아는 소국으로 분할되어 이제는 위험한 존재가 아니었으며 영국은 왕정복고로 찰스 2세(Charles II)가 즉위하고, 프랑스로부터 지원금을 받을 정도로 허약하여 안심할 수 있었다.

루이 14세는 무력충돌을 피해 가면서 북·동 국경을 확장하는 데 역점을 두었다. 군사기술 전문가이자 축성술에 능한 보방은 엄호 요새와 성벽을 구축했고, 그것은 향후 2세기 동안이나 국가 방위에 기여했다. 그러나 보방은 원래 전쟁을 싫어했으므로 루이 14세의 허영심과 정복욕도 그를 마음대로 움직이지는 못했다. 따라서 릴, 두에, 스트라스부르, 브장송 등은 루이 14세가 완전히 영유하지 못한 채 그대로 남아 있을 수밖에 없었다.

2. 영토 확장을 통한 국가권력 강화

영토 확장의 필수조건은 군대의 증강과 전쟁에서 승리뿐이었다. 승리를 위해 절대군주들은 신의 도움을 받고자 신의 이름으로 전쟁을 했다. 앙리 4세, 루이 13세와 달리 루이 14세는 영토 확장과 왕권 강화에 필요한 '거인군단(Grand Armés)'을 창설하고자 했다. 그는 국무장관 루부아를 통해 프랑스 군을 유럽 최강의 군대로 만들고자 했다. 그가 최대로 군인을 증강시킨 것은, 스페인 전쟁(1701~1713)으로, 때로 2,000만 인구에 무려 65만 명을 동원한 적이 있었다. 그것은 유럽 어느 나라에서도 전례가 없는 대규모의 군대였다. 그는 상비군을 유지하는 군사비로 국가 전체지출의 50%를 책정했고, 전쟁이 시작되면 무려 75% 이상을 충당한 때도 있었다.

루이 14세의 꿈은 신성로마제국과 교회의 유산을 회복하는 것이었다. 그는 곁에는 루부아, 콩데, 튀렌, 보방 등과 같은 명장들을 두고 있었다. 이들과 함께라면 자신의 꿈을 이룰 수 있다고 생각했다. 그는 장군들을 복종하게 하는 위엄과 능력을 가지고 있었다. 로버트 그린(Robert Greene)에 의하면, 아무리 용맹한 장군도 루이 14세 앞에서는 몸을 떨었다고 한다.[11] 또한 볼테르에 의하면, 루이 14세는 우람한 체격으로 모든 궁정사람들을 압도했다. 기품이 있으면서도 쩌렁쩌렁 울리는 그의 목소리는 주변에 있는 사람들에게 위압감을 주었기 때문이다.[12] 설령 볼테르가 과장된 표현을 다소 하였다 하더라도 사자머리 가발과 160센티미터의 키에 높은 굽의 신발, 그리고 금과 은으로 화려하게 장식된 고급스런 예복이 그와 마주하고 있는 사람들에게 압도의 효과를 더욱 도왔을 것이다.

그는 군대의 증원뿐만 아니라 군의 체제도 정비했다. 그는 1675년 공포된 '진급규정(ordre de tableau)'에 의해 연장자순의 자동승진제도를 도입하여 평민 출신 장교들의 수를 증가시키고, 군의 사기를 크게 진작시켰다. 그러나 군의 주요 지휘권은 여전히 절대군주의 신임을 받는 귀족들이 쥐고 있게 하였다.

루이 14세는 친정 54년 중 37년간 전쟁을 했다. 그는 전쟁이야말로 영토를 확장하고, 국가의 위상을 만천하에 드높일 수 있으며, 자신을 가장 잘 과시할 수 있는 위대한 수단이라고 여겼다. 양군의 대항전에서 흔히 사용하는 회전식의 공격보다는 모두가 주시하고 있는 가운데, 적을 향해 '정면 돌파 공격명령'을 내림으로써 자신

---

11) 로버트 그린 지음, 안진환 · 이수경 옮김, 『권력의 법칙』, 웅진지식하우스, 2009, 398쪽.

12) Voltaire, *Siècle de Louis XIV*, dans *Oeuvres historiques*(Paris: Éditions Gallimard, 1957), p.712.

의 용맹성과 위대함을 과시했다. 그는 생애에서 42회나 전승함으로써 전쟁을 통해 절대군주의 위용을 과시했다. 그의 승리와 영광의 대부분은 마자랭이 가져다준 것이다.[13]

1665년 스페인의 필립 4세가 죽자 영토 귀속문제와 관련된 전쟁이 일어났다. 프랑스 왕비 마리 테레즈는 필립 4세가 앙리 2세의 딸과 결혼하여 얻은 왕녀이며, 그녀의 이복동생인 카를로스 2세 (Charlos II:1665~1700)는 스페인의 왕위를 계승하려 하고 있었다. 이에 루이 14세는 전처의 소생에게 우선권이 있다는 유산 귀속에 관한 권리를 내세워 영토의 일부를 요구했다. 루이 14세는 이 유산을 확보할 수 있는 유일한 조치로서 튀렌 장군으로 하여금 플랑드르로 진격하게 했다. 군사적 저항 없이 셀트 방면까지 진출하여 안트워프를 포위했으나, 프랑스가 홀란드 지방으로 침공한다는 것은 네덜란드뿐 아니라 영국까지 위협하게 되기 때문에 더 이상의 진출을 포기했다.

특히 1672년 네덜란드와의 전쟁에서 승리를 거둔 루이 14세의 영웅적인 순간을 기리는 메달을 주조하여 전국에 보급했다. 그의 치세 동안에 왕의 존재가 투사된 메달은 모두 318개였는데, 그중 218개가 마르스(군신) 메달이고 아폴론(태양신) 메달은 17개에 불과한 것을 고려한다면 루이 14세는 자신을 '태양왕'보다는 '전쟁왕'으로 더욱 부각시켰던 것으로 보인다. 그것은 그가 전쟁의 승리가 위대하고 절대적인 왕의 명성을 얻는 가장 빠른 길이라는 것을 알

---

13) Pierre Goubert, *Louis XIV: Mémoires pour l'Instruction du Dauphin*, p.15. 〈présentation〉

앉기 때문이었을 것이다.

루이 14세는 메달보다 더 가시적인 이미지 부각을 위해 사람들이 많이 오가는 큰길이나 광장을 이용했다. 1670년 프랑슈콩테와 플랑드르에서의 전승을 기념하는 개선문을 세웠다. 생탕투안 성문 자리에 세워진 이 개선문은 고대 이래 유럽에서 최초로 세워진 것이다. 1672년 파리 북쪽 생드니 성문 자리에 이어 파리에 모두 4개의 개선문이 세워졌다. 방돔 광장과 승리의 광장 한복판에 세웠던 것이다. 뿐만 아니라 투르, 브장송, 몽펠리에 등 전국 주요도시에 개선문과 동상들을 세우고 그것을 각 지방학술원이 맡아 관리하게 함으로써 역사 만들기에 성공했다.[14)]

루이 14세는 아름다운 계수 앙리에타의 알선으로 카를로스 2세의 우호적인 중립을 확보하게 되었으므로 홀란드는 스웨덴과 일부 독일 제후에게 지원을 요청했다. 오렌지 공 윌리엄은 굴복하는 것보다는 제방을 끊어 국토를 침수시키겠다는 결심을 하고 있었으므로 네덜란드는 프랑스와 대전할 영도자로서 인정하고 그에게 전권을 위임하고 생존을 수호하기 위하여 시민공화국체제를 군사정부 체제로 전환했다.

루이 14세는 마음에 내키지는 않지만 국제관계를 생각하여 1678년에 네이메헌 조약에 서명하고 플랑드르의 일부와 프랑슈 콩테를 획득했다. 오늘날과 같은 프랑스의 국경은 대략 이때 설정되었다. 루이 14세는 1681년 그간 영토에서 빠져 있었던 스트라스부르를

---

14) 이영림, 『루이 14세는 없다』, 푸른역사, 2009, 300쪽.

프랑스에 병합했다. 기타 몇몇 요지도 과거의 조약을 유리하게 확대해석한 법률가의 건의를 통하여 동일한 방법으로 병합하게 되었는데, 그것은 법적 병합의 타당성보다는 당시 프랑스가 국력으로나 외교적으로나 실력이 대단하였던 것을 입증하는 것이다.

아우크스부르크 동맹전쟁(1689~1697)에서는 영국, 독일연방제국, 네덜란드, 스페인, 스웨덴 등이 프랑스에 대항했다. 프랑스가 1대 1로 전투를 한다면 걱정할 것이 없지만 동맹군을 상대로 해야 하기 때문에 힘든 전쟁이었다. 예를 들면 1695년 프랑스는 나뮈르(Namur)의 마스트리히트(Maastricht)에서 8,000명의 수비대가 죽거나 부상을 당했는데 윌리엄은 18,000~20,000명의 사상자를 냈다.[15] 그러나 동맹국들도 프랑스의 전투력에 공포를 느꼈다. 특히 영국과 네덜란드는 콜베르의 해상 정책과 식민지 확대에 심각한 불안감을 가지게 되었다. 따라서 양측은 1697년 프랑스에 약간 유리한 조건으로 조약을 맺고 전쟁을 끝냈다.

스페인 왕위계승전쟁도 1713년 위트레히트 조약이 체결되기까지 11년간 계속되었다. 독일의 합스부르크 가는 30년전쟁에서 프랑스를 돕지 못한 것이 미안하여 프랑스가 스페인 영토를 통합하지만 않는다면 프랑스가 원하는 도팽을 상속인으로 받아주고자 하였다. 그러나 1700년 스페인의 카를로스 2세가 후사도 없이 사망하자 루이 14세는 스페인 영토를 통합하지 않는다는 보장도 하지 않고 1701년 손자 앙주 공(베리 공)을 스페인 왕 필립(Philippe) 5세

---

15) John A. Lynn, *The Wars of Louis XIV, 1667~1714*, p.250.

로 세웠다. 그러자 스페인, 이탈리아, 네덜란드, 영국이 동맹하여 프랑스에 대항했다. 연맹군은 영국의 말바루 공, 프랑스 군은 사보이 가의 외젠(Eugene) 공이 지휘하였다. 양측 모두 전쟁이 종료되기를 바라고 있었다. 드디어 파리와 런던, 그리고 위트레히트에서 영국과 프랑스가 진지하게 타협 후 1712년 8월 21일 두 나라 사이에 공식적인 휴전이 성립되면서 사실 전쟁은 종료되었다.[16]

역사적으로 보면, 프랑스는 16세기에 이르러 843년 베르댕 조약에서 책정된 국경선을 처음으로 넘었다. 그리고 1714년 낭시, 메츠, 코르시카를 제외하고 오늘날과 거의 같은 영토를 확장했다.[17] 그러나 루이 14세는 방대한 해외 식민지를 상실하였고 장기간의 전쟁으로 감당할 수 없는 비용이 인민들의 혈세를 기다리고 있었다. 인민들의 형편을 잘 아는 그는 인두세를 감액하고자 했으나 항상 과다지출을 하게 되는 전비 때문에 결실을 보지 못했다. 그는 항상 전쟁의 승리에 의한 영광과 명예에 대한 욕망 때문에 재정 파탄을 만들고 있었다.[18]

전쟁은 많은 사상자를 만들어내고 있음에도 불구하고 귀족들은 사회적 지위를 얻고 가문을 빛내기 위해 고위 장교직을 얻으려고 치열한 경쟁을 했다. 장교직은 군대를 자비로 모집하고 무장시킬 능력이 있는 귀족이 왕으로부터 구입해야 했다. 연대장이 되려면,

---

16) *Ibid.*, p.351.
17) 콜린 존스 지음, 『사진과 그림으로 보는 케임브리지 프랑스사』, 200쪽.
18) John A. Lynn, *The Wars of Louis XIV, 1667~1714*, p.191.

루이 14세 –Dunkerque의 입성
Pierre Goubert et Daniel Roche, *Les Français et L'Ancien Régime, tome 1*(Paris: Armand Colin,1984)

2만~2만 5천 리브르가 필요했다. 생시몽도 루이 13세의 총신인 자기 아버지의 후광으로 1693년 19세의 나이에 연대장이 되었다. 설령 국왕의 군대에 편입된다 하더라도 돈에 관한 문제는 계속 풀리지 않았다. 그러므로 군장을 제대로 갖추지도 못하고 봉급마저 지불되지 않자 군의 해산을 염려한 장교들이 사비로 군대를 유지하는 경우가 많았다. 1710년 스페인 전쟁에 참전한 빌라르 원수는 16개월 동안 봉급을 지불하지 못했다. '절대주의 수호신'과도 같은 유럽 최강의 '거인군단'이 이처럼 봉급을 받지 못하고 있었다는 것은 루이 14세 시대가 얼마나 경제적으로 힘들었으며, '속빈 강정'이었나를 보여주는 것이다.

전쟁은 귀족들의 반란과 음모를 잠재울 수 있는 유용한 수단이 되었으나 루이 14세의 군대는 도처에서 약탈과 폭력을 일삼았다. 원성이 많았는데도 왕은 군대를 유지해야 했으므로 군의 비리를 눈감아 주거나 심지어는 약탈과 폭력을 이른바 '대체조세'처럼 생각하기도 했다. 백성들에게 루이 14세의 군대는 '평화의 사도'가 아니라 방화를 제외한다면, 마치 약탈과 폭력을 휘두르며 마을을 휩쓸고 지나가는 적군들과 다를 바가 없었다. 폭력은 다소 줄어들 었다고 하나 백성들은 군인들이 지나가는 것만 보아도 겁에 질려 떨었으며, 이러한 실정을 루이 14세도 알고 있었으나 별 도리가 없었다.

그는 이에 대한 대비책으로 국경 지역인 네덜란드, 독일, 피에몽 지역 주민들로부터 전쟁배상금을 강제 징수했다. 1678~1679년 거두어들인 전쟁배상금은 1,240만 리브르였으며, 전체 군비의 18.4%에 달했다. 이제 루이 14세의 '거인군단'에 '징세군단'이라는 악명 높은 이름까지 붙여졌다. 게다가 탈영병이 무려 20%나 되었으며 '유령명단'도 많았으므로 실제로 정확한 군대의 수는 파악하기가 힘들다.

전쟁은 결국 조세의 강제 징수와 더불어 부정, 착취, 폭력 등을 수반하게 되어 절대왕정을 파멸의 길로 몰아넣고 있었다. 콜베르가 중상주의 정책으로 국가발전을 지향했지만, 잇따른 전쟁과 궁정의 낭비로 인해 재정은 바닥이 났다. 또 서민들은 오히려 국가경제성장의 희생물이 되어 궁핍한 상태에서 허덕이고 있었다. 특히 대부분의 농민은 전사하지 않으면, 영주에게 착취당하고 흉작과 전염병에 신음하며 무거운 세금에 허덕여야 했다.

빈농들은 거의가 오막살이 단칸방에 침대도 없이 밀짚 위에서 잤으며 낡아빠진 더러운 옷과 조잡한 나무신발에 겨울에도 맨발이었다. 빵이 없을 때는 풀뿌리를 먹었고 술을 마시고 싶으면 물로 대신했다. 유일한 즐거움이라면 제삿날의 음식, 축제날의 춤이나 유희 같은 것으로 잠시 괴로움을 잊는 것이었다. 절망감이 깊어짐에 따라 각지에서 민란의 횟수도 늘어갔다. 이러한 현상은 이미 루이 14세의 전성기에 시작되어 그 말년에는 '만성적 상태'가 되었다.

병력은 증가되어도 전투력은 저하되었다. 1708년 빈약한 추수는 농민들이 세금을 낼 수 없는 상황으로 만들었다. 1708~1709년 루이 14세의 통치기간 중 최악의 자연재해를 경험했다. 1709년 1월 무시무시한 추위가 서유럽을 강타했다. 밀어닥친 추위는 사람, 동물, 나무, 포도 등을 가차 없이 얼려 죽였다. 농산물 생산은 크게 줄었고, 그것은 1694년[19]의 고통을 방불케 했다.[20]

심지어 베르사유에서도 왕궁의 울타리 너머로 구걸하러 오는 자가 있을 정도였다. 농민의 유랑, 농작물의 생산 감소에 의해 땅값도 떨어졌다. 열악한 환경과 영양부족으로 출생아와 어린 아이들의 사망률도 높았고, 출산율도 감소되어 '거인군단'에 위협이 올 지경이었다.

---

19) 1693~1694년 한 해에 의한 흉작, 식량부족, 캐나다의 식민지 전쟁 패배, 초과사망률의 위기로 심지어 군사작전까지 중단하는 사태가 벌어졌다.

20) John A. Lynn, *The Wars of Louis XIV, 1667~1714*, p.325.

이러한 상태를 보다 못해 루이 14세의 손자이자 왕위계승 예정자 부르고뉴 공, 루이의 교육담당관인 페늘롱(Fénelon:1651~1715)을 중심으로 한 왕정개혁파가 들고 일어났다. 그중 페늘롱은 "프랑스 전체가 황폐해졌고 먹을 것도 없다. 프랑스는 이제 광대한 빈민 구호소에 지나지 않는다."라고 개탄하면서 대책을 촉구했다. 그는 교재로 쓴 『텔레마크』에서 왕자의 덕에 대해 '인민을 사랑하라. 전쟁을 좋아하지 말라.'라고 주장하여 반향을 불러일으켰다. 그러나 기대했던 부르고뉴 공이 1712년 루이 14세보다 먼저 죽자 페늘롱을 비롯한 왕정개혁파의 꿈은 깨져버렸다.

영화를 자랑하던 베르사유도 이제 왕과 함께 늙어 활기를 잃었다. 재위 72년, 4일만 더 있으면 만 77세를 맞이하게 될 루이 14세는 1715년 9월 1일 생애를 마쳤다. 백성들은 '전쟁광'으로 생각했던 이 왕의 죽음을 별로 애도하지 않았고 오히려 해방감에 들떠 장례행렬이 통과하는 거리에서 춤추고 노래 부르며 술에 취해 상스러운 욕설을 퍼부어 대기도 했다. '태양왕의 이미지'는 간 데없고, 아무도 그를 무서워하지 않았다.

3. 해외식민 개척을 통한 국력 신장

1) 식민지 개척의 서막

프랑스 역사상 처음으로 1524년 리옹의 비단장수들의 요청에 따라 베라차노(Verrazzano:1485~1528)라고 하는 이탈리아의 선원이 프랑스 왕(프랑수아 1세)의 이름으로 노스캐롤라이나에서 뉴펀들랜드에 이르는 북미연안을 탐험했고, 신대륙 소유권을 프랑수아 1세에게 바쳤다. 그러나 탐험을 계속하다가 소앤틸리스 제도의 어느 섬에서 인디언들에게 목숨을 잃게 됨으로써 식민개척사의 슬픈 주인공이 되었다.[21]

1534년 프랑수아 1세는 카르티에(Jacques Cartier)에게 중국으로 가

---

21) 엘렌 푸레 · 로베르 푸레 지음, 서정복 옮김, 『프랑스인의 아메리카 회상』, 삼지원, 1991, 237쪽.

는 서쪽 길을 찾는 탐험대의 지휘권을 주었다. 그는 2척의 배와 60명의 선원들을 거느리고 생말로를 출항하여 여러 번의 시도 끝에 뉴펀들랜드와 세인트로렌스 만(생노랑)을 탐험하고 독수리와 야수들이 득실대는 악마의 땅, 래브라도(Labrador)에 도착하여, 그곳에 '프랑스 왕 만세(Vive le Roy de France)'라고 쓰여 진 큰 십자가를 세웠다. 그리고 계속 남진하여 '열기의 만(La baie des Chaleurs)'이라고 불리는 곳에서 인디언들을 만나 칼과 모자 등을 주고 아름다운 가죽을 받았다.[22] 카르티에 일행의 탐험은 캐나다에서부터 가스페까지 소유하는 성과를 거두었다. 그 곳 추장은 자기의 두 아들을 다시 돌려보낸다는 약속을 받고 프랑스로 보내는 우정을 보였다.

카르티에의 귀국에 만족한 프랑수아 1세는 두 번째 항해를 명령했다. 그는 '성신강림일(Le jour de la Pentecôte)'에 생말로 주교의 축도를 듣고 몇몇 인디언 안내원과 함께 3척의 배로 출항했다. 1535년 그는 아름다운 긴 강가에 있는 스타다코네(Stadaconé:퀘벡)라는 인디언 마을에 들려 16명이나 되는 수행원을 거느린 도나코나(Donnacona)라는 대추장의 영접을 받고 선물교환을 했다. 그는 호첼라가(Hochelaga:몬트리올)로 항해하려 하자 "도착하기 전에 눈과 얼음 속에서 죽을 것"이라는 인디언들의 경고를 받았다. 스타다고네에서 겨울을 지내고, 1541년 식민지 개척의 항해 명령을 받고 "우리 주 예수께서 우리를 추위에서 잘 보살피실 것"이라는 답을 하며 떠났다. 카르티에는 50명의 '별동대'를 동반하고 4각 모양의

22) 위의 책, 13~14쪽.

탐험과 해외무역
John Merriman, *A History of Modern Europe: From the Renaissance to the Present*(New York: W.W. Norton & Company INC, 1996)

골짜기로 깊숙이 들어가다가 큰 산을 발견하고 '왕산(Mont Royal: 몽 루아얄)'이라고 이름을 지었는데 이것이 오늘날 몬트리올이다. 귀국길에 도나코나와 인디언 몇 명이 동행했는데, 그들은 카르티에의 고향 생말로에서 세례를 받고 결혼하여 프랑스 왕의 하사금으로 호화로운 생활을 했다.[23]

프랑스는 스페인 왕을 겸한 신성로마제국의 칼 5세와의 전쟁에 들어갔다. 칼 5세는 스페인과 포르투갈이 아메리카에서 기득권을 가지고 있다는 주장을 하며 프랑스의 식민지를 뺏으려 했다. 이에

23) 위의 책, 19쪽.

프랑수아 1세는 "나는 세계의 분할에서 나를 제외하지 않으려는 아담의 시험을 보고 싶다."라고 말하면서 카르티에에게 출발명령을 내렸다. 카르티에는 5척의 배에 300명의 탐험대와 2년 동안 먹을 가축과 양식을 싣고 출항했다. 그는 스타다코네에 식민지를 창설하고 2개의 요새를 축성한 후 프랑스 왕이 파견한 로베르발(Robertval) 총독을 맞이했다. 그러나 총독은 카르티에가 이룩한 사업을 유지하는 정도였고, 다른 것을 추진하지 못하고 귀국했다.[24]

이후 종교전쟁에 휩싸인 프랑스는 60년 동안 아메리카의 어느 곳도 점유하지 못하고, 다만 뉴펀들랜드에서 어업을 하며 인디언들과 모피를 교환했다. 한편 1555~1565년 위그노들이 박해를 피해 브라질(1555~1558)로 망명하려고 프랑스를 떠났다. 그러나 브라질에서는 1555년 포르투갈 사람들의 공격으로 정복당했으며, 플로리다에서는 1656년 스페인 사람들에 의해 학살되었다.[25]

바다 경험이 많고 용감한 사람들 중 리보(Jean Ribaut), 로돈니에르(Laudonnière), 구르그(Dominique de Gourgues) 등의 선장이 플로리다를 점령했다. 이때 그들은 스페인 포로들의 안내를 받았다. 1562년 리보는 샤티용(Chatillon) 제독에 의해 아메리카 신천지를 찾기 위해 파견된 바 있었던 경험이 풍부한 선원이었다. 로돈니에르는 배 2척, 상당수의 노련한 군인, 신사들과 동행했다. 그들은

---

24) Rosario Bilodeau · Robert Comeau · André Gosselin · Denise Julien, *Histoire des Canadas*(Canada: Hurtubise HMH, 1978), p.31.

25) *Ibid.*, p.35.

플로리다에 도착하여 넓은 땅, 섬, 강들을 탐험하고 인디언들과 교분을 맺었다. 이어서 쉐농소(Chenonceau)라고 부르는 작은 강가에 하나의 성채를 축조하고, 탐험을 보고하기 위해 1562년 7월 프랑스에 귀국했다.[26]

2) 앙리 4세 시대

프랑스가 본격적으로 아메리카 식민지 개척에 나선 것은 앙리 4세 시대이다. 그는 네덜란드와 영국에 이어 1604년에 동인도 회사를 설립하여 해외무역에 박차를 가하고 영국, 네덜란드 등 상업혁명 국가들과 국제적인 경쟁으로 국부를 창출하였다. 그는 풍요로운 땅을 탐험하게 하고, 그곳에 식민지를 건설하여 종교를 전파하게 하였으며, 면세 특권을 주면서 동시에 땅의 소유, 상업의 독점권 등의 특전을 주었다.

1598년, 앙리 4세가 낭트 칙령을 내린 덕분으로 무역회사에 특별한 호의가 베풀어졌다. 국가의 지원을 받고 통제받는 몇몇 회사들은 풍요로운 영토를 탐험하고, 그곳에 식민지를 건설하며 자신들의 종교를 전파하고 얼마만큼의 세금을 지급하도록 약속한 주식회사들이 생겼다.

앙리 4세는 2년 동안 서인도 지역, 멕시코, 파나마 해협을 탐험하

---

26) Ch. d'Héricault & L. Moland, *La France Guerriè: Jeanne d'Arc-François 1er*(Paris: Garnier Frère, Libraires-Editeurs), p.307.

고 돌아와 「서인도 제도에 대한 여행보고서」를 쓴 예수회 출신 샹플랭(Champlain)을 지리학 담당관으로 임명하고 1603년 캐나다로 출발시켰다. 처음에 그는 카르티에가 말한 도시들을 찾으려고 호첼라가까지 세인트로렌스 강을 따라 갔으나 허사였다. 그는 가스페와 노바스코샤(Nova Scotia:아카디)를 탐험하고 귀국하여, 왕에게 「미개인들, 또는 사무엘 샹플랭 드 브루아주의 여행(Des Sauvages ou Voyage de Samuel Champlain de Brouage)」이라는 제목의 보고서를 제출하여 식민지 개척의 열기를 확산시키는 데 기여했다.

그는 아메리카에 '식민도시' 개척을 목적으로 회사의 직원으로 가장하여 출항 후 가죽구입을 위해 세인트로렌스 강을 거슬러 올라가다 천연의 요새지로 보이는 아름다운 곳을 발견하고 '왕의 항구(Port Royal:아나폴리스)'라는 도시를 건설했다. 그 다음 발견한 섬은 모양이 반달 같아 생트 크루아(Sainte Croix)라는 이름을 붙이고, 정착할 수 있게 그곳에 빵을 구울 수 있는 공동 화덕과 방앗간도 만들었다.

샹플랭은 퀘벡 가까이에 타두삭 거류지도 건설했다. 1608년 그는 퀘벡에 자리를 잡고 이 지역을 오랫동안 "누벨 프랑스 (Nouvelle France)"라고 불렀다. 종교개혁의 도덕적 퓨리터니즘의 영향을 강하게 받은 누벨 프랑스의 개척자들은 이곳을 '죄와 악덕에서 해방된 성스러운 유럽인의 지역'으로 만들고자 했다.[27] 그는 이로쿼이

---

27) James Ronda, "The European Indian: Jesuit Civilization Planning in New France," *Church History*, vol.41, no.3(1992), p.393. 주경철, 「예수회의 북아메리카 전도와 문명 간 조우」,

족에 대항하기 위해 휴론족과 알곤퀸족과 함께 동맹을 맺고, 세인 트로렌스를 출발하여 리슐리외 강(la rivière Richelieu)을 거슬러 올라간 후 1609년 7월 뉴욕 주와 베르몽 주를 지나 자신의 이름을 붙인 '샹플랭 호수'에 도착했다. 그곳에서 인디언들의 싸움에 참전했다. 싸움은 이로쿼이족이 알곤퀸족을 향해 벌인 것으로 샹플랭이 사용한 총의 위력에 놀라 이로쿼이족들이 패퇴했다. 알곤퀸족은 포로가 된 이루쿼이족의 머리 가죽을 벗기고, 담금질하며, 몽둥이 고문을 하다가 끓는 기름을 머리에 붓고, 손톱을 뽑는 등 잔인한 형벌을 서슴없이 자행했다.[28]

3) 루이 13세 시대

식민지 개척은 루이 13세 시대에도 성과가 있었다. 랭카르나시옹(Marie de l'Incarnation)에 의하면, 이로쿼이족들에게 잡혀간 친 기독교적인 휴론족과 프랑스 탐험대원들의 덕택으로 이로쿼이족들은 하나님을 알게 되었고, 프랑스 세력을 끌어들이려 했다.[29]

루이 13세 시대에도 앙리 4세 시대처럼 샹플랭에 의해 식민지 건설이 활발하게 전개되었는데, 왕은 1621년 노르망디의 신사 라 모트(La Mothe)가 운영하는 한 개신교 회사를 캐나다에 파견했다. 이

『서양사 연구』 44 , 한국서양문화사학회, 2011, 11쪽 재인용.

28) 엘렌 푸레 · 로베르 푸레 지음, 『프랑스인의 아메리카 회상』, 31쪽.

29) James Ronda, "The European Indian: Jesuit Civilization Planning in New France," *Church History*, vol.41, no.3, p.393. 주경철, 「예수회의 북아메리카 전도와 문명 간 조우」, 15쪽 재인용.

제 5 장 국방력 강화와 영토 확장은 왕권 강화에 도움이 되었나 ?

167

때 낭트 칙령에 의한 종교의 자유가 승인되어 있었는데도 루이 13세의 박해에 의해 이민길에 오른 위그노들이 많았다. 위그노들은 아메리카로 가기 전에 영국이나 홀란드(네덜란드)의 식민지 개척 회사에 소속되었다가 가는 경우도 많았다. 대표적인 것은 1620년 메이플라워호(Mayflower)에 승선한 뮐랭 가(La famille Mullins)였다.

샹플랭은 프랑스에서 식민지에 대해 어느 누구보다 잘 알고 있었고, 국왕보다 유력한 리슐리외 추기경에게 식민지의 가능성을 보고했다. 아메리카의 식민지는 왕의 후원과 루앙 지역을 비롯한 상인들의 자금조달로 번성하였으며, 모피교환과 함께 복음전파도 순조롭게 진행되었다.

리슐리외는 루앙 상인들의 상업심리를 활용하여 100인 회사(Compagnie des Cent-Associès)를 설립했다. 그는 종교로 인한 불화를 염려하여 이 회사에서 위그노들을 제외시켰다. 이 회사는 15년간 4천 명의 각종 직업인, 식량, 선교사들을 캐나다에 보내는 일에 종사하기로 했다. 그러나 첫 번째 수송선이 165,000리브르나 되는 짐을 싣고 가다가 영국의 키크(Kirke) 형제에게 납포되었다. 키크 형제는 다시 사그네 강 하구에 있는 타두삭(Tadoussac)을 약탈했다. 이렇게 퀘벡이 점령되자 대부분의 식민개척자들은 프랑스로 돌아왔다. 샹플랭도 퀘벡 도시의 포기 명령을 받고 1629년 7월 캐나다를 떠났다.[30] 그 후 몇 년이 지나 영국이 퀘벡을 프랑스 영토로 다시 인정했을 때 샹플랭도 새로운 개척단과 함께 다시 출발했다.

---

30) 엘렌 푸레 · 로베르 푸레 지음, 『프랑스인의 아메리카 회상』, 33쪽.

1635년 예수회가 리오그랑드(Rio Grande) 북쪽 내륙에 프랑스 젊은이들을 위해 최초의 초급대학을 열었다. 이에 따라 학교, 교회, 수도원이 세워졌다. 훌륭한 항해사이자 군인이었고, 탁월한 지리학자이자 행정가였던 샹플랭은 프랑스 식민개척과 상업제국건설의 초석을 놓았으며, 인디언들과 교류하고, 마지막 생애 20년을 퀘벡에서 보내면서 그들을 기독교로 교화시켰다. 1635년 크리스마스에 68세의 일기로 세상을 떠난 그에게 '누벨 프랑스의 아버지(père de Nouvelle France)'라는 영광스런 이름이 주어졌다.

루이 13세에 의해 1640년 파리에 본부를 두고 몬트리올의 식민지 개척을 위해 메종뇌브(Paul de Maisonneuve)가 책임자로 임명되었다. 그는 25년간 이로쿼이족들과 싸워 몬트리올에 식민지를 확대했다. 그는 병원을 세웠던 잔 망스(Jeanne Mance)와 프랑스 사람이든 인디언이든 가리지 않고 교육을 했던 마르그리트 부르주아(Marguerite Bourgeois)의 도움을 받고 식민지 확대에 성공하여 1667년 이로쿼이족과 평화협정을 체결하는 쾌거를 올렸다.[31]

4) 루이 14세 시대

방대하고도 체계적인 식민지 개척 사업이 탈롱(Talon) 지사의 지휘 아래 시작되었다. 그는 식민지를 재조직하고 남쪽 바다로 통할 수 있는 해로탐색에 착수했다. 이 밖에 탈롱은 누벨 올랑드

---

31) 위의 책, 239쪽.

(Nouvelle Holland:뉴욕)를 탈취할 수 있다고 생각했다. 그리하여 1666년 11월부터 그는 코베르(Cobert)에게 정복할 것이냐, 구입할 것이냐를 지시하도록 암시했다. 그러한 방법은 그들의 영지에서 영국인들을 관리하는 것이고 이로쿼이족을 지배하며 망아트(Manhatte:맨해튼), 오랑주(Orange:오렌지) 등으로 향하는 모피 무역의 전권을 장악하는 것이었고, 그리고 또 다른 관문을 캐나다에 마련하는 것이었다.[32]

그러나 그 작업은 1672년 캐나다 총독으로 임명된 프롱트냑(Frontenac) 백작 등의 후임들에 의해 진행되었다. 1673년 바다의 길을 찾기 위해 마르크트(Marquette)와 졸리에(Jolliet) 신부는 미시시피에 있는 위스콘신으로 내려가서 아칸사스 강까지 진출했다. 9년 후 라 살(La Salle)이 미시시피 강 어귀에 프랑스 거류지 개척을 위한 새로운 탐험대를 프랑스에서 조직했으나 텍사스에 있는 리오 콜로라도(Rio Colorado)에 도착해 세인트루이스 요새를 축성한 후 퀘벡을 다시 획득할 의도로 북상하다가 불만을 품은 부하에 의해 암살당하고 말았다.

루이 14세가 성년이 되었을 때, 프랑스는 아메리카에서 루이지애나, 캐나다, 테르 뇌브, 허드슨 만, 캣 브르통, 몇 개의 아티유, 생도밍고, 라 마르티니크, 라 귀아드루프를 가지고 있었다. 라 살은 유럽인들 중 최초로 멕시코 만을 탐험하고, 1682년 4월 9일 인디언들이

---

32) Rosario Bilodeau · Robert Comeau · André Gosselin · Denise Julien, *Histoire des Canadas*, p.90.

지켜보는 가운데, 프랑스 왕의 이름으로 큰 기둥을 세우고 찬송가를 부르며 축포를 쏘았다. 그들은 미시시피 계곡의 땅과 사람들이 모두 루이 14세에게 귀속되었다고 선포했다.[33]

그리고 아프리카에서 세네갈, 부르봉과 모리스 섬들, 마다가스카르 섬의 일부, 그리고 아시아에서는 퐁디쉐리를 소유하고 있었다. 게다가 콜베르는 덩케르크, 브러스트, 로슈포르, 툴롱 항구를 확장하고 강화했다. 그는 프랑스가 전함이 고작 20척인 것을 알고 국방과 해외무역을 염려했다. 그러나 1683년 그가 죽을 무렵 전함이 276척으로 증가했던 것으로 보아 프랑스의 해상권과 국방력을 증강시키는 데 그가 얼마나 기여했는가를 알 수 있다.

한편 1685년 루이 14세의 퐁텐블로 칙령으로 겁에 질린 위그노들은 전례 없이 많은 수가 영국의 식민 지역인 펜실베니아로 이주했다. 영국 사람들은 위그노가 자기들과 같은 개신교라는 것에 호감이 갔다. 게다가 프랑스의 위그노들은 훌륭한 일꾼이며, 명랑하고 기업정신이 왕성하며, 작은 것으로도 만족할 줄 안다는 것 때문에 좋은 조건으로 이들을 초청했던 것이다. 위그노들은 점점 더 많이 아메리카에 도착했다. 그들은 대서양 여러 해안에 흩어져 살면서 영국 왕의 충성스런 신하가 되었다. 이들은 자신들을 버린 프랑스도, 프랑스 왕도 싫었다. 이러한 현상은 아메리카에서 뿐만 아니라 그들이 망명한 영국, 네덜란드, 독일, 스위스 등 각지에서 동일한 형태로 나타났으며, 그것은 프랑스가 해외 식민지 전쟁에 실패

33) Marion Lansing, *Makers of The Americas*(Boston: D. C. Heath and Company, 1955), p.165.

하는 중요한 원인 중 하나가 되었다. 그러나 한편으로는 영국과 프 랑스의 아메리카 이주자들은 아메리카의 퓨리터니즘을 형성하는 주체가 되었다.[34]

루이 14세 말기에는 프랑스가 영국과의 경쟁에서 밀리기 시작하여 결국 1713년 위트레히트 조약에 의해 프랑스는 아카디, 뉴펀들랜드, 허드슨 만 등에 대한 권리를 영국 사람들에게 넘겨주었다.[35] 이 시기에 뉴 프랑스의 인구는 18,000명이었으며 이후 점점 증가하여 1760년경에는 82,000명이나 되었다.

같은 시기에 루이지애나 탐험이 여러 회사들에 의해 시작되었다. 많은 사람들이 금광을 찾으려고 이곳에 몰려들었으나 서인도 회사가 이들을 돌보지 않았다. 오히려 프랑스 사람들은 차츰차츰 세인트로렌스와 미시시피 강 기슭을 식민지화하는 데 성공하였다. 그들은 그곳에 거류지를 만들고 요새화했다.

1718년 루이 14세가 사망한 후 비앙빌(M. de Bienville)은 뉴올리언스를 점령하고 이어 서쪽으로 향하여 뉴멕시코와 로키 산맥까지 진출했다. 프랑스 탐험대들은 여기에서 영국의 탐험대원들과 한바탕 싸움을 했다. 그들은 누가 먼저 상대를 격파하고 엘레게니 산맥을 넘어 오하이오 계곡을 점령하느냐를 두고 사투를 벌였다.

1749년 셀로롱 드 블랭빌(Céloron de Blainville)은 엘레게니 산맥

---

34) Gerald N. Grob & George Athan Billias, *Interpretations of American History, vol.I*(New York: The Free Press, 1982), p.25.

35) Rosario Bilodeau · Robert Comeau · André Gosselin · Denise Julien, *Histoire des Canadas*, p.94.

에서 흘러내리는 중요한 강들을 소유하라는 명령을 프랑스 정부로 부터 받았다. 그는 이들 지역이 프랑스 영토라는 것을 표시하기 위해 아연판을 강기슭을 따라 묻었다. 그리고 캐나다 주재 프랑스 총독 뒤크느(Duquesne) 후작은 프랑스의 권리를 확실하게 하기 위해 물줄기 기슭에 요새지를 각각 축성하였다. 그러자 영국이 프랑스 요새지 위에다 자신들의 요새지를 축성함으로써 전쟁이 불가피하게 되었다. 1756년 드디어 프랑스와 영국 간의 치열한 싸움이 벌어졌다. 프랑스는 육전에서도. 해전에서도 영국보다 열세였다. 그것은 아메리카에서 프랑스 식민들은 대략 7만 명 정도였으나 영국은 1백 50만 명이나 되었기 때문이다.[36]

몽캄(Montcalm), 레비스(Lévis) 등 명성이 높은 장군들이 있었으나, 역부족으로 퀘벡과 몬트리올 시가 영국군에게 함락되었다. 이어서 프랑스는 캐나다, 캡브리톤서마, 그리고 미시시피의 동쪽에 위치한 루이지애나의 모든 지방을 상실했다. 게다가 프랑스는 동맹국 스페인과의 비밀협상을 이행하기 위해 스페인이 영국에게 양도하여 상실하게 된 플로리다를 보상해주기 위해 미시시피의 서쪽 부분을 스페인에 양보함으로써 해외 영토 확장은 막을 내렸다.[37]

36) 엘렌 푸레 · 로베르 푸레 지음, 『프랑스인의 아메리카 회상』, 241쪽.
37) 위의 책, 241쪽.

제6장

절대왕정의 재정은
충분했나?

1. 중상 · 중산 · 중농 정책에 의한 재정 확보

프랑스 절대왕정시대의 주된 재정기반은 상업, 산업, 농업이었다. 라틴어에서 유래된 '재정'이라는 말은 15세기에 '국왕의 돈을 취급하는 것'과 관련된 모든 것을 의미했고, 1783년에 발행된 『백과전서(*Encyclopédie méthodique*)』에는 '국왕과 국가의 공금(deniers publics de roi et l'Etat)'이며, 재정가는 국왕의 돈을 취급하는 사람들로 정의되었다. 이밖에 '징세청부인(fermes)', '회계관(comptable)' 등 재정에 관한 업무를 담당하는 전문기관이 절대왕정시대에 설립되었다.

16세기부터 "화폐가 전쟁의 중추신경이다."라고 한 말이 절대왕정시대에 이르러 공식화되었다. 1689~1714년 사이의 전쟁기간에 영국은 국가를 안정된 재정기반 위에 올려놓은 반면 프랑스의 왕들은 열악한 재정 상태로 힘들었으며, 특히 루이 14세는 전쟁으로 말할 수 없는 재정난에 시달렸다. 따라서 절대군주들은 이 문제를 해결하기 위한 최선의 방법으로 중상주의를 선택했다.

상업과 제조업에 종사하는 대부분의 사람들을 프랑스에서는 '부르주아지', 영국에서는 '중산부류(middling sort)'라고 불렀다. 부르주아지는 부유한 사업가로부터 소상점의 주인과 선술집에 이르는 다양한 범주를 포함했다. 가장 부유한 평민들은 토지와 작위를 매입하여 귀족처럼 살았다. 프랑스와 스위스에서는 이들이 토지의 약 4분의 1을 소유했다.[1]

중상주의 정책과 식민지 개척의 추구는 왕에게 무기와 함대를 갖추고 정치권의 확대를 위해 쓸 수 있는 풍부한 재물을 가져다주었다.[2] 중상주의는 결국 절대권력을 행사할 수 있는 재원 조달 방법으로서 의미가 크다. 예를 들면, 1571년 스페인은 레판토 해전에서 무적함대(Invincible Armada)로 오스만투르크 군을 격파하고 지중해 해상권을 장악했다. 그리고 1580년 포르투갈을 합병하고, 1609년에는 50만 명이나 되는 남부의 이슬람 집단을 축출함으로써 절대주의 전성기를 맞이했다. 그리고 영국의 엘리자베스는 1588년 스페인의 무적함대를 패퇴시킴으로써 지중해 해상권은 물론 대서양 해상권까지 장악하고 절대군주로서 군림했다. 프랑스는 영국, 네덜란드 등과 해상권을 놓고 각축전을 벌였다. 그들의 목적지는 면직, 금, 은, 비단, 향료가 많으며, 미개척지인 아프리카, 아시아, 아메리카 대륙이었다. 일찍이 영국은 1600년, 네덜란드는 1602년,

---

1) 이영림 · 주경철 · 최갑수, 『근대유럽의 형성:16~18세기』, 까치, 2011, 310쪽.

2) Mcnall Burns & Philippe Lee Ralph, *World Civilization, vol.2*, p.514.

그리고 프랑스는 1604년에 각각 동인도 회사를 설치하고 '무역 전쟁'을 했다.

해상권의 장악과 식민지 개척을 위한 치열한 쟁탈전은 역시 영국의 엘리자베스 1세, 스페인의 필립 2세, 프랑스의 앙리 4세 시대였다. 앙리 4세는 파리를 왕국의 영구적인 수도로서의 면모를 갖추게 했으며 최초로 파리에 왕의 존재와 위상을 부각시켰다. 프랑스 절대왕정시대 초기 경제사정은 그래도 양호한 편이었다. 그는 사회적 평화에 이어 농업 장려와 무역 진흥에 역점을 두었다. 군주정의 위신은 새로운 부르봉 왕조를 창건한 앙리 4세의 개인적인 매력에 의해서 어느 정도 회복되었다.[3] 앙리 4세는 재정 개혁과 더불어 무역 회사에 면세, 후원금 등의 특혜를 주었다. 그는 우선 백성들의 궁핍한 형편을 감안하여 세제를 개선하고 연체된 인두세도 전부 면제시켰다. 그는 무엇보다 경제를 안정시켜 '국민의 아버지'란 이름을 얻는 편이 무엇보다 나을 것이라고 생각했다.

그는 민생 안정을 위해 수로 사업, 양잠 산업, 사치품 산업 등을 일으켰다. 그의 소망은 '백성들의 냄비 속에 매주 닭 한 마리'를 넣어주는 것이었다. 그리고 수로를 개설하여 물 걱정 없이 농사를 지을 수 있게 하여 식량문제를 해결하고자 했다. 뿐만 아니라 밭을 개간하여 뽕나무를 심는 양잠 산업을 장려했다. 또한 다른 역대 어느 왕에서 볼 수 없는 '사치품 산업'을 장려했다. 그는 귀족과 부르주아들의 장롱 속에 있는 금과 은, 그리고 돈을 꺼낼 수 있는 방법

3) 페리 앤더슨 지음, 김현일 외 옮김, 『절대주의 국가의 계보』, 까치, 1997, 97쪽.

은 그들이 좋아하는 사치품을 만들어 냄으로써 가능하다고 생각했다. 그들이 사치품을 구입해야 그것을 만드는 수공업자들이 취업을 하게 되고 돈을 벌 수 있다는 것이다. 그는 일찍이 돈의 순환을 생각했다. 그는 돈을 가진 사람들이 사치품을 사도 돈이 해외로 유출되는 것이 아니고 사치품으로 바뀌지며, 그것을 만든 기술자와 유통업자들이 일자리를 얻음으로써 경제가 활성화된다는 경제론을 실천했다.

한편 루이 13세의 재상 리슐리외는 재정을 "국가의 중추신경이자 세상을 움직일 수 있는 아르키메데스의 지렛대"[4]로 표현했다. 그는 국왕의 힘은 왕국의 부에 달려있다고 생각하고, 쉴리나 라프마스(Laffemas) 등 중상주의론에 입각하여 아메리카 탐험과 식민지 개척회사의 설립을 추진했다.[5] 그 후 콜베르 역시 재정이 국가의 가장 본질적인 부분이며, 그것은 세계의 모든 국가에서 일반적으로 인정하고 있는 사실이자 불변의 격언이라고 하며 재정의 중요성을 강조했다.[6]

루이 13세 시대 프랑스 국민 총소득은 영국의 5배였다. 윤은주의 말과 같이, 1620년대 루이 13세가 노르망디에서 얻은 수입만 해도

---

4) J. de Mazan, *Les Doctrines Economiques de Colbert*(Paris: Libraire Nouvelle, 1900), p.67.

5) François Lebrun, *Le XVIIe Siècle*(Paris: Armamd Colin, 1967), p.105.

6) "Mémoires sur les affaires de finances de France pour servir à l'histoire, 1663," Pierre Clérmment, éd., *Lettres, Instructions et Mémoires de Colbert, tome II*(Paris: Imprimerie Nationale, 1863), p.17. 김신묵, 「프랑스 절대왕정기의 재정연구」, 고려대 대학원 박사학위논문, 1996, 3쪽 재인용.

귀족들의 카드놀이-절대왕정시대

Pierre Goubert · Daniel Roche, *Les Français et L'Ancien Régime, tome 1*(Paris Armand Colin, 1984)

찰스 1세의 경상 수입 전체와 맞먹었던 것으로 보아 프랑스 절대왕정 초기 재정은 별문제가 없었던 것으로 보인다.[7]

그러나 절대주의시대가 성숙함에 따라 엄청난 재정적자, 불합리한 징수, 부패와 부정, 귀족들의 사치와 돈놀이, 국왕의 무능, 재정관리의 허점들이 들어나기 시작했다. 루이 14세는 돈의 전략적 힘을 알고 있었지만, 재정 결핍을 막기에는 역부족이었다. 해외무역을 진흥시키려는 리슐리외와 콜베르의 노력도 궁정과 정치세력의

7) 윤은주, 「근대국가의 재정혁명」, 제5회 전국서양사연합학술대회, 2010.12.4, 249쪽.

몰이해에 부딪쳐 실패했
다.[8] 게다가 잦은 전쟁과
국왕의 낭비 때문에 재무
장관 콜베르는 직무를 수
행하기가 매우 곤란했다.
심지어 콜베르가 "전시든
지 평화시든지 폐하께서
는 지출을 결정하실 때, 재
정 상태를 고려하신 일이
없으셨습니다."라고 직간
을 해도 소용이 없었다.

콜베르 재무총감
이바르 리스너 지음, 김동수 옮김, 『서양: 위대한 창
조자의 역사』(살림, 2005)

　루이 14세 시대 후반기
에는 경기 침체로 인해 영국에 대항하여 아메리카 식민지를 보호
할 힘조차 없었다. 콜베르는 나라를 살리기 위해 중상주의 정책,
근로 정책, 통제 정책을 강력히 추진했다. 첫째, 중상주의 정책으
로 보호관세제도를 도입하여 생필품을 수입하더라도 금 · 은이 국
외로 유출되는 것을 방지했다. 둘째, 근로 정책으로 정신적 · 물질
적 이득의 근원을 생각했다. 따라서 프랑스에서 처음으로 농업과
공업 생산자가 관리자와 불로소득자보다 우대 받게 하였다. 셋째,
통제 정책으로 국민들이 경영하는 산업을 정부관서의 사무를 관리

8)　François Fourquet, *Richesse et Puissance: Une généologie de la valeur XVIe-XVIIIe siècle*(Paris: La
　　Decouvert, 1989), p.94. 김경근, 『프랑스 근대사연구』, 한울, 1998, 108쪽 재인용.

루이 14세의 고블랭공장 방문
John Merriman, *A History of Modern Europe*(New York: W.W.Norton & Company INC, 1996)

하듯 통제했다. 그는 고블랭공장, 타피스리공장, 조폐공장, 연초공
장, 왕립 인쇄공장, 화약 초석공장 등 국영공장과 전매제도를 창설
했다. 그것들은 다소 변형되고 재조직되었을지라도 오늘날까지 프
랑스 산업에서 중요한 몫을 하고 있다. 그리고 개인이 경영하는 산
업에 대해 보조금을 주고, 발주에 대한 지원으로 광업, 초자 공업
특히 견직과 모직 공업을 장려하여 산업가들의 의욕을 불러일으켰
다. 그러한 것은 정부가 주관하는 것이 아니라 상공업자 지구위원
회와 공장 감독관이 모든 것을 담당하게 하였다. 또한 협동조합제
도를 강화하고 독점과 파업을 미연에 방지하기 위해 원료, 제조방
법, 노동 정책을 관리하는 통제기관을 설치했다.

농업 분야에서는 특히 공업원료, 즉 천초, 아마, 대마, 뽕나무의
재배를 장려했다. 그러나 인구의 증가, 전쟁 불안에 의한 식량수입

의 중단, 방목에 의한 생산량 감소 등이 일어났다. 게다가 생산증대에 필요한 농업기술개발을 여전히 하고 있지 못했다. 1650년 영국에서 발간된 『브라방 지방과 플랑드르 지방에서 행해지고 있는 농업론(*Discour sur l'Agriculture telle qu'on la pratique en Brahant et dans les Flandres*)』을 프랑스에서는 여전히 도입하지 못해 사료용 작물의 재배를 기초로 한 윤작을 할 수 없었다. 결국 프랑스의 농업은 몽소(Duhamel du Monceau)가 『농업의 기본원리(*El'ement d'Agriculture*)』를 출간한 1760년 이후에 영국으로부터 '신 농업의 횃불'을 이어 받으면서 발전하기 시작했다.[9] 대외무역에 있어서는 캐나다에 관심을 가졌고, 성과는 대단치 않았으나 서인도 회사를 설립했다. 콜베르의 경제 정책은 희망적이었으나 안타깝게도 결실을 보지 못한 채 사라졌다. 그의 정책을 계승할 후계자가 나타나지 않았기 때문에 영국에게 프랑스의 식민 정책은 제압당하게 되었다.

아무리 '신권의 대리자', '불가능이 없는 왕'이라 할지라도 지상에 있는 돈을 마음대로 얻을 수는 없었다. 그것의 원인은 무엇이었을까? 첫째, 영토 분할, 왕위 계승, 종교전쟁, 고등법원과 귀족의 반란 등과 같이 17세기 내내 계속된 전쟁과 내란 때문이었다.

둘째, 전반적인 경기 침체가 주된 원인이었다. 뫼브레(J. Meuvret)에 의하면, 루이 14세의 친정 3년(1664) 이래 곡물가격이 하락함에 따라 곡물 판매를 수입원으로 하는 귀족, 지주, 성직자, 부농, 소작

---

9) 마르크 블로크 지음, 김주식 옮김, 『프랑스 농촌사의 기본 성격』, 신서원, 1994, 339~340쪽.

인들이 피해를 많이 입었다. 동시에 나타난 디플레이션은 상업과 산업 생산의 속도를 늦추는 결과를 초래하여 조세의 원천을 빈곤하게 만들어 왕국의 재정 파탄을 야기시켰기 때문이다.[10]

셋째, 구베르(Pierre Goubert)의 지적과 같이 재정 운영에 대한 능력 부재가 '재정의 위기'를 몰고 왔다. 그중에도 군주가 예산을 따져보지 않고 전쟁이나 사업을 일으킨 결과에서 기인되었다.[11]

넷째, 바야르(F. Bayard)의 조사와 같이, 조세에 대한 저항, 징세 담당관들의 부정부패, 산만하고 복잡한 지출구조, 세원과 징수 관리의 허점 등을 들 수 있다.[12]

다섯째, 덴트(J. Dent)의 말처럼, 왕정의 대책 없는 과소비, 왕궁의 사치[13] 그리고 관직매입자들에게 재무행정을 위탁함으로써 많은 문제가 발생했다.

이처럼 만성적 적자 운영 속에서 어떻게 2세기 동안이나 프랑스 절대왕정이 유지되고 있었을까? 데제르(D. Dessert)에 의하면, 세습귀족, 법복귀족, 성직자귀족 등으로 구성된 '유력한 인사(puissantes)'들이 국가의 요직과 권력을 독점하여 국가 경영의 핵심을 이루었기 때문에 가능했다. 그리고 이들은 혈연과 우애관계를

10) J. Meuvret, "Fiscalism and public opinion under Louis XIV," R. Hattonin, ed., *Louis XIV and Absolutism*(Columbus: Ohio State University Press, 1976), p.217. 김신목, 「프랑스 절대왕정기의 재정연구」, 6쪽 재인용.

11) Pierre Goubert, *L'Ancien Régime, tome 2*(Paris Armand Colin, 1973), pp.134~151.

12) F. Bayard, *Le Monde des Financiers au XVIIIe Siècle*(Paris: Flammarin, 1988), pp.63~68.

13) J. Dent, *Crisis in Finance: Crown, Financiers and Society in Seventeenth Century France*, p.10. 김신목, 「프랑스 절대왕정기의 재정연구」, 6쪽 재인용.

돈독히 하여 폐쇄적이지만 공고한 집단을 형성하여 절대왕정 유지에 필요한 인력과 재원을 충당하는 데 기여했기 때문이다. 따라서 프랑스 절대왕정시대는 처치(William Farr Church)의 지적처럼, 왕권이 '유력한 인사'들에게 예속되어 있었다는 것은 신빙성이 적으며, 부르주아를 포함한 '유력한 인사들의 국가'였던 것으로 보인다.[14]

14) D. Dessert, Argent, *Pouvoir et Société au Grand Siècle*(Paris: Fayard, 1984), pp.413~418.

2. 조세와 관직매매에 의한 재정의 충당

1) 직접세, 간접세 그리고 기부금

보댕, 루아젤(Loisel) 등과 같은 사람들은 "조세권은 왕에게 속해 있다."라고 하여 절대군주의 재정기반 형성에 힘을 실어주었다.[15] 절대왕정의 재정은 주로 경상세입과 임시세입, 그리고 관리감독 등의 수입으로 나눌 수가 있다. 이들 중 경상세입은 타이유 · 군사적 타이유 · 왕령지의 수입으로 구성되는 직접세와 부가세 · 염세 · 관세로 구성되는 간접세, 그리고 각종 기부금을 재원으로 하였다.

우선 직접세부터 살펴보면, 조세 수입 중 가장 큰 것은 타이유였

---

15) William Farr Church, *Constitutional Thought in Sixteen-Century France: A Study in the Evolution of Ideas*(Cambridge: Harvard University Press, 1941), p.332.

다. 그것은 개인소득, 부동산, 동산 등에 대한 세금으로 납세자의 토지 소유를 기준으로 하는 재산세(taille rélle)와 납세자의 개인 수입을 근거로 하는 소득세(taille personnelle)가 있었고, 납세자는 그중 하나를 선택하도록 했다.

그리고 전쟁비용과 군대유지비 충당을 위해 몇 가지의 조세가 타이유와 더불어 부과되었다. 예를 들면 1549년 앙리 2세는 군인 봉급 인상을 목적으로 군사적 부가세(taillon)를 제정했고, 1638년 루이 13세는 주민들에게 군인들의 월동숙소 제공 의무를 면제해주는 대신 동계군 급양제(subsistance)를 신설했다.

루이 14세는 군 부대가 경유할 때 지방을 황폐하게 하지 못하게 하기 위해 1695년 인두세(capitation)를 신설했다. 이것은 아우크스부르크 동맹전쟁으로 인한 재정난을 극복하기 위해 제정한 직접세로 40수 이하의 타이유를 납부하는 빈민들은 제외했다.[16] 그런데 특이한 것은 실질 소득과는 관계없이 직업과 신분에 따라서 22등급으로 나누어 차등 부과했다는 점이다. 제1등급인 황태자, 왕족, 장관, 총괄 징세 청부인들은 년 2,000리브르, 22등급인 병사, 날품팔이, 정기고용 노동자들은 년 1리브르를 부과함으로서 국방을 위한 평등 과세의 원칙에 입각하여 차등 과세를 시행한 셈이었다.[17] 이 인두세는 귀족들을 과세대상에 포함하는 새로운 조세방법이었

---

16) J. Dent, *Crisis in Finance: Crown, Financiers and Society in Seventeenth Century France*, p.10. 김신목, 「프랑스 절대왕정기의 재정연구」, 34쪽 재인용.

17) M. Marion, *Dictionnaire des Institutions de la france*(Paris: Editions A & J. Picard, 1984), pp.69~71.

으므로 반대에 부딪쳐 1698년 리스윅(Ryswick) 조약 체결과 동시에
폐지되었다가 1701년 스페인 계승 전쟁 때 다시 부활되어 프랑스
대혁명 때까지 계속되었다.

　인두세의 폐지는 그것이 귀족들의 신분적 특권을 겨냥한 것은
아니었지만 결과적으로 그들의 사회적 우월성을 침해했기 때문이
다. 귀족들의 면세 특권은 그들의 경제적 특권이자 명예로운 훈장
과도 같았다. 피카르디 지방의 명문가 출신 생시몽도 인두세에 격
분했다. 루이 14세의 국무장관 보빌리에 공작과 슈브뢰즈 공작 등
을 포함하여 고위 관리들 중 인두세 반대자들이 적지 않았다. 심지
어 재무총감이자 궁내부 비서, 해군비서직을 겸하고 있던 퐁샤르
트랭마저 끝까지 인두세에 대해 주저하는 태도를 보였다. 그리고
그의 아들 국무비서 펠리포도, 외무장관 크루아시도 반대했다.[18]

　비록 그것이 재정위기를 극복하는 데 크게 도움이 되지 못했을
지라도 황태자에서 날품팔이까지 국방을 위한 재정 확보에 국민모
두가 동참하게 한 것은 의미가 크다. 그리고 신분사회에서 평등과
세를 추진한 것은 범국민적 단합의 의미와 더불어 일련의 평등사
회를 추구한 모습으로도 볼 수 있다.

　타이유의 징수 방법은 2가지가 있었다. 하나는 랑그독, 브르타
뉴, 프로방스, 도피네 등 지방 신분제 의회의 관할 지역과 푸아
(Foix)나 포(Pau) 등의 지역과 같이 기부금으로 납세하는 방법이다.
기부금도 국왕에 의해 제시된 액수를 신분제 의회가 논의하여 확

---

18)　이영림, 『루이 14세는 없다』, 푸른역사, 2009, 164쪽.

정 짓고, 이 할당표에 의해 해당 지방관리들이 징수했다. 다른 하나는 지방감독관 관할 지역(pays d'élections)의 징수 방법이다. 먼저 국왕이 차기년도에 징수할 타이유의 총액을 결정하여 타이유 칙서(brevet de la taille)를 공포하면, 1. 재정위원회가 각 재정구의 부담액을 정하고, 2. 각 재정구의 지방재정사무국 출납관들이 각 징세구의 부담액을 정한다. 3. 각 징세구의 재정심판관들이 연납액을 정하고, 교구에서는 교구 징세관들이 주민들에게 부과한다.

타이유의 부과도 중요하지만 징수방법이나 수수료가 문제였다. 징수한 세금을 징세관들은 재정구 징세관에게 넘기고, 재정구 징세관은 파리에 있는 중앙출납관(trésorie de l'Epargne)에게 납부하는데, 재정구 징세관은 징세경비 명목으로 1리브르당 9드니에, 즉 3.75%를 할인받았다. 그러나 보르도 재정구에서는 연체된 미징수금 300,000리브르를 징수하는 데 45,000리브르의 할인을 받았던 경우도 있다. 그것은 국왕의 돈을 관리하는 대가, 운송비, 서기들의 수수료, 총독이나 지방감독관에게 주는 경비로 쓰였다.

징수방법을 아무리 개선해도 계속되는 전비를 충당하기에 역부족이었으므로 콜베르는 각 지사들에게 증세를 독촉했다. 예를 들면 1674년 콜베르는 푸아시에(Poitiers) 지사 마리악(Marillac)에게 징세구가 전쟁 중이라는 것에 대해서 모르는 바 아니지만 타이유의 징수액의 증가를 촉구한다는 말을 했다. 7~8년 계속 타이유의 징수액이 감소했으며 처음으로 32,000,000리브르로 증가되었다. 그러나 그는 1675년 전쟁 중인데도 불구하고 38,000,000리브르를 징세했으나 왕이 원하는 것은 56,000,000리브르라는 것을 강조하고

있다.[19]

직접세 중 가장 중요한 봉건지세의 성격을 띤 상스(Cens)는 국왕
이 왕령지에서 영주의 자격으로 농민들에게 1아르팡(Arpent, 넓이
36.802제곱피트) 당 1수(Sou)를 부과하는 것이나 타이유에 비해 재
정확충에 별로 도움이 되지 못했다.

타이유 다음으로 비중이 큰 것은 염세, 부가세, 관세 등의 간접
세였다. 염세 지역은 푸아투(Poitou), 오니스(Aunis), 브르타뉴, 랑
그독, 프로방스, 프랑쉬콩테, 노르망디 등 7개 지역이었다. 소금
은 국가전매 소금창고가 165개소였으며, 8세 이상 14명 기준으
로 72리터의 소금을 고가로 강제구입하게 하여 국고 수입을 올렸
다. 염세제도는 지방마다 다르고 심지어 소금가격이 무려 18배까
지 차이가 있었으며, 밀매도 성행했다. 여기에서 재미있는 것은 콜
베르가 소금 생산과 염세의 수입을 강조하는 내용이다. 그는 샬롱
(Châlons)의 지사 미로메닐(Miromesnil)에게 소금이 와인보다 생활
에 필수적이라는 것을 잊지 말기를 강조했다.[20]

염세 다음으로 중요한 것은 왕국 내에서 판매되는 물품에 부과하
는 부가세였다. 포도주, 맥주, 사과주 등 주류와 음료수, 그리고 가
축, 목재, 생선 등이 과세 대상 품목이었다. 생산자가 물품을 판매할
경우 판매가격의 5%를 징수했으나, 그것이 중간상인을 거쳐 소매될

---

19) Roger Mettam, *Government and Society in Louis XIV's France*(London: The Macmillan Press
    LTD, 1977), p.121.

20) *Ibid.*, p.120.

때는 소매가격의 25%까지도 징수되는 경우가 허다했다.

다음은 관세인데, 예를 들어 푸아투를 통과하는 상품은 리브르당 35수였으나 1686년 8월 이후 크게 올라 5뮈(muid:대두 5말)당 43리브르 9수를 부과하여 재정을 보강했다.

간접세는 국왕에게 일정 액수를 제공하고 징수액을 쉽게 예상할 수 있어 대단히 좋은 세원이었다. 일반적으로 도급계약(forfait)과 공영계약(régie)이라는 청부제를 활용했다. 도급은 국왕이 제시한 금액을 청부인이 납부하고, 초과이익이 발생하면 일정한 비율로 나누는 것이고, 공영은 청부업자들이 선불금의 이자, 관리경비 등 수수료를 받지만 초과이익을 받지 못했다. 공영인 경우 청부업자들이 직무를 소홀히 하는 경향이 있어 스페인 계승 전쟁 때를 제외하고 거의 도급계약제를 활용했다.

그러나 과세의 증세가 얼마나 힘들었는지 루이 13세 시대 리슐리외의 고민에서 엿볼 수 있다. 메트라에 의하면, 우선 부자들에게 과세할 수 없었다. 왜냐하면 그들은 전쟁을 거절하기 때문이다. 교회에도 과세할 수 없었다. 교회는 절대주의체제의 유일한 지지자였기 때문이다. 결국 남은 자들은 부르주아 뿐이었다. 왕은 그들로 하여금 왕의 공직을 가능한 최고로 비싸게 사도록 했다. 그러나 그들을 너무 억압할 수 없었다. 왜냐하면 그들이 시골 사람들과 단합하여 방대한 저항운동을 일으킬 수도 있었기 때문이었다.[21]

그 후 콜베르는 재정조직을 확대, 개편하여 왕국 내에 잠재해 있

21) 클로드 메트라 지음, 서정복 역저, 『부르봉 왕조 시대의 프랑스사』, 서원, 1994, 163쪽.

던 부의 근원을 효율적으로 결집시켰다. 그는 먼저 기존의 수납총관, 출납총관 등 조세징수와 세출담당관들을 정의법정을 통해 퇴출시키고, 자신의 친족과 후견인들을 기용했다. 그는 재무관리들이 파리와 지방의 귀족 및 부르주아들로부터 여유자금을 동원할 수 있도록 직접세 수납과정과 출납과정을 재조정했다.

콜베르는 간접세 징세청부업에 대한 개혁도 추진했다. 징세청부업을 폐지한 것이 아니라 보다 크고 효율적인 단위로 재조직하여 대금주들에게 더욱 안전한 투자처로 만들었다. 따라서 1664년 염세와 관세를 통합하고 1668년 5대 징세청부업을 통해 징수되었던 내륙통행세, 그리고 별도조직을 통한 보조세를 여기에 추가했다. 1680년 왕령 수입마저 징세청부업에 편입했고, 높은 가격으로 계약체결을 함으로써 단기적으로 조세 수입을 증가시켜 재정이 안정되는 듯했다.[22] 그러나 1688년에 시작되어 거의 20년간 지속적으로 소요된 천문학적 전쟁비용을 감당할 수 없어 재정개혁의 한계를 드러냈다.

가장 큰 문제는 자연스런 세수 증가를 기대할 수 없는 것이었다. 타이유세는 파리고등법원의 인준을 받지 않는 한 원천적으로 증세가 불가능했고, 징세구들 사이의 분납금조차 조정할 수가 없었다. 그러므로 재정의 위기는 부정부패에서 발생한 것이라기 보다는 재정개혁을 주도하고 재무행정을 이끌어온 왕의 절대권력이 정치적

22) 윤은주, 「근대국가의 재정혁명」, 247쪽.

으로 제약을 받으면서 발생한 것이었다.[23]

루이 14세의 재정적자 후유증은 루이 15세로 이어져 왕권마저 약화시키는 지경에 이르렀다. 국왕의 재정권한에 대한 첫 도전은 1716~1720년 루이 15세 시대 초기부터 심각하게 나타났다. 그것은 바로 파리고등법원의 법리적 비판과 간주권의 필요성을 인정하게 되면서 국왕의 절대권은 크게 제한받게 되었으며, 프랑스혁명까지 계속되었다.

끝으로 기부금은 자발적 또는 호의적이 아니라 왕이 신분제 의회를 통하여 종용하는 방법으로 받았다. 대개 협조적이었으나 거부되는 경우도 적지 않았다. 1614~1615년 회기에 개최된 신분제 의회에서는 루이 13세의 기부금 요청을 받아들이기는 고사하고 재정의 편법 사용과 재정가들을 비난하기까지 하였다. 지방 신분제 의회의 거부권으로 재정에 차질이 생기게 되자 쉴리는 프랑스 전역에 타이유의 방법으로 기부금을 징수하려 했다. 심지어 1671년 루이 14세 시대에는 프로방스 신분제 의회가 기부금 거부의 기미를 보이자 콜베르가 직접 나서기도 했다. 콜베르의 활약으로 1650년대보다 1700년대에는 기부금의 액수가 많이 증가되었다.

기부금은 성직자들에게도 해당되었다. 성직자의 부채와 이자 지불을 위해 징수되었던 10분의 1세(décime)는 1561년 푸아시 계약(contrat de Poissy)에 의해 6년간의 공채발행비용으로 1백6십만 리브르의 기부금을 낸 사실에서 유래되었다. 이 계약은 1580년과 1586

23) 위의 논문, 248쪽.

년에 갱신되었으나 그 후 성직자 총회의 결의에 의해 프랑스혁명 때까지 10분의 1세가 계속되었다.

2) 관직매매와 폴레트세

전시에는 재정이 턱없이 모자라 관직 매매, 공채 발행 등의 임시 수입원을 마련했다. 관직 매매에서 국왕은 연세(droit annuel), 관직 신설 매매, 할인 매각, 선서세 등의 명목으로 수입을 잡았다. 연세는 앙리 4세가 쉴리의 건의를 받아들여 폴레(Charlles Paulet)에게 운영하도록 하고, 1604년 12월 12일 폴레트 칙령(édit de Paulette)으로 관직보유세를 실시했는데, 관직 값의 60분의 1이나 되었다.[24] 단 관직을 임명받은 날로부터 40일 이내 양도자가 사망할 경우 관직 양도는 무효이며, 국가에 환수되었다.

관직 신설 매매는 판매 가능한 관직을 주로 하고 재무총감처럼 매매 불가능한 관직은 제외되었다. 그러나 제안된 신설관직은 재정위원회의 승인을 받아야 했다. 할인 매매는 관직이 과잉 공급되는 경우, 말 그대로 할인 매매하여 현금화했다. 왕국 역시 이러한 관직 매매를 통해 필요한 관료들을 충원했을 뿐만 아니라 부가적인 수입 원까지 확보했다. 예를 들면, 16세기 관직 보유자는 1만 2천 명 정도였는데, 17세기 중반에 이르면 대략 5만 명 정도까지 달했다. 절

24) Roger Lockyer, *Habsburg and Bourboon Europe, 1470~1720*(New York: Longman Inc., 1987), p.376.

징세청부인과 농민   세금과 부채에 허덕이는 서민

Pierre Goubert · Daniel Roche, *Les Français et L'Ancien Régime, tome 1*(Paris Armand Colin Éditeur, 1984)

대왕정이 관직 매매로 얻은 수입은 1610년 앙리 4세 말에서 1640년 루이 13세 시대 말 사이에 무려 4배로 증가하여 재정 확보에 다소 도움이 되었다.[25] 그러나 관직 매매의 폐단이 적지 않았다.

관직 매매는 부르주아가 성장한 루이 14세 시대에 이르러 더욱 많았다. 이른바 1607년에 탄생한 법복귀족(일명 행정귀족이라고도 한다)들은 대개 관직 매매에 의해 궁중에 들어갔다. 부르주아 출신임에 분명한 이들의 약진은 루이 14세 시대에 절정에 달했다. 따라서 생시몽은 비아냥하는 어투로 "왕이 귀족을 멀리하고 천한 부르주아들을 가까이한다."라고 불평을 했다. 사실 관직 매매는 재정

---

25) 콜린 존스 지음, 방문숙 · 이호영 옮김, 『사진과 그림으로 보는 케임브리지 프랑스사』, 시공사, 2001, 185쪽.

수요가 늘어나면서 규모가 커지고, 관직 매입을 통한 귀족화의 범주도 확대되었다. 특히 부유하고 야심찬 평민의 자제들이 국왕비서직을 동경했으며, 신분 상승의 밧줄로 활동하고자 했다. 따라서 루이 14세 시대 말기에 가면 국왕비서의 수가 무려 300명에 달했다. 그러자 생시몽은 국왕비서의 수를 40명으로 줄이고 자동적으로 귀족이 되는 특권을 폐지할 것을 제안했다. 그러나 이미 때늦은 외침이었다.[26] 그 폐단이 왕국을 멸망의 길로 인도하게 된다는 것을 실감한 것은 2세기 후였다.[27]

한편 관직을 매매하는 선서에 대해 부과하는 선서세도 있었으나 그것은 너무 소액이라 재정에 별로 도움이 되지 않았다. 재정 확보의 일환으로 공채도 발행했는데, 그것은 1522년 프랑수아 1세가 원금 2십만 리브르, 연리 16,666리브르의 공채를 매각하도록 파리 시청에 지시한 이래 공식화되었고, 필요에 따라 이 제도가 활용되었다.

재정 수입에 대해 단계별로 나누어 보면, 제1단계는 앙리 4세 시대 말에서 루이 13세 시대로 위그노전쟁이 일어났던 1600~1634년이다. 이 기간 중 마지막 5년간인 1630~1634년은 재정 수입이 66,496,228리브르로 직전에 비해 절반에 가까운 2천만 리브르가 증가하였다. 앙리 4세가 살해된 1610년에 징세청부인들은 타이유

---

26) Saint-Simon, "Projet de rétablissement du Royaume de France. Lettre anonyme au Roi(1712)," *Traités Politiques et autres écrits*(Paris: Gallimard, 1996), p.758. 이영림, 『루이 14세는 없다』, 167쪽 재인용.

27) 위의 책, 185쪽.

세로 1,700만 리브르를 거두었다. 그리고 루이 14세 즉위 2년(1644년)에는 이 세금의 징수액이 4,400만 리브르로 3배 증가하였다. 세금의 총액은 1630년 이후 십 년간 4배로 증가하였다. 이렇게 엄청난 조세부담은 리슐리외가 30년전쟁에 외교적·군사적으로 개입한 데서 그 원인을 찾을 수 있다.

제2단계는 루이 13세 시대에서 루이 14세의 섭정시대인 1635~1659년인데, 콜린스에 의하면, 1630~1648년 사이에 조세 수입은 3배로 껑충 뛰었다. 존스는 특히 1635년경 가장 심했고, 나머지 절반은 17세기 말까지 지속적으로 증가한 것으로 분석했다.[28] 1635년과 프롱드 난(1648~1653)이 일어났던 기간은 재정 수입이 140,594,215리브르나 되었으며, 1600~1604년과 비교하면 거의 7배나 증가한 것을 볼 수 있다.

제3단계는 1660~1674년으로 루이 14세가 친정을 시작하고 콜베르가 재정을 담당하였을 시기였다. 플랑드르 전쟁(1667~1668)과 네덜란드 전쟁(1672~1678)이 일어난 시기로서 특히 플랑드르 전쟁 시기는 재정 수입이 75,031,653리브르로 제1단계의 마지막 년도인 1630~1634년과 거의 같은 수준으로 되돌아갔다. 제4단계는 1675~1694년으로서 홀란드 전쟁이 계속되었고, 또한 아우크스부르크 전쟁이 발발하였던 시기로 재정 수입이 119,468,400리브르로 제2단계 시기의 수준으로 되돌아갔다. 이처럼 전쟁과 국왕의 징세 방법에 따라 재정 수입이 단계별로 소폭 증가→대폭 증가→대폭

---

28) 위의 책, 184쪽.

감소→대폭 증가 현상을 나타내고 있다.[29] 그런데 문제는 17세기 87년 동안 프랑스는 43%에 해당하는 37년간 적자 운영을 하였던 것으로 나타난다. 적자는 전반기에 36%(18년간), 후반기에 51%(19년간)이었으며, 제4단계 시기인 1678~1685년과 1689~1694년은 2천4백만~6천2백만 리브르에 이를 정도로 큰 폭의 적자 운영을 했던 것을 보면, 하나님은 절대군주에게 돈에 대한 절대권력은 주지 않은 것 같다.

1600~1715년 관직 매매 수입은 1,570,000,000리브르로 증가했으나 그것은 폴레트(Paulette) 세로부터 들어온 수입 200,000,000리브르에 비해 사실상 대단한 것은 아니어서 재정의 위기를 벗어나는 데 크게 도움이 되지 못했다.[30] 좀더 자세히 살펴보면, 1604년 폴레트세는 1,551,671리브르로서 총세입의 7.20%를 차지했으나 1614년에는 3,766,285리브르, 1620년에는 13,267,639리브르로서 총세입의 12.65%와 33.30%를 차지했다. 그리고 1622년에는 20,052,155리브르로 총세입의 40%나 되고 1623년에는 17,419,025리브르로 총세입의 45%, 1632년에는 28,231,028리브르로 49%, 1633년에는 36,853,510리브르로 무려 52%나 되어 재정 운영에 큰 도움이 되었다.[31] 그러나 적자 운영의 가장 큰 항목은 군사비였다.

---

29) 김신목, 「프랑스 절대왕정기의 재정연구」, 53~54쪽.

30) Robin Briggs, *Early Modern France, 1560~1715*(London: Oxford University Press, 1977), p.9. 〈Appendix:Graphs〉

31) Roland Musnier, *La rénalité des offices sous Henri IV et Louis XIII*(Paris: Presses Universitaires de France, 1971), p. 421. 김성학, 「프랑스 관직매매와 절대주의 형성」, 『서양사론』 제23호,

17세기 초 군사비는 총지출의 5%에 불과했던 것이 중엽에는 39%를 차지했다. 1630년대에도 군사비가 60~75%나 되었고,[32] 1680년대는 네덜란드 전쟁이 계속되었으며, 또한 아우크스부르크 전쟁이 발발하여 군사비가 70~80%로 증가했다. 조세 수입은 증가했으나 전쟁으로 인한 군사비의 지출이 2~3배가 많았으므로 재정적자가 불가피했다. 따라서 서민들은 전쟁에 동원되고, 세금에 시달려 비참한 생활을 하지 않을 수 없었다.

게다가 징세비용도 엄청나게 들어갔는데, 전체적으로 과세액의 34%가 징수비용으로 충당되었다. 재무총감은 앙리 4세와 루이 13세의 섭정기는 각각 2명, 루이 13세의 친정기는 14명, 루이 14세의 섭정기는 6명, 루이 14세의 친정기는 5명으로 17세기의 재무총감은 모두 29명이나 되었으나 이들 모두 재정적자를 해결하지 못했다.

조세를 수입으로 한 경상 수입은 66%, 그중 징세청부제를 통해 징수되는 간접세가 32%로서 직접세인 일반세입 26%보다 비중이 컸다. 간접세 중 부가세, 관세, 염세는 징세청부 수입의 85%를 차지했다.[33] 그러므로 프랑스 절대왕정시대 재정 수입은 전쟁 양태와 규모에 따라 증감되었다. 보방의 지적처럼, '국왕의 10분의 1세'도 전쟁기금을 마련하기에는 역부족이었다. 전쟁과 군대의 증강은 결국 재정의 파탄을 가져왔다. 그러한 결과 루이 14세 말기에는 빈

한국서양사학회, 1982, 50~60쪽.

32) Robin Briggs, *Early Modern France, 1560~1715*, p.7. 〈Appendix:Graphs〉

33) 김신목, 「프랑스 절대왕정기의 재정연구」, 61쪽.

민과 실업자가 대단히 증가했다. 옥세르(Auxerre)에서는 1,300명의 빈민들이 발생했고, 1709년 루앙(Rouen)에서는 실업자들을 도로작업에 고용했다. 1702년 리옹에서도 12,000명 중 3,000명의 노동자들만이 노동을 했다. 랑그독과 샹파뉴의 모직물 공장은 폐업되었다. 게다가 기술자의 부족현상이 일어나 프랑스의 산업과 경제는 계속 침체에서 벗어나지 못하고 있었다.[34) 이처럼 백성들은 가렴주구 당하고 빈민과 실업자가 증가했는데, 무엇이 위대했는지 묻고 싶다.

34) Régine Pernoud, *Histoire de la Bourgeoisie on France, tome 2: Les Temps modernes*(Paris: Éditions du Seuil, 1987), pp.133~134.

3. 위그노의 탄압에 의한 경제 침체

17세기 프랑스의 인구 1,600만 명 중 위그노는 200만 명이었다. 1685년 루이 14세의 퐁텐블로 칙령으로 위그노들은 대부분 교수형을 당했고, 교회는 파괴되었으며, 재산은 몰수되었다. 투옥, 처형, 고문의 위협 속에서도 개종하지 않은 약 40만 정도의 위그노가 해외로 망명함으로써 프랑스는 막대한 경제적 타격을 받았다.

그러나 레진 페르누에 의하면, 이러한 현상은 사실 퐁텐블로 칙령 5년 전부터 시작되었다. 수많은 사업가와 상인들이 추방되었고, 전쟁도 더 이상 거대한 전리품이나 자원을 가져오지 못했다.[35]

이웃 네덜란드 연방공화국이 종교적 관용과 높은 임금으로 독일, 프랑스, 잉글랜드, 스코틀랜드, 심지어는 터키와 아르메니아를 포함한 유럽 전역으로부터 숙련된 기술자들을 끌어들이고 있을

---

35) *Ibid.*, p.133.

때, 프랑스는 위그노를 추방함으로써 경제 침체를 가속화시켰다. 네덜란드로 망명한 프랑스의 위그노들은 비단, 의류, 모자, 가발, 시계 등의 제조업에서 대단한 성공을 거두고, 그 나라의 경제 발전에 기여하고 있었다.[36]

그렇다면 루이 14세는 프랑스의 국민경제 가운데 위그노들이 차지하고 있는 비중에 대해 몰랐을까? 메트라에 의하면, 콜베르에 의해 교육 받은 루이 14세는 위그노들의 경제적 역량을 결코 소홀히 생각하지 않았다. 그는 위그노들의 이주와 더불어 포기했고, 유증했으며, 팔았고, 약탈당했으며, 청구했던 재산에 대해, 그리고 풀리지 않을 혼란들이 일어날 여러 가지 행정적인 어려움에 대해서도 역시 소홀히 하지 않았다는 것이다. 그렇다면 위그노의 추방을 왜 강행했을까? 그의 입장에서는 프로테스탄티즘을 왕국에서 관용하는 것은 군주정의 정신과 가톨릭교회의 지지자에 대한 모독이자 도전으로 생각했기 때문이다. 또한 위그노의 정치적 힘을 두려워했다. 그것은 리슐리외가 앙리 4세의 종교 정책을 격렬하게 비난했던 것에서도 알 수 있다.[37]

정치적인 위협과 가톨릭교회에 더욱 비중을 둔 종교에 대한 불관용은 경제뿐만 아니라 문화면에서도 큰 손실을 입혔다. 네덜란드의 개방주의에 매력을 느껴 '17세기 사상계의 위대한 3인방'인 데카르트, 스피노자, 벨(Pierre Bayle) 등이 모두 네덜란드에서 작품 활동을

---

36) 에이미 추아 지음, 이순희 옮김, 『제국의 미래』, 비아북, 2008, 138~139쪽.
37) 클로드 메트라 지음, 『부르봉 왕조 시대의 프랑스사』, 246 · 249쪽.

위그노의 추방
John Merriman, *A History of Modern Europe*(New York: W.W.Norton & Company INC, 1996)

했다. 특히 가톨릭교도이자 프랑스 대지주였던 데카르트, 프랑스
계몽주의의 선구자로 알려진 벨이 모두 프랑스를 떠나 네덜란드에
정착하면서 프랑스는 사상적 후진성을 면치 못했다.

영국에 피난처를 찾은 위그노는 약 5만 명 정도였다. 견해가 일
치하지는 않지만 다수의 역사학자들은 위그노의 프랑스 탈출이 프
랑스의 철강, 제지, 조선, 직물 산업에 부정적 영향을 미쳤다고 생
각한다. 그리고 탈출하지 못한 대다수의 위그노들은 몰래 신앙을
간직한 채 프랑스에 남아 있었으므로 프랑스 경제가 침체했던 또
다른 이유 중의 하나가 된다.[38]

반면 영국은 위그노 덕분에 런던이 세계적인 시계 제조 중심지

---

38) 에이미 추아 지음, 『제국의 미래』, 287쪽.

제
6
장

절
대
왕
정
의

재
정
은

충
분
했
나
?

로 변모했고, 프랑스 코드베크에서 탈출해온 위그노 모자 제조공들 덕분에 섬세하고 방수성이 강한 펠트 천을 만드는 새로운 기법을 개발하여 직접 코드베크 모자를 생산하기 시작했다. 또한 위그노들은 종이, 유리, 레이스 장식, 인쇄, 금속가공 분야의 기술까지 들여옴으로써 프랑스 산업을 더욱 압도했다.[39]

위그노들은 유대인들과 마찬가지로 영국의 금융계에 영향력을 발휘하여 프랑스 경제에 간접타격을 주었다. 예를 들면 1740~1763년 영국은 프랑스와의 전쟁으로 국채가 3배로 늘어나 약 1억 2,100만 파운드에 이르렀는데, 그중 5분의 1이 '위그노 인터내셔널'에서 나온 돈이었다. 영국, 네덜란드, 스위스, 독일에 정착한 위그노들은 당연히 프랑스보다 영국에 돈을 예치하기를 좋아했다. 심지어 프랑스에 기반을 두고 있는 유복한 위그노들도 영국의 공적 기금에 투자하기를 선호함으로써 프랑스 경제는 위축될 수밖에 없었다. 그렇다고 영국 경제가 발전하고, 프랑스 경제가 침체된 것이 전적으로 위그노의 역할이라는 뜻은 아니다. 다만 위그노들이 운명적으로 영국 경제 발전과 프랑스 경제 침체에 영향을 주게 되었다는 것이다.

39) Carlo M. Cipolla, *Clocks and Culture, 1300~1700*, pp.65~75, 에이미 추아 지음, 『제국의 미래』, 287쪽 재인용. 물론 Rothrock, *The Huguenots*와 Scoville, *The Perseccution of Huguenots* 등에서는 퐁텐블로 칙령과 위그노의 망명이 프랑스 경제에 준 영향이 과장되어 있다고 주장하기도 한다.

가톨릭교로의 통일은
성공했나?

1. 가톨릭 왕국에 개신교의 성장

1) 개신교의 침투와 수난

절대왕정시대의 가장 큰 충격은 무려 1,000년 이상 지켜 온 가톨릭 중심주의 생활과 사고에 개신교 침투라는 충격적인 바람이 불어 닥친 것이다. 그들은 로마 교황의 권위에 반대하고 사도 시대와 초대 교회를 재발견하자는 것이었다.[1]

프랑스에서 개신교의 징후는 장 칼뱅(Jean Calvin)보다 앞서 1516년 모(Meaux)의 주교로 임명된 브리소네에게서 나타났다. 그는 1518년 프랑수아 1세의 지원을 받아 온건한 인문주의적 개혁을 시도하였는데, 주임사제들을 교구에서 거주하게 하고 『성서』를 신도들에게 설명해주고, 『신약성서』를 프랑스어로 번역한(1523) 르페

---

[1] H.R. Trevor-Roper, *De la Réforme aux Lumières*(Paris:Éditions Gallimard, 1972), p.231.

브르 데다플(Lefèvre d'Étaples) 등 인문주의자들을 모아 놓고 담론을
시작한 데서 비롯되었다.

소르본 대학의 전통주의 신학자들과 루터의 추종자들은 각각 모
의 주교집단을 집중 공격하였다. 브리소네가 루터를 비난할 무렵
인문주의자 파렐이 1523년 보르도에서 루터의 개혁사상을 전파하
였다. 바로 그해 8월 발리에르는 혀가 잘리고 산 채로 화형을 당했
는데, 그가 바로 프랑스 종교개혁의 최초의 순교자가 되었다.

데타플은 『신약성서』를 불어로 번역하고, 영혼 구원은 신앙으로
얻는 것이지 헌납으로 얻는 것이 아니라는 것과 더불어 『성서』를
신앙의 최고 권위라고 주장하여 눈길을 끌었다. 그는 라틴어로 하
는 기도, 사제의 독신제도, 성자숭배 등을 비난했다. 그가 번역한
『성서』는 곧바로 독일, 홀란드, 프랑스 등에서 읽혀졌다. 데타플과
그의 동료들은 에라스무스를 회장으로 추대했다.[2] 아마 데타플도
프랑수아 1세와 누이인 알랑송 공비 마르그리트의 보호가 없었더
라면 틀림없이 루터처럼 신변이 위험했을 것이다. 브리소네는 모
에서 진보파들을 규합하려고 데타플을 부주교로 선임하고 그의 교
구를 개혁교회의 본거지로 삼았다. 프랑수아 1세도 처음에는 누이
에 대한 애정으로 데타플을 '착한 사람 파브리'라는 별명을 부르면
서 그를 두둔했다.

당시 사교의 중심지인 프랑스의 궁정은 세계적인 유행과 멋으로
가득 찬 분위기였지만 한편으로 신기한 문학과 『성서』를 원전으로

---

2) *Ibid.*, p.24.

이해하며 「시편」을 프랑스어로 노래하는 즐거움 속에서 은연중에 루터주의에 빠져 들어가고 있었다. 그러나 이와 같은 상황을 재빨리 알아차린 소르본 대학 신학부는 유감스럽게도 데타플을 고발하고, 그를 학술 연구로부터 종교재판으로, 그리고 법정으로부터 화형장으로 끌고 갔던 것이다.

이러한 상황에서 칼뱅은 처음 코프(Nicolas Cop) 교수의 권유로 '루터주의 모임'에 참석하다가 돌변한 프랑수아 1세의 종교 탄압 정책으로 제네바로 망명했고, 그곳에서 1536년에 『그리스도교 강요』를 출판했다. 이 책은 개신교에서 제2의 '바이블'이라고도 하는데, 이 책이 나오자 유럽세계가 깜짝 놀랐다. 칼뱅은 복음주의 신앙의 챔피언들 중 최상위를 차지하게 되었고, 개신교회의 아리스토텔레스이며 토마스 아퀴나스라는 별명이 붙었다.[3] 물론 칼뱅은 이 책을 쓸 때, 아우구스티누스와 토마스 아퀴나스의 『신학대전(*Summa Theologia*)』을 많이 참고했다. 칼뱅은 심지어 아우구스티누스의 말을 교회에서 잘못 해석하고 있다고 말하면서 아우구스티누스의 『신앙의 유익에 대하여(*The Usefulness of Belief*)』를 읽으라고 권하고 있다.

그런데 칼뱅은 이 책의 권두에서 "대단히 위대하시며, 강력하시고, 고명하신 군주이시며, 대단히 그리스도교적인 프랑수아 왕에

---

3) Jean Calvin, *Institution de la Religion Chrestienne, tome I~IV*, texte etabli et présenté par Jacque Pannier(Paris: Société d'Édition-Les Belles Lettres, 1961). 김종흡 · 심복윤 · 이종성 · 한철하 공역, 『기독교 강요』, 생명의 말씀사, 1988, 17~18쪽. 로마 가톨릭의 역사가 F.W.Kampschulte는 칼뱅을 아리스토텔레스, 프랑스의 역사가 Martin은 신교의 토마스 아퀴나스라고 한다.

게, 장 칼뱅은 하나님께 평화와 구원을 삼가 기원하나이다."[4]라고 하며 「프랑스의 프랑수아 1세에게 드리는 헌사」를 썼다. 그는 프랑스 사람들이 주리고 목마른 듯 그리스도를 사모하고 있으나 그에 대해 적은 지식마저도 바로 터득한 자가 매우 적으며, 게다가 사악한 자들의 광란이 극도

장 칼뱅
Marcel Dunan, *Histoire Universelle, tome 1*(Paris: Librairie Larousse, 1960)

에 달하여 건전한 교리가 발붙일 곳이 없음을 안타깝게 생각한다고 했다. 그리고 사악한 자들이 이 책의 교리에 대해 왕의 주권을 탈취하고, 모든 법정과 그 판결을 무너뜨리며, 질서를 파괴하며 정부를 전복하고, 국민의 평안을 교란하고 있으므로 이 책의 저자와 교리에 대해 투옥과 추방, 몰수와 화형의 벌을 내리고, 국내외에서 발본색원해야 한다고 하니 "현명하신 폐하시여! 이들이 정죄하지 못하게 밝혀주시옵소서."라고 간청한 것이다.[5]

4) Jean Calvin, *Institution de la Religion Chrestienne, tome I*, texte etabli et présenté par Jacque Pannier, p.7.

5) *Ibid.*, pp.7~8.

결국 프랑수아 1세는 자신의 교리와 동료들을 보호하려는 칼뱅의 청원을 들어주지 않았다. 그러나 칼뱅의 교리는 제네바와 프라이부르크, 베른 등의 동맹시에서 채택되었다. 따라서 독일어의 동맹(Eidgenossen)이란 말로부터 프랑스어의 위그노(Huguenot:동맹)란 말이 생기게 되었던 것이다. 제네바는 칼뱅을 중심으로 한 프랑스인들의 망명정부 비슷한 '개신교 전도의 사령탑'이 되었다.

칼뱅은 '장로주의'라고 부르게 된 하나의 신교를 만들었다. 칼뱅 교리는 프랑스로 전파되었고 위그노들을 고무했다. 그에 의하면, 인간은 아담의 타락으로 죄를 지고 있으며, 아담의 지은 죄가 모든 인간에게 전가되어 악덕을 행하고, 죄악을 저지르게 된다는 것이다. 그런데 예수가 십자가에 못 박힘으로써 전 인류를 위해서 죄를 보상했다고 하면서 당시의 가톨릭교의 관행을 전면부인하고 나섰다.

칼뱅의 이러한 이색적 · 실천적 교리는 교수, 의사, 법률가, 하급 성직자, 수도사 등 교양 있는 중산층의 환영을 받았다. 개신교 운동은 파리를 제외하고, 특히 제네바와 관계가 깊었던 리옹, 노르망디, 랑그독 그리고 론 강 유역 지방에서 활발하게 전개되었다. 프랑스 신교도들은 곧 국가 내의 국가가 되어 프랑스 절대왕정을 불안하게 만들었다. 프랑스 국왕들은 수세기에 걸쳐 가톨릭교회가 왕국 내에서 지나친 권력을 장악하는 것을 제지하기 위하여 투쟁했으나 그렇다고 위그노들을 받아들이려는 의사는 전혀 없었다.

드디어 가톨릭과 개신교 사이에 흐르는 무서운 적개심이 오랫동안 잔인한 전쟁으로 확대되었다. 그림베르크(Carl Grimberg)에 의하면, 두 종교 사이의 갈등으로 내란이 그칠 줄 몰랐고, 그로 인해 국력이 끝없이 약화되었다.[6] 게다가 프랑스에는 국익과 종교를 놓고 미묘한 일이 일어났다. 프랑스 왕은 같은 가톨릭 국가인 스페인을 견제하기 위해 독일에서 종교개혁이 일어날 때 스페인 출신 황제인 칼 5세를 돕지 않고 오히려 독일 개신교도들을 지원했다. 그 때문에 프랑스 왕은 가톨릭교도이면서도 자기 영토 안의 개신교도들을 박해할 수 없었으므로 자연히 개신교도들에게 상당한 자유를 허락하고 있었다. 그 결과 프랑스에서는 개신교를 어떤 경우에는 탄압하고 어떤 경우에는 방임하는 경우가 잦았다. 군주들의 강경책과 온건책이 교차되는 가운데 많은 종교개혁 지도자들은 스위스나 스트라스부르에 머물면서 계속 고국의 상황을 예의 관찰하면서 개신교도들을 지원했다.

당시 프랑스에는 루터파의 개신교도들 이외에 발도파 분리주의자들과 같은 다른 개혁파들도 많았다. 발도파 분리주의자들은 뒤랑스 강변의 일부 촌락에서 그간의 탄압과 처벌을 피하고 가톨릭의 미사, 연옥, 교황을 부인하면서 살고 있었다. 그들은 『성서』의 해석과 교리의 일치에 따라 자연스럽게 위그노와 교류했다. 이교도 탄압에 앞장선 파리고등법원은 1545년 카브리에르와 메랑돌르 두 촌락을 '이단'으로 규정한 후 촌락을 파괴하고 주민들을 모두 추방 또는 화형에 처했다. 뿐만 아니라 파리고등법원의 명을 받은

---

6) Carl Grimberg, *Des Guerres de Religion au Siècle de Louis XIV*(Paris: Marabout Université, 1974), p.158.

제 7 장 가톨릭교로의 통일은 성공했나?

프로방스 관구 부사령관 오페드 남작은 24개 촌락에 불을 지르고 주민을 학살하였다. 300호의 가옥이 불타고 3천 명의 주민이 희생되었다. 이 소식을 들은 프랑수아 1세는 낙심했고, 임종의 자리에서조차 왕태자에게 이러한 참혹한 불상사를 감행한 사람들을 지체 없이 처벌하도록 했으나 시행될 수가 없었다.

모진 형벌과 화형에도 불구하고 개신교도의 활동은 멈추지 않았다. 1541년 생트 푸아에서 그리고 1542년 오비니와 모에서 이젠 칼뱅파의 소집단이 조직되었다. 1543년 소르본 대학은 개신교도 탄압에 파리고등법원과 함께 맞불을 질렀다. 소르본 대학은 모든 교직원들에게 「신앙 조례」에 서명할 것을 강요했고 거절한 사람은 화형대로 끌려가게 했다. 그중에도 위대한 인문학자이며 국왕의 친구이기도 한 에티엔 돌레가 플라톤의 번역서를 출판했다는 이유로 1545년 무신론자로 몰려 처벌되는 어처구니없는 판결을 받았다. 이 사건은 프랑스 지성사에서 인간의 지성을 유린한 가장 슬픈 사건이었다.

앙리 2세(1547~1559) 시대에 이르러 칼뱅주의는 보다 활발하게 전개되었다. 스위스나 독일에서 프랑스에 온 100여 명의 개신교 목사들의 영향이 컸다. 칼뱅주의는 리옹, 파리분지, 센 강과 론 강의 계곡 등 비교적 경제적 활동을 하기 좋은 지방과 파리고등법원의 영향력이 적은 대서양 연안의 항구들, 그리고 가스코뉴, 랑그독 지방 등에서 번성했다.

최초의 위그노 교회는 1550년경 파리의 어느 가정 안에서 탄생했다. 전성기 위그노의 수는 100만 명에서 200만 명으로 증가되었다. 이들은 장인, 전문가, 금융업자, 귀족 등의 신분으로 사회의 구석구석에 자리 잡고 있었다.[7] 그리고 부르봉 공 앙투안, 콩데, 콜리니 등 대귀족들이 칼뱅주의로 개종하여 자긍심을 불어 넣어주었다. 따라서 이 시대 프랑스 인구의 4분의 1 내지 5분의 1이 칼뱅주의로 전향했다.[8]

1558년 5월 삼엄한 감시 속에서도 무장귀족의 보호를 받으며 4,000명의 위그노들이 프레 오 클레르, 파리 등지에서 몇 차례의 야간집회를 감행했다. 그리고 1559년 파리에서 최초로 총회를 비밀리에 개최하고 「신앙고백서」를 작성했다.

앙리 2세는 칼뱅주의가 확대되는 것을 보고 불안한 나머지 1551년 샤토브리앙 칙령, 1557년 콩피에뉴 칙령 등으로 위그노를 탄압했다. 파리고등법원 특별부가 '화형법정(chambre ardente)'이라는 이름으로 종교소송을 전담하였으며, 이단들에게 사형, 이민 금지, 인쇄물 감시 등 가혹한 조치를 취했다. 심지어 위그노를 색출하기 위해, 밀고자에게 이단자의 재산의 3분의 1을 상금으로 보상했다.

2) 위그노의 성장과 탄압

프랑스에서 종교를 바탕으로 한 정치 싸움은 처음부터 끝까지 기즈(Guise) 가, 몽모랑시(Monmorency) 가 그리고 부르봉(Bourbon) 가에 의해 주도되었다.[9] 그중에 기즈 가는 광신적이며 비타협적인

---

7) 에이미 추아 지음, 이순희 옮김, 『제국의 미래』, 비아북, 2008, 286쪽.

8) 다니엘 리비에르 지음, 최갑수 옮김, 『프랑스의 역사』, 까치, 1995, 148~149쪽.

9) 페리 엔더슨 지음, 김현일 외 옮김, 『절대주의 국가의 계보』, 까치, 1997, 104쪽.

가톨릭을 대표하고 있었고, 몽모랑시 가는 기즈 가와는 적대적이
었다. 부르봉 가의 대표자는 나바르 왕이 된 앙투안 드 부르봉과
그의 동생 콩데 공이며 위그노와 가까웠다.

1559년부터 1598년까지 무려 39년간 다시 종교전쟁이 계속되었
다. 첫 번째는 1559~1572년으로 허약하고 소수파의 수중에 있는
국왕참사회를 주도하기 위한 싸움이었다. 두 번째는 1573~1584년
으로 일종의 왕국을 붕괴하는 싸움이었다. 세 번째는 1585~1598
년으로 개신교 왕의 통치에 위협을 느낀 가톨릭 다수파의 반동기
였다.[10]

어떤 사가들은 그것을 군주정에 대항한 '하나의 개신교 혁명
(une révolution protestante)'으로 보고 있으나, 이 시대의 개신교도들
은 제네바의 영향 아래 있었고 그리고 보복에 대한 계획 없이 엄격
하게 왕정에 대한 복종을 권장하고 있었다.[11]

첫 번째 시기는 샤를 9세(Charles IX:1560~1574)가 불과 10세였으
므로 카트린 드 메디치가 절대권을 행사했다. 카트린은 기즈 가와
부르봉 가에게 평화를 권장함으로써 섭정이 되는 데 성공했다. 그리
고 재상 미셸 드 로피탈(Michel de l'Hopital)도 양파의 화해를 종용하
면서 프랑스 국민 모두에게 공통되는 신앙을 되찾아야 한다는 명분
으로 '국민교리회' 설립을 제안했다. 그것은 "루터파, 칼뱅파, 교황

10) Jacques chiffoleau, Jacques Le Goff et René Rémond, *Histoire de la France religieuse: Du
Christianisme flamboyant à l'aube des Lumières, tome 2*(Paris: Seuil, 1988), p.249.

11) G. Slocombe, *Henri IV*(Paris: Payot, 1933), p.26.

파 등을 버리고 그리스도교도란 이름만 남기도록 하자!" 라는 것이었다. 그것은 후일 앙리 4세의 '화의 정책'과 유사한 것이었다.

카트린은 가톨릭과 위그노를 화해시키려고 테오도르 드 베즈와 콜리니를 궁정에 초대하여 가톨릭을 자극하지 않도록 하면서 위그노에게 관대함을 베풀었다. 당시 콜리니에 의해서 인정된 교회는 왕국에 모두 2,150개였다.[12] 그러나 양 파는 서로 이단으로 규정하고 관용을 죄악으로 생각하는 지경에 이르렀다. 파리에서 가톨릭의 군중이 위그노의 가옥에 불을 지르고 남프랑스에서는 분개한 위그노들이 가톨릭교회를 공격하자 화가 난 가톨릭 귀족들은 카트린으로부터 이탈하려 했다.

1562년 3월에 기즈 공이 장병들과 함께 바시(Vassy)를 지날 때 우연히 위그노의 기도회를 목격했다. 그는 현장을 예고도 없이 덮쳐 무자비하게 23명을 도륙하고 130명에게 부상을 입혔다. 가톨릭은 '사고'라고 하고, 위그노는 '바시의 학살'이라고 부르게 된 이 사건을 계기로 전쟁이 확대되었다. 콩데는 위그노들을 동원했고 기즈는 파리로 진격하였다. 파리 시민들은 '기즈 만세!'를 부르며 환영했다. 파리시장은 생드니(Saint-Denis) 성문에서 그를 정중히 영접하면서 '신앙의 수호자'라고 아첨했다. 양 파는 각각 외국의 지원까지 얻어가면서 전쟁에 돌입했다. 가톨릭은 스페인의 필립 2세, 위그노는 영국의 엘리자베스 여왕의 도움을 받았다. 종교가 다르

---

12) Jacques chiffoleau, Jacques Le Goff et René Rémond, *Histoire de la France religieuse: Du Christianisme flamboyant à l'aube des Lumières, tome 2*, p.285.

다는 '하나만의 이유'로 같은 국민, 친척과 이웃끼리 생사를 건 살육전을 계속했다. 죽이는 사람도 죽임을 당하는 사람도 모두 프랑스 사람들이었다.

이러한 와중에도 명문 출신의 포로들은 정중한 대접을 받았으며 양측의 수령인 기즈와 콩데는 침상을 함께 하는 놀라운 일이 있었다. 그러나 8천~1만 명 정도의 병사들은 약탈, 살인, 강간 등 모든 악행을 저질렀다. 몽뤼크 장군에 의하면, 이들은 처음에는 신앙을 위하여 싸우다가 얼마 안 가서 '노략질을 위한 전투'를 했다. 전쟁은 양측 수령들의 목숨을 순식간에 앗아버렸다. 나바르 왕이며 잔 달브레의 남편인 앙투안 드 부르봉은 전사하고, 몽모랑시와 콩데는 포로가 되었으며, 기즈는 위그노의 귀족 폴트로 드 메레에게 암살되고, 메레는 제네바 그레브 광장에서 처형되었다. 가톨릭 측은 콜리니를 학살의 주범으로 지목했다. 1563년 양 파는 모두 지쳐 견딜 수 없게 되자 특별한 대책도 없이 일단 휴전을 했다. 카트린은 1570년 생제르망 칙령을 다시 반포하여 위그노에게 예배의 자유를 허락하였다.

위그노들은 라 로셸 등 몇 개의 피난처를 확보하였으나 사람들은 되풀이되는 전투로 기아에 허덕이고 생사의 공포에 떨었다. 파리에서 개신교는 불법화되었고 노르망디에서는 가톨릭이 금지되었으며, 남부에서는 성당과 수도원이 약탈을 당했다. 도처에서 가족 간에 분열이 생기고, 광신이 살인을 합리화하며 준법정신을 무시하는 슬픈 상황 속에서 왕의 절대권력은 무력하기 그지없었다.[13]

---

13) H.R.Trevor-Roper, *De la Réforme aux Lumières*, pp.198~199.

카트린의 궁전은 에라스무스주의와 플라톤주의에 빠져있었다.[14] 카트린은 평화를 공고히 하기 위하여 자기 딸 마르그리트를 앙리 드 나바르(후일 앙리 4세)와, 그리고 아들 앙주 공을 영국의 엘리자베스와 결혼시킬 심산이었다. 두 개신교 국가와의 통혼은 참으로 매력적이었으나 그녀의 소망은 물거품에 지나지 않았다. 샤를 9세는 모후인 카트린에게 보고도 없이 콜리니와 작전계획을 세우고 있었다. 이 소식을 들은 카트린은 분개하여 콜리니가 사랑하는 아들을 빼앗아가고 스페인과 승산 없는 전쟁을 한다는 판단에서 장차 화근을 없애기 위해 콜리니를 없애려는 결심을 했다. 그녀는 기즈 가와 공모하여 8월 22일 금요일에 창밖에서 화승총으로 콜리니를 저격했다.

그는 팔에 부상만 입고 생명은 건졌으나 가톨릭파에서는 이전보다도 더욱 위험한 사람으로 간주했다. 분노한 국왕이 철저한 수색을 명령하자 죄상이 드러날 것을 두려워한 카트린은 최후의 결단을 내렸다. 그녀는 앙리 드 나바르의 혼례에 참석하고자 위그노의 수령들이 파리에 모였을 때 도륙하려고 생각한 것이다. 8월 23일 그녀는 왕에게 자신의 계획을 고백하고 대책을 세우지 않으면 자신은 물론 왕까지도 파멸될 것이라고 경고했다. 그것이 위그노들에 대한 학살을 의미하는 것임을 알아차린 왕은 주저할 수밖에 없었으나 워낙 순종하는 효자인지라 콜리니를 구할 수 없는 것을 안타깝게 생각하면서도 가톨릭파를 이용하여 자신과 어머니의 안전

---

14) *Ibid.*, p.191.

을 도모하는 길을 택하였다.

　카트린과 국왕의 허락을 받은 기즈 가문의 지도자들은 이미 여러 날 전부터 위그노 지도자들의 소재를 정확히 파악하고, 1572년 8월 24일, '성 바르델르미의 축제날 밤' 잔악한 살육을 저질렀다. 심야 1시 반 학살의 신호를 생제르망 록세루아의 경종으로 울렸다. 살생부에 따라 아무도 도망가지 못하게 철저하게 살해했다. 기즈는 직접 콜리니의 처소로 갔고 부상한 콜리니를 쳐서 살해하고 난자하였으며, 파리에서 3~4천 명의 위그노들이 참혹한 죽음을 맞았다. 리옹과 오를레앙 등의 지방에서는 한층 더 야비한 살육전을 벌였다. 최고 지도자들인 라 로슈푸코, 라 포르스(Gaumont la Force)도 죽음을 면하지 못했다. 타방느 장군의 말과 같이 파리는 유혈이 멎자 약탈이 시작되었다. 영주, 귀족, 사수, 경비병 등 너나 할 것 없이 민중과 함께 떼를 지어 거리에서 약탈과 살육을 서슴없이 자행했다. 왕가의 혈족으로는 앙리 드 나바르와 콩데만를 제외하고 모두 죽임을 당했다. 그러나 그들은 루브르 궁의 포로가 되어 개종을 강요받았다. 살육의 명분은 하나님과 국왕을 위해서였다지만, 분명히 하나님은 그러한 살육을 원치 않으셨을 것이다.

　이 비겁하고 잔악한 행위에 대해 교황 그레고리 13세는 찬사와 더불어 찬송을 불렀고, 기념메달을 만들었다. 스페인 왕은 이 학살 소식을 듣고 평생 처음으로 폭소를 터뜨렸다. 그러나 영국의 엘리자베스 여왕은 상복을 입었으며, 독실한 가톨릭신자였던 황제 막시밀리안 2세는 이 소식을 듣고 일어날 일들을 생각하며 공포에 떨었다고 한다. 미슐레(Michelet)의 말과 같이 이 "성 바르델르미 사건은 하루

개신교도의 처형
Marcel Dunan, *Histoire Universelle, tome 1*(Paris: Librairie Larousse, 1960)

가 아니고 한 계절 내내 지속된 사건이었다."[15] 갑자기 많은 동료들을 잃은 위그노들은 표현할 수 없을 만큼 슬픔에 잠겼다.

위그노들은 왕과 모후의 이 같은 잔악한 살인행위에 대항하기로 결의했으나 그들의 손이 미치기도 전에, 왕은 병들어 이듬해 젊은 나이로 세상을 떠났다. 5~6천 명의 목이 달아났다고 포교 활동을 포기할 위그노들이 아니었다. 그들은 남부에서 새로운 저항부대를 조직했다. 1573년에 미요 총회에서 위그노들은 조직을 완전하게 정비했다. 그리고 앙리 드 나바르가 호민관의 자리를 맡았으므로 다소 안도의 숨을 쉬게 되었다.

15) Jacques chiffoleau, Jacques Le Goff et René Rémond, *Histoire de la France religieuse: Du Christianisme flamboyant à l'aube des Lumières, tome 2*, p.268.

2. 앙리 4세의 낭트 칙령에 의한 '화의 정책'

1) 앙리 드 나바르의 승리

샤를 9세가 24세의 젊은 나이에 죽자 '세 앙리의 싸움'이 시작되었다. 세 앙리 중 한 사람은 샤를 9세의 아우로 왕이 되었고, 다른 이는 기즈 가문의 공작이요, 세 번째 인물은 칼뱅주의를 신봉하는 앙리 드 나바르였다.

앙리 드 나바르는 36세에 왕이 되기 전까지 어린 시절 자신이 예속 상태에 있었던 것과 궁중에서 추방당한 것을 모르고 있었다. 그러나 그는 성장과정 속에서 직공과 부르주아 출신 부자들, 농부들과 수공업 출신의 사람들에 대해 많은 것을 알았다. 15세에 그는 어머니 잔 달브레의 편이 되어 콩데 왕자가 죽게 된 자르냑(Jarnac) 전투에서 개신교 군대의 한 장군으로 활약했다. 그리고 18세 때 카트린 드 메디치가 그를 '왕위 추정 상속인(héritier présomtif du trône)'으로서 궁중에 불러들였는데, 그것은 그녀의 딸 마르그리트와 결혼시키려는 속셈에서 였다.

1572년 8월 그는 파리를 피로 물들이는 성 바르델르미 축일의 끔찍한 학살 장면들을 보았다. 메트라(Claude Mettra)의 말과 같이, 그 학살 장면은 골 지방에서 시저, 랑그독에서 시몽 드 몽포르, 아메리카에서 코르테스, 러시아에서 스탈린이 행한 학살과도 같이 처참했다.[16] 그는 4년 동안 앙리 3세의 포로가 되었다가 1576년 탈출했다.

앙리 3세는 앙리 드 나바르가 왕위를 노리는 자신의 동생 알랑송과 동맹을 맺을 가능성이 있다고 생각하고 이를 무마하기 위해 그해 5월 보리외 칙령을 발표하여 개신교도의 권리를 향상시키고, 알랑송은 앙주 지역, 앙리 드 나바르는 기엔 지방의 총독으로 임명했다. 그는 종교에 대한 충성심보다는 애국심을 고취하고, 가톨릭에 대해서는 적개심보다는 관용을 호소했다. 그는 프랑스에서 하나의 종교를 고수한다는 것이 현실적으로 불가능하며 오히려 왕국을 분쟁 상태로 만들 수 있다고 판단했다. 그는 1576~1577년 블루아 신분제 의회에서 채택한 것처럼 위그노에 대해 공격적인 가톨릭의 종교적 극단주의를 반대했다. 그는 군사법률을 만들어 공공의 평화를 분열시키는 모든 사람들을 격퇴할 것을 명시함으로써 위그노와 가톨릭 사이에 균형과 평화를 유지하면서 인기를 얻었

---

16) 클로드 메트라 지음, 서정복 역저, 『부르봉 왕조 시대의 프랑스사』, 서원, 1994, 52쪽.

다.[17] 그는 헐벗고 굶주림에 시달리는 서민들을 위한 통치에 주력했다.

법적으로 보면 루이 9세의 여섯 째 아들의 후손으로서 앙리 드 나바르가 왕위 계승자였으나 위그노가 왕이 되는 것을 가톨릭 측에서 그대로 두지 않았다. 음모가 시작되었고, 때마침 롤레인 지방에서 발견된 옛 문서에 의해, 기즈 가문은 샤를마뉴 대제의 후손이라는 것이 밝혀졌다. 따라서 왕위를 이어받을 후계자는 현재의 왕보다도 기즈 가문의 앙리가 혈통적으로 우선권이 제기되었다. 물론 이런 사기극이 통해서는 안 되지만, 기즈 가문의 힘이 워낙 막강하여 결국 그들은 파리를 강점하고 기즈 가문의 앙리를 왕이라 선포했던 것이다.

국왕 앙리 3세는 기즈 공과 앙리 드 나바르 중 어느 편을 선택할 것인가가 고민이었다. 그에게는 세 가지 길이 있었는데, 첫째 자신이 쥔 권력을 행동화하여 기즈 가문이 영도하는 가톨릭 동맹군과 위그노에 대항하여 싸우는 것이고, 둘째 기즈가 리그의 사령관이 되는 것을 수락하거나 기즈파와 완전하게 조약을 맺는 것이며, 셋째 앙리 드 나바르와 협상하는 것이었다. 앙리 3세는 친구 에페르농(Epernon)을 앙리 드 나바르에게 보내 그의 후계자로서 궁에 거주할 것과 개신교 신앙을 포기하라고 요구했다.[18]

앙리 드 나바르는 앙리 3세의 뜻을 심사숙고하면서 자신의 군대

---

17) David Buisseret, *Henry IV*(London, George Allen & Unwin, 1984), p.9.

18) 클로드 메트라 지음, 『부르봉 왕조 시대의 프랑스사』, 45~46쪽.

로 프랑스 왕 앙리 3세를 옹호하려고 위그노들을 설득했다. 그는 후일 프랑스를 통치하려는 희망에서 가톨릭 동맹과의 타협을 포기했다. 그것은 바로 무정부를 합법화하고 기즈파에게 모든 권력을 주는 '불행한 느므르 조약(désastreux traité de Nemours)'이 되었다. 위그노들은 교권을 정지당했으며, 6개월 이내에 종교를 버려야 한다는 선고를 받았다. 국가 기관으로 확정된 리그는 위그노 요새지들을 점령했다. 종교전쟁을 피할 수 없는 위그노들은 생명과 재산을 보존하기 위해 앙리 드 나바르 편으로 전향했다.

1585년 12월부터 프랑스 서부가 모두 치열한 종교전쟁에 들어갔고, 앙리 드 나바르 군대는 무적이 되었다. 1588년 앙리 3세는 3년 전과 같이 고립되었고, 기즈 공과 그의 추종자들이 파리를 장악하고 있었다. 1588년 12월 23일 신분제 의회가 열린 블루아 성에서 왕은 기즈 공을 암살하도록 명령했다. 한편 앙리 드 나바르는 국민에게 호소하는 메시지를 신분제 의회에 보냈다. "나는 나의 군주인 프랑스 왕에게 나를 위하여, 모든 프랑스인들을 위하여, 프랑스를 위하여, 평화를 요구한다."[19]

그러나 기즈 공은 파리에 입성하여 시민들의 열광적인 환영을 받았다. 시민들이 그에게 꽃을 던지고 여자들은 무릎을 꿇고 그의 옷자락에 입을 맞추었으며 "기즈 만세"를 외쳤다. 소식을 전해 들은 앙리 3세는 격노하여 군대를 동원하였고 시중에는 바리케이드가 구축되었다. 파리는 가톨릭 동맹의 여장부라 할 수 있는 몽팡시

---

19) 위의 책, 48쪽.

에 공작부인(Duchess de Montpensier)의 선동으로 앙리 3세에 대하여 선전포고를 준비했다. 1588년 5월에 앙리 3세는 앙리 드 기즈에게 수도 입성 금지령을 내렸으나 왕명이 무색하게 불과 8~9명의 부하를 거느리고 루브르 궁 앞으로 진격했고, 여자들은 창문을 통해 국왕의 병사들에게 폭탄을 던졌다. 가톨릭 동맹의 수령들은 기즈에게 "우리가 루브르 궁으로 쳐들어가서 앙리 왕을 찾아냅시다."라고 독촉했다.

왕은 파리를 상실한 상태에서 신분제 의회를 소집하고 보니 모두가 그의 적을 지지하고 있다는 것을 느꼈으므로 굴복할 수밖에 없었다. 그러나 선견지명이 다소라도 있는 사람들은 '비수의 칼날'이 임박했다는 것을 느끼고 있었다. 45명의 용감한 청년 귀족의 일단이 목숨을 바쳐 국왕의 명령이 내리기만을 대기하고 있었다. 드디어 왕은 역적 기즈를 살해하라는 명령을 내렸다. 그러나 기즈는 왕의 나약한 성격을 얕잡아보고 자기를 해칠 만한 위인이 못된다고 장담했다. 왕은 모후와도 의논하지 않고, 기즈에게 의논할 일이 있다고 하여 블루아 성으로 불러 그 자리에서 참살했다. 이러한 소식에 아연 질색한 모후는 침상에 누운 채 3주일 후에 눈을 감았으므로 사람들은 종교전쟁도 막을 내리게 될 것으로 생각했다.

그러나 블루아의 암살도 가톨릭 동맹을 붕괴시키지는 못했고 위그노의 정무총회를 해체하지도 못했다. 오히려 파리는 폭군 타도를 외치면서 궐기했고, 가톨릭 성직자들의 분노가 타오르면서 10만 명의 촛불 행렬이 거리를 누볐지만 특별한 시위효과는 나타나지 않았다. 1589년 4월 30일 앙리 3세는 앙리 드 나바르와 플레시레 투르(Plessis-les Tours) 성에서 회합을 하는 한편 프랑스 왕국을 회복할 것을 결의했다. 양쪽 군대는 루아르 강을 따라 행군하여 파리 성 가까이에 진을 쳤다. 바로 그때 생클루(Saint Clous)에서 폭군을 없애는 것이 자기의 사명이라고 굳게 믿었던 가톨릭 수도사 자크 클레르몽(Jacques Clément)이 몰래 숨어들어 왕에게 치명적인 상처를 입혔다.

상처를 입고 침상에 누운 앙리 3세는 앙리 드 나바르에게 두 가지를 말했다. 하나는 나바르가 옆에 있어 마음을 놓고 죽을 수 있고, 자기가 떠난 후 나바르가 왕위를 계승할 것임을 장병들과 국민들에게 확인하도록 명령하겠다는 것이었으며 다른 하나는 가톨릭으로 돌아오지 않으면 많은 고생을 겪게 될 것이라는 말이었다. 유언을 남긴 왕은 이튿날 새벽 3시에 숨을 거두었다.

2) 앙리 4세의 낭트 칙령에 의한 화의 구축

가톨릭 동맹의 지도위원회는 선전기구를 통하여 앙리 3세가 살해된 것은 합법적이며 나바르 왕은 파문된 사람이므로 왕위를 계승할 수 없다고 선언하였다. 교황도 나바르 왕의 프랑스 왕위 계승은 무효라고 선언하였다. 게다가 가톨릭 동맹은 부르봉의 추기경 샤를 10세를 왕으로 지명했다.

그러나 프랑스 왕에 추대된 앙리 4세는 한편으로는 가톨릭으로 전향하여 반대자들을 만족시키고, 다른 한편으로는 같은 종파였던 위그노들에게 낭트 칙령(L'Édit de Nantes, 1598)을 발표하여 종교적 자유를 인정하는 것으로 사태를 수습했다. 그것은 57개 조문으로 되어 있으며 왕의 의견은 첨부되지 않았다.[20] 그렇다고 종교분쟁이 해결된 것은 아니었다. 다만 개신교도들에게 제한적 예배의 자유를 허락하는 데 불과했다.

낭트 칙령은 프랑수아 1세나 앙리 3세에 의해 규정된 "가톨릭 이외의 이단은 엄벌에 처하며, 이의 밀고자는 벌금이나 몰수된 재산의 1/4을 양여한다." 등을 삭제한 것이 주목된다. 그리고 칙령의 주요한 내용을 보면, 1. 기정사실로 인정한 곳에서 위그노의 예배 의식은 용인되나 파리 시내에서는 금한다. 2. 위그노에 대해서도 재산 상속, 대학 입학, 관리 취임의 권리를 인정한다. 3. 이미 8년 전부터 위그노가 장악하고 있던 요새는 이후에도 신앙의 안전지대로서 허가한다. 4. 신·구 양교도 간의 분쟁을 심리하기 위하여 가톨릭교도 10명, 위그노 6명으로 구성된 특별법정을 파리고등법원 위에 두며 신·구교 같은 수의 위원으로 구성되는 특별법정을 세 곳의 지방고등법원 내에 설치한다.

제한적이지만 위그노에게 신앙의 자유를 인정한 것처럼 보이자 가톨릭은 불만을 터뜨렸다. 파리고등법원이 이를 기화로 칙령 등록을 거부하려는 움직임이 보이자, 이듬해 2월 앙리 4세는 강경한 조치를 취했다.[21] 앙리 4세는 가톨릭을 그대로 유지하고 6개월 이

---

20) André Stegmann, *Edits des Guerres de Religion*(Paris: Librairie Philosophiques J. Vrin, 1979), pp.237~238.

21) 앙리 쎄 지음, 나정원 옮김, 『17세기 프랑스의 정치사상』, 민음사, 1997, 115쪽.

내에 종교회의와 신분제 의회를 소집하고 개신교 예배행사를 제한할 것을 약속했지만 가톨릭 동맹주의자들은 복종하지 않았다.[22]

처음에 그는 진실한 그리스도교도로서 자신의 왕권을 지킬 수 있다고 생각하고, 개종을 미루었다. 그러나 그는 불안한 정국과 앙리 3세의 유언을 생각하면서 가톨릭으로 개종한 후 파리에 입성했다. 그는 마음이 한없이 괴로웠다. 그는 낭트 칙령을 발표하여 위그노들이 파리와 몇몇 대도시를 제외한 모든 지역에서 자유롭게 예배드릴 수 있게 했다. 그의 목적은 왕국의 평화였다. 그는 모든 사람들에게 양심의 자유, 제사권(droit de culte), 정치적 평등을 확고하게 하는 데 역점을 두었다.[23] 따라서 법적으로 위그노들은 모든 공직과 정치적 특권을 가톨릭 신자와 똑같이 누릴 수 있게 되었지만 왕권은 더욱 위태롭게 되었다.

앙리 4세는 8년에 걸쳐서 약 200개의 촌락이 위그노 지도자의 관할이 되게 했고 그들의 수비대도 국가의 예산으로 유지하게 했다. 교황, 파리고등법원, 가톨릭 신부들이 반대하였으나 왕은 의지를 굽히지 않았다. 그는 교황청이 임명하던 주교들을 직접 임명하였다. 주교 관구가 공석일 경우에는 그 수입을 국왕이 취득했다. 그는 1608년 독일에서 루터파와 칼뱅파 영주들이 '복음연방(Evengelical union)'이라는 신교도 동맹을 맺은 것에서 더욱 힘을 얻

22) Deregneaucourt et Poton, *La vie religieuse en France: Aux XVI-XVII-XVIII siècle*(Paris: Ophrys, 1994), p.56.

23) André Stegmann, *Edits des Guerres de Religion*, p.241.

제
7
장

가
톨
릭
교
로
의

통
일
은

성
공
했
나
?

■

었다.

앙리 4세는 초지일관하여 자신의 신앙을 지키지 못했지만, 정치적으로는 민생 안정과 프랑스가 번영할 수 있는 기반을 마련하여 많은 사람들에게 사랑을 받았다. 그가 통치하는 동안 프랑스는 안정되었다. 그는 가톨릭교도와 마찬가지로 개신교도도 모두 왕국의 백성이라는 것을 강조했다. 따라서 가톨릭도 그를 진심으로 사랑하게 되었으나 운명의 여신은 그를 그대로 두지 않았다.

1610년 5월 14일 앙리 4세는 쉴리를 병문안하기 위해 아르스날(Arsenal)을 향해 마차가 라 페로느리(La Ferronnerie) 가를 통과할 때, 가톨릭 광신자 라바이악이 마차의 디딤대에 뛰어올라 편지를 읽고 있는 왕의 대동맥을 비수로 세 번이나 찔렀다. 마차를 급히 루브르 궁으로 돌렸으나 왕은 이미 그 자리에서 생명을 잃었던 것이다.

암살자 라바이악은 공범도 없는 정신병자였다고 하나 1610년 당시에는 여러 가지 음모가 진행되고 있었다는 사실이 입증되었다.[24] 그는 종교전쟁에서 교회의 적을 죽이는 것은 범죄가 되지 않는다는 것을 가르쳤던 수도원학교를 다녔다.[25] 그는 그래브 광장(place de Grève)에서 거열형을 받았다. 사형집행인들은 그의 시체 위에 밥, 기름과 끓는 송진, 유황과 밀랍이 혼합된 물을 부었다. 그의 시

---

24) Pierre de Vaissière, *Scènes et Tableaux du Règne de Henri IV*(Paris: Éditions Gautier-Languereau, 1935), pp.226~227.

25) 클로드 메트라 지음, 『부르봉 왕조 시대의 프랑스사』, 86쪽.

체는 구경나온 사람들에 의해 칼로 베어져 카르프르에 지핀 장작불에 '불고기처럼' 차례차례로 던져졌다.[26]

앙리 4세의 암살은 위그노에게 말할 수 없는 충격과 분노를 일으켰다. 그의 개종이 비록 정치적이었지만 위그노에게는 신앙의 자유와 생명을 보장해 준 '하나님'과도 같은 왕이었다. 왕의 죽음은 생전에 그를 지지하지 않았던 사람들의 가슴속에까지 그의 위대성을 상기하게 만들었다. 가톨릭파도 그렇게 심하게 공격하던 국왕의 명복을 빌면서 그를 크게 찬양했다. 위그노파의 지도자 앙리 드 로앙은 "행복한 프랑스가 치르게 된 이 막대한 손실을 원통해하지 않는 사람은 프랑스인이 아니다."라고 하며 애통한 심정을 토로했다. 오늘도 사람들은, 그를 샤를마뉴 대제, 잔 다르크, 성 루이 왕과 더불어 프랑스의 영웅의 반열에 올려놓고, 그의 화의적이며 위대한 정치를 찬양한다.

---

26) 위의 책, 101쪽.

3. 루이 13세의 알레스 칙령과
   위그노의 탄압

　루이 13세는 겨우 9살에 즉위했기 때문에 그의 어머니 마리 드 메디치가 섭정을 했다. 그녀는 낭트 칙령을 재확인하여 위그노를 안정시켰으나 이탈리아인들로 구성된 가톨릭 고문들의 눈치를 보아야 했다.

　1620년 루이 13세는 아끼던 총신 뤼느 공작의 의견을 받아들여 위그노 지역인 베아른에 낭트 칙령을 강화시켰다. 왕은 위그노와의 전쟁을 국력의 낭비로 생각했다. 게다가 1621년 위그노의 샤티옹 원수, 도피네의 위그노 수장 레디기에르 등이 개종하여 왕에게 충성을 맹세했다. 한편 몽펠리에를 포위한 왕군 사이에 페스트가 퍼지고 있어, 1622년 왕은 위그노와 몽펠리에 평화조약을 맺고, 항복한 도시들을 제외한 몽토방과 라 로쉘에 1625년까지 위그노 요새와 수비대의 주둔을 허락했다.

　그러나 루이 13세는 발랑새(Valençay)가 지휘하는 4,000명의 장병을 몽펠리에 주둔시킴으로써 '평화 칙령'을 위반했고, 그 때문에 위그노의 봉기가 다시 시작되었다.[27] 위그노의 봉기는 1627년 절정에 달했으며, 로앙 공작은 랑그독에서 위그노 무장반란을 주도했고, 라 로셸 시장은 루이 13세가 전쟁을 선포한 영국과 동맹을 체결하기도 했다. 영국의 지원에도 불구하고 루이 13세의 포위공격으로 라 로셸은 1628년 함락되었다. 전쟁으로 1년 동안 3만 명의 주민이 6,000명으로 줄어들었고, 나중에는 1,500명으로 줄었다.[28] 성은 무너지고 주민은 학살되었어도 살아남은 위그노들은 교회에서 끈질기게 예배를 드렸다. 로스록(George A. Rothrock)에 의하면, 14개월 동안 왕군에 포위된 라 로셸 사람들은 쥐, 말, 노새, 개, 고양이 등을 잡아먹고 식초와 물에 가죽을 끓여 먹었으며, 혹은 풀이나 가죽 수프를 먹을 정도로 식량난이 심각했다. 처음에는 하루 100명 정도였던 것이 나중에는 400명씩 사망했다. 2만 5천 명의 주민 절반이 죽었고, 1628년 10월 28일 어쩔 수 없이 항복하자 루이 13세가 알레스 칙령을 발표했다.

알레스 칙령은 사실 낭트 칙령을 재승인한 것과 같다. 그러나 낭트 칙령의 인가장을 폐지함에 따라 위그노의 공동체는 파괴되었고 위그노의 정치적·군사적 독립성이 상실되었다. 그간 위그노는 독립적인 요새와 수비대를 인정받아 '국가 안의 국가'와 같은 안전

---

27) 김충현, 「루이 14세의 위그노 정책」, 충남대 대학원 박사학위논문, 2008, 62쪽.

28) 콜린 존스 지음, 방문숙·이호영 옮김, 『사진과 그림으로 보는 케임브리지 프랑스사』, 시공사, 2001, 174쪽.

지역에서 8년 가까이 왕군과 맞서 싸울 수가 있었다.

알레스 칙령의 주요내용은 반란자들에 대한 대사면과 더불어 낭트 칙령에 입각하여 종교의 자유를 여전히 인정했으나 제7조를 통하여 위그노의 요새와 수비대는 용인하지 않았다. 알레스 칙령 제2조에서 보면, 문서상으로는 이후에도 루이 13세는 위그노에게 계속 개종의 기회를 주었다: "짐은 그들의 개종만을 바라는데, 그것을 위하여 짐은 지속적으로 하나님께 기도할 것이다. 이러한 이유로 짐은 자칭 종교개혁가들에게 모든 열정을 버리고 최대한 하늘의 빛을 받아 '어머니 교회의 품'으로 돌아올 것을 권한다."[29]

1631년까지 리슐리외는 위그노의 요새들을 거의 모두 탈환했고, 모든 정적들을 추방한 후 왕의 절대적인 신임을 얻어, 루이 13세 왕정의 정상에 오르는 지위를 확보했다.[30]

그렇다면 위그노들이 패배한 이유는 무엇인가? 연구가들에 따라 다소의 견해 차이가 있기는 하지만, 첫째로 위그노 지도자들의 부정과 부패가 문제였다. 그들은 종교적인 것보다 개인의 경제적 이득에 관심이 많았다. 그들은 프랑스 남부에서 공식적인 징발, 세금 징수, 재산 몰수 및 약탈 등으로 재산을 축적했다. 라 로쉘 총회가 이를 발견하고 무절제한 약탈과 부당이득을 근절하기 위하여

---

29) C. Bergeal et A. Durrleman, *Protestantisem et libertés en France au 17e siècle: De l'Édit de Nantes à sa révocation 1598~1685*, p.72. 김충현, 「루이 14세의 위그노 정책」, 66쪽 재인용.

30) Louis Batiffol, *Rechelieu et Le Roi Louis XIII: Les Véritables du Souverain et de son Minister*(Paris: Calmann–Lévy, Éditeurs, 1934), p.315.

군사령관과 총독의 재정통제권을 금지시켰으나 때는 늦었다.[31]

둘째, 위그노 지도자들이 루이 13세와의 협상에서 경제적 이익, 유리한 지위, 막대한 연금의 유혹에 넘어간 것이다. 1622년 몽펠리에 조약 후 위그노 지도자였던 라 포르스 공작과 샤티옹 공작은 원수의 지위를 얻었고, 로앙 공작도 위제스, 님, 카스트르의 지사직을 얻었으며, 전쟁 손실 배상금으로 1년에 45,000리브르씩 연금을 받기로 했다.

셋째, 위그노 내의 분열이다. 온건한 귀족과 급진적인 제3신분들 사이에서 분열이 생겼다. 귀족들은 주도적이고 적극적인 역할을 했지만, 종교와 정치를 연결시키려 하지 않고 종교적인 믿음을 공개적으로 표현하지 않으려 했다. 그러나 성직자들과 제3신분들은 신앙적인 것을 강조하며 개신교파를 장악하려 했다.

넷째, 위그노들이 자신들의 존재와 행동에 대한 정당성 확보를 못했기 때문이다. 우선 낭트 칙령으로 종교의 자유를 얻었으므로 국왕을 공격하는 명분이 서지 않아 대중의 호응이 적었다. 그리고 앙리 4세의 시해에 대해서는 당시 팸플릿이 매우 적었고, 통신망이 빈약하여 왕당파에 대한 비난과 공격효과를 얻지 못했다.[32]

이후 루이 13세는 이전과 달리 반동종교개혁교회(Eglise de la Contre-Réforme), 즉 친 가톨릭 종파의 하나인 스페인 교회(예수

---

31) James S. Valone, *Huguenot Politics: 1601~1622*, p.135. 김충현, 「루이 14세의 위그노 정책」, 67쪽 재인용.

32) 위의 논문, 67~69쪽.

회)를 모델로 가톨릭교회를 강화하고 위그노를 제압했다. 그리고 콜베르가 죽은 다음에는 가톨릭 성직자의 수를 증가시켜 갈리카니즘 교회를 강화했다.[33] 그러나 루이 14세는 종교문제에 대한 해결의 실마리를 위그노들의 탄압과 추방, 그리고 무력에 의한 섬멸작전을 생각함으로써 프랑스 절대왕정에 대한 공포 분위기를 만들었다.[34]

---

33) H. R. Trevor-Roper, *De la Réforme aux Lumières*, p.83.

34) Jacuqes Chiffoleau, Jacques Le Goff et René Rémond, *Histoire de la France religieuse: Du Christianisme flamboyant à l'aube des Lumières, tome 2*, p.336.

4. 루이 14세의 퐁텐블로 칙령과 '하나의 종교'

1643년 루이 14세가 만 5세도 못되어 즉위했으므로 모후와 마자랭이 정치의 주도권을 쥐고 있었다. 마자랭은 리슐리외의 종교 정책을 계승하였으므로 위그노들은 어느 정도 안정과 더불어 종교적 자유를 누리게 되었고 차츰 숫자도 증가되었다. 오히려 루이 14세의 즉위 초기에 프랑스는 유럽의 다른 어떤 국가들보다 종교에 너그러움을 보였다.

그래서 위그노들은 프롱드 난 동안 조용히 있을 수 있었다. 루이 14세의 즉위에서 낭트 칙령을 확인했던 하나의 선언이 1652년 되풀이 되었다. 라비스에 의하면 1661년 루이 14세는 몇 번이나 개신교 사람들의 '충성심(fidélité)', '복종심(obeisance)' 그리고 '봉사에 대한 열정(zèle pour son service)'을 칭찬했다.[35]

---

35) Ernest Lavisses, *Louis XIV: Histoire d'un Grand Règne 1645~1715*(Paris: Robert Laffont,

그러나 루이 14세는 1661년 친정 이후 태도를 바꾸어 전국적인 종교회의 소집 자체를 금지시켰으며, 위그노에 대한 기습적인 공격을 서슴없이 자행했다. 따라서 600~700개의 위그노 교회가 폐쇄되었다. 그는 위그노가 전문직과 길드에 입문하는 것도 엄격히 제한했다.[36] 루이 14세는 정치적으로나 종교적으로나 '하나의 통일국가'의 건설을 목표로 했다. 그는 위그노가 가톨릭으로 개종하기를 강력히 요구했다. 그는 국가의 독자성을 지켜야 한다는 관점에서 '프랑스 가톨릭교회'의 오랜 주장에 많은 관심을 가지고 후원을 아끼지 않았다. 그는 대림절과 사순절의 강론, 성주간의 기도, 두 차례의 성체성사 행진, 성령기사단의 행진, 성모승천일의 행진, 성체강복식 등의 종교행사에 빠짐없이 참석했다. 그리고 성 목요일에 빈민들에게 점심 만찬을 베풀었다. 이때 왕은 가난한 어린이들 13명의 발을 씻겨주고, 먹을 것을 주었다.[37]

루이 14세는 한때 예수회의 신부였던 페레픽스(Péréfixe) 신부를 스승으로 모셨다. 뿐만 아니라 왕의 고해신부 라셰즈와 르 텔리에 뒤에는 예수회의 거대한 조직이 있었다.[38] 왕은 그로 인하여 얀센주의자와 위그노를 왕국의 적으로 여기게 되었다.[39] 따라서 그는 얀센주의를 비롯한 가톨릭의 이단들에 대해서도 강경한 탄압 정

1989), pp.398~399.

36) 콜린 존스 지음, 『사진과 그림으로 보는 케임브리지 프랑스사』, 174쪽.

37) 생시몽 지음, 이영림 옮김, 『루이 14세와 베르사유 궁정』, 나남, 2009, 556~557쪽.

38) 위의 책, 328쪽.

39) Henri Sée, *Les Idées Politiques en France au XVIIe Siècle*(New York: Arno Press, 1979), p.130.

책을 취하였다. 17세기 말 프랑스의 인구가 약 2천만 명이었을 때, 위그노는 80만 명으로 줄었다. 그것은 1세기 전 인구의 10%에 비해 위그노가 6%나 줄어든 셈이다. 그런데도 루이 14세가 위그노를 탄압한 것은 정치적 불안 때문이었다.[40] 루이 14세는 영국에서 가톨릭교가 강력한 의회의 수중에서 권위를 상실하고 있는 것이 프랑스에 전염될까 두려웠다. 그리고 프랑스에서 위그노들이 가톨릭교도들과 거의 대등한 대우를 받고 힘을 키우고 있는 것이 두려웠다. 뿐만 아니라 종교적 통일을 이룩하지 못하면 왕국의 통일도 기대할 수 없고, 자신의 정책을 원만하게 수행할 수 없다는 것을 깨달았다. 게다가 위그노 이외에 예수회, 정숙주의자(quietist), 얀센주의자 등의 세 분파가 서로 가톨릭의 정통파임을 주장하고 있는 것이 불쾌했다.

루이 14세는 1676년 박해에 의해 신앙을 버린 이전의 위그노들에게 그 대가를 지불하기 위해 개종기금을 마련하게 했다. 하지만 기금이 마련되지 않자 위그노에게 강제로 추가조세의 납부를 강요했다. 그리고 1681년부터 푸아투에서 위그노의 가정에 군인들의 숙소를 배정했다. '용기병(dragonnades)'이라고 알려진 이러한 조치가 취해지자 랑그독에서는 무자비한 군인들에 시달리다 못해 수만 명의 위그노들이 개종을 했다. 이에 용기를 얻은 루이 14세는 계속해서 위그노를 몰아붙였다.

루이 14세는 교황으로부터 독립된 갈리카니즘에 입각한 '하나

---

40) Philip Benedict, *The Faith and Fortune of France's Huguenots, 1600~1685*(Ashgate, 2001), p.42.

의 종교' 아래 있지 않는다면, 나라가 하나의 왕, 하나의 법 아래 있을 수 없다는 생각을 하고 있었다. 1682년에 개최된 프랑스의 성직자 총회에서 그에게 힘을 더욱 실어 주었다. 그것은 세속적 사항에 관한 한 국왕은 교황의 간섭을 받지 아니한다. 교황은 공의회의 의결을 따라야 한다. 교황은 프랑스 내의 관습과 권리를 존중해야 한다. 신앙사항에 관한 교황의 결정은 공의회의 승인을 얻음으로써 확정된다는 것이었다. 물론 이 선언은 성실청(Saint-Siège)에 의하여 단죄되었으나, 루이 14세는 1685년 드디어 퐁텐블로 칙령(Edit de Fontainebleau)을 발포하여 온 유럽을 놀라게 했다.[41] 퐁텐블로 칙령은 곧 앙리 4세의 낭트 칙령을 폐지하는 것이었으므로 모든 위그노 교회당의 파괴, 개신교 신앙생활의 금지, 개신교 성직자의 추방이 뒤따랐다. 이제 위그노는 불법으로 간주되었고, 루이 14세는 '하나의 신앙, 하나의 법, 그리고 오직 하나뿐인 왕'이라는 프랑수아 1세의 정치원리를 확실하게 실현했다.[42]

위그노들은 고대 로마 시대의 가톨릭교도처럼 지하실, 다락방, 숲속, 공동묘지 등 비밀스러운 장소를 선택하여 모였다. 마치 비밀결사처럼 밤에 시간을 정하고 수십 명 혹은 수백 명이 죽음을 각오하고 모여서 예배드리고 성찬식을 행했다. 정보가 누설될 때에는 체포되어 무서운 형벌을 받았다. 모든 것이 몰수되고 아이들은

---

41) Donald Kagan · Steven Ozment · Frank M. Turner, *The Western Hritage*(New York: Macmaillan Publishing Company, 1987), p.467.

42) 임승휘, 『절대왕정의 탄생』, 살림, 2004, 11~12쪽.

루이 14세의 낭트칙령 폐지 선언
Roland Mousnier, *Histoire Générale des civilisation tome IV:Les XVIe et XVIIe Siécles*(Paris: Presses Universitaires de France, 1967)

양부모에게 맡겨져서 가톨릭교도로 양육되었다. 그러나 '위그노의 광야교회'의 촛불은 계속 꺼지지 않았다.

　루이 14세가 '하나의 종교'로 프랑스를 통일하려고 낭트 칙령을 폐지한 것은 커다란 실정의 하나가 되었다. 앙리 4세가 발포하여 수년에 걸친 종교내란에 종지부를 찍었던 조치였는데, 루이 14세는 이 칙령의 역할이 끝난 것으로 간주하여 가톨릭으로 통일하려는 것이었다. 물론 여기에 일조한 것은 맹트농 부인 등 측근의 영향도 있었다.

　낭트 칙령의 폐지는 국내뿐만 아니라 이탈리아, 스페인 등 국제적으로도 놀라운 환호를 받기도 하였으나 위그노들을 쉽게 굴복시킬 수 있다고 생각한 루이 14세의 계산은 잘못된 것이었다. 개신교를 버리지 않는 자에 대해 심한 박해를 함으로써 일종의 새로운 종교전쟁이 발생한 것이다. 무장봉기는 종단은 물론 국가적으로도 손실이 많았다. 게다가 강압적인 박해를 견디기 어려워 위그노들은 이민을 떠났다. '바빌론을 떠나라'고 외쳐대면서 목사들은 이민을 권장하고 주선해주었다. 프랑스 위그노 전체의 4분의 1가량이 프랑스의 경쟁국이자 개신교국가인 스위스, 독일, 네덜란드, 영국, 아메리카로 이주하였다. 국외로 이주한 위그노들은 대부분 수공업자, 기술자, 전문과학자들과 상인들이었으며 무려 40만 명에 이르렀다. 이들의 망명으로 프랑스는 막대한 경제적 손실을 입었다. 경제적인 혼란은 사회적 혼란으로까지 확대되었다는 것은 이미 살펴본 바와 같다. 또한 그것의 영향은 카미자르 난으로 확대되었다.

  루이 14세의 종교 정책은 국제적으로도 좋은 결과를 가져오지 못했다. 가톨릭에 대한 표면적인 찬성의 뜻 이외에 개신교국가들은 프랑스에 대해 적의를 품게 되었다. 재미있는 것은 이 정책이 영국 명예혁명(1688)에 영향을 미쳤다는 것이다. 당시 영국의 제임스 2세는 가톨릭을 옹호하고 있었기 때문에 의회는 왕이 프랑스와 유사한 정책을 취하지 않을까 의구심을 품었다. 제임스의 요청으로 프랑스의 원정대가 영국으로 건너온다는 소문도 나돌았다. 이에 의회는 일찌감치 조치를 취하여 제임스를 왕위에서 끌어 내릴 필요를 느꼈다. 이 명예혁명에 의해 네덜란드의 오렌지 공 윌리엄이 영국 왕 윌리엄 3세가 되었다. 그는 정치적인 면에서 루이 14세와 대립하였을 뿐만 아니라 종교 면에서도 개신교의 보호자로서 프랑스에 맞섰으므로 영국과 프랑스는 계속 적국으로 팽팽하게 대립하게 되었다.

볼테르의『루이 14세 시대』에서 볼 수 있듯이, 루이 14세는 그의 종교와 권위에 대한 이익을 일치시키면서 한편으로는 교황을 굴복시키고, 동시에 다른 한편으로는 칼뱅주의를 박살내려고 했다.[43] 그러나 그것은 일시적이었을 뿐 은밀히 뻗어가는 위그노의 뿌리를 완전히 뽑아낼 수는 없었다.

루이 14세가 죽은 후에도 위그노의 탄압은 계속되었다. 1715년과 1724년 2차에 걸쳐 더욱 위그노에 대한 탄압은 강화되었고, 위그노들을 공직에서 추방했으며, 가톨릭으로 개종하거나 그렇지 않으면 타국으로 이주케 하였다. 루이 14세가 위그노들을 이처럼 탄압한 데는 위그노들이 1598년의 낭트 칙령을 준수하지 아니했다는 이유도 적지 않았던 것으로 보인다.

---

43)　Voltaire, *Le Siècle de Louis XIV*(Paris: Garnier Frères, Libraires-Éditeurs, 1740), p.454.

5. 카미자르 난의 평정

카미자르(Camisards)는 최후까지 저항한 세벤의 위그노들이었다. 세벤은 골짜기가 깊고 많으며 숲이 울창한 지역으로 거의 800개의 교구가 있었으며, 1560년경 개신교가 전파된 후 불과 30년 만에 주민 중 90%가 개신교로 전향했다.

세벤의 위그노들은 『성서』 읽기, 「시편」 찬송, 기도, 설교 및 교리문답 등을 '오일어(langue d'oil)'[44]로 말하는 전통과 더불어 십자가보다는 무아경의 종교체험을 중요하게 생각했다. 그들은 자신들을 바빌론의 박해자들에 둘러싸인 이스라엘 사람들처럼 생각했다.

카미자르 반란은 1702년 7월 24일 세벤 지방의 농부들이 개종사

---

44) 세속어의 차원에서 보면, 북부 프랑스어의 방언은 '오일어'이고, 남부 프랑스어의 방언은 카탈루냐어를 포함하여 '오크어(langue d'Oc)'를 사용하는 이중성이 중세부터 있었다(홍용진, 「정치와 언어-14세기 전반 발루아 왕조의 언어전략」, 『프랑스연구』 제26집, 한국프랑스사학회, 2012, 67쪽).

업을 담당하고 있던 샤일라(abbé du Chayla) 주교를 살해함으로써 시작된 싸움이었다. 샤일라 주교는 지에글레(François Ziegler:1996)에 의해 랑그독의 '토르크마다(Torquemada)'[44]라는 별명이 붙은 악명 높은 종교재판관이었다. 그는 스위스로 망명하려는 위그노의 두 자매를 체포하여 자기 집 지하실에 가두고 개종을 강권했다. 사람들은 샤일라 주교의 지하실에 고문실이 있다고 생각했다. 카미자르들은 이미 사형과 갤리선형을 선고받은 사람들과 이 두 자매를 구하기 위해 샤일라 주교 집을 습격했고 도망가는 주교를 살해함으로써 반란이 시작되었다.

일설에는 랑그독 지방에 부과된 과중한 세금에 대한 불만에서 일어난 농민반란이라고 하지만 그 성격상 종교적 반란임을 부인할 수 없다. 카미자르들은 자신들의 종교를 공개적으로 공인받고, 조상들이 보여준 무저항을 속죄해야만 한다고 생각했다.[46]

'카미자르'라는 단어는 1703년부터 정부문서에 등장했는데, 그것은 3가지의 유래를 가지고 있었다. 첫째, 카미자르는 성상파괴주의자들이었으므로 '성상을 불태우는 자'라는 뜻을 가지고 있다. 둘째, 카미자르는 여자용 소매 없는 속옷, 짧은 윗도리(camisoles) 등을 입

---

45) 토르크마다(Tomà de Torquemada:1420~1498)는 스페인의 도미니크 교단의 수도사이자 스페인 종교재판소인 Inquisition의 초대 책임자였다. 대단히 엄격하고 잔인하기로 유명하며 10,220명을 화형에 처하고 유대인을 박해하는 데 앞장섰다. 신학박사 학위를 받은 후 예수회 전도사로 섬에 갔다가 열대기후를 이기지 못해 1년 후에 돌아와 세벤 수석사제이자 전도단의 총책임자가 되었다.

46) Immanuel Le Roy Laduirie, *Les Paysans of Languedoc*, trans by John Day(Urbana: University of Illinois Press, 1979), p.266.

은 데서 유래했다. 셋째, 밤에 기습 공격한다는 뜻인 '카미지아드 (camisiade)'에서 유래했다. 그것은 세벤의 위그노들이 전략상 흔히 가톨릭 요새를 한밤중에 공격했기 때문에 붙여진 이름이다.[47]

카미자르들은 대부분 문맹이었는데 42%가 농민과 목동들이었고 나머지 58%는 섬유업과 가죽업에 종사하는 장인들이었다. 이들의 지도자는 라포르트(Pierre Laporte)와 카발리에(Jean Cavalier)였으며, 21세에서 22세 사이의 젊은 청년들이었다. 이들의 설교와 전도로 1680년경 80명 정도의 카미자르가 1702년에는 무려 5,000명으로 크게 증가했다.[48]

카미자르들은 세벤 지역의 산세를 이용하여 자기들보다 숫자도 많고 우수한 무기를 가진 관군들을 게릴라전으로 골탕을 먹이기 일쑤였다. 또한 이들은 퐁텐블로 칙령으로 교육받은 목사들을 잃었으므로 '가톨릭 종말의 예언'을 외치는 예언자들을 따를 수밖에 없었다. 이들의 희망은 가톨릭을 강요받지 않고 프랑스 왕의 간섭 없이 위그노로서 편히 사는 것이었다.

그들은 주로 난공불락의 동굴에서 거처했고, 매복, 기습, 수색섬 멸전을 신속하게 감행했다. 1,500명의 카미자르가 60,000명의 관군들을 요리조리 따돌리며, 허를 찌르고 때로는 단위부대를 전멸시키는 위력을 발휘한 적도 있었다. 이들의 사기는 충천했으며, 불

---

47) André Ducasse, *La Guerre des Camisard: La Résistance Huguenot sous Louis XIV*, p.93~94. 김충현, 「루이 14세의 위그노 정책」, 223쪽 재인용.

48) Linda & Marsha Frey, *Societies in Upheaval: Insurrections in France, Hungary, and Spain in Early 18th Century*, p.51. 김충현, 위의 논문, 224쪽 재인용.

한 위그노의 강제개종서명
콜린 존스 지음, 방문숙 · 이호영 옮김, 『사진과 그림으로 보는 케임브리지 프랑스사』(시공사, 2001)

패의 용사들로 자부하고 있었다. 그들은 스스로 '십자가 단원' 또
는 '신의 자녀들'이라고 불렀고, 예언자이자 이들의 지도자인 카발
리에는 자신의 군대를 '기드온의 검' 또는 '하나님의 검'이라고 불
렀다.

그러나 카미자르가 아무리 '산악에 능숙한 게릴라'로서 백전백
승을 했다하더라도 관군이 마을을 지키고 있어 곤란한 것이 한두
가지가 아니었다. 우선 이름이 밝혀지면 가족이 떼죽음을 면치 못
했으므로 이름을 바꾸었다. 예를 들면, 라포르트는 저 유명한 중세
의 롤랑(Rolland), 카일라는 튀렌(Turenne), 말발은 로즈(Rose), 에릭
은 쿠르트 비(Sans Quartier Courte Vie)로 불렸다.

개신교도에게 시민권 부여
Jacques Marseille, *Histoire, tome 2*(Paris: Nathan, 1987)

세벤 지역의 관군 사령관은 몽트르벨 후작(Marquis de Montrevel)이었다. 그는 몇 개월간 카미자르의 게릴라전을 경험한 후, 그들을 "살인자, 반란군, 범죄자, 괴물들"로 간주하고 섬멸작전을 수립했다. 그는 잔인한 방법을 동원하여 1703~1704년 466개 부락을 불사르고 12,000명을 처형하고 100명을 갤리선으로 보냈다. 관군들이 농장을 빼앗고, 수확물을 파괴하였으며, 제분소를 불태워 카미자르 마을은 폐허가 되었다. 살아남은 카미자르는 소규모의 게릴라부대를 편성했다. 1704년 이들은 마르티냐르그(Martignargues)에서 관군을 패퇴시켰다.

빌라르(duc de Vilars)가 몽트르벨 후작의 후임사령관으로 임명되었다. 속전속결로 공을 세우려는 빌라르의 가혹한 방법 때문에 세벤의 농장과 도시는 다시 파괴되고 350명의 카미자르가 처형되었다. 워낙 관군이 강력하게 소탕전을 감행하므로 카미자르의 봉기는 잠시 후퇴할 수밖에 없었다.

소강 상태를 지나 1709년 마젤(Abraham Mazel)이 비바레에서 다시 봉기하였으나 관군이 카미자르의 지도자들을 공개적으로 화형이나 거열형에 처하고 추종자들을 감옥이나 갤리선으로 보내고 있었기 때문에 카미자르 봉기는 1711년 막을 내리게 되었다.

루이 14세는 대대적인 사면도 생각했지만 사면을 거부하는 카미자르가 많았다. 몽펠리에서 400명 이상 투옥되었고, 님에서 41명이 거열형, 29명이 교수형, 8명이 화형, 4명이 갤리선 노예형, 3명이 참수형을 받았다.

카미자르 지도자들은 스위스나 독일로 망명을 한 사람도 있지만, 그렇지 못한 사람은 애그 모르트(Aigues Mortes)에 있는 콩스탕스(Constance) 탑에 투옥되어 죽지도 못하고 추위와 배고픔으로 평생을 시달려야 했다.

물론 예외도 있었다. 처음 카미자르 봉기 때 5,000명의 카미자르를 이끌고 30,000명의 관군을 2번이나 물리친 카발리에는 1704년 항복하여 루이 14세가 1,500리브르의 연금과 군의 중요 관직을 주겠다고 했으나 거절하고 종교의 자유를 누릴 수 있는 영국으로 건너가 육군 소장이 되었다.

그러나 1705년 붙잡힌 카티나(Catina)는 고문당한 것은 물론 결국 화형에 처해졌다. 라바넬(Ravanel)은 교수형 후 화형되었고, 빌라스(Vilas)와 종케(Jonquet)는 거열형에 화형까지 당했다. 마젤은 1710년 위제스에서 처형되었고, 동료의 배신으로 카스텔노(Castelnau)에서 체포된 라포르트는 교수된 후 화형에 처해졌다. 그의 부관들도 마찬가지로 거의 모두 거열형이나 참수형을 당했다. 살아남은 여자들은 대개 여생을 더럽고, 추악한 감옥에서 보냈다.

카미자르 난은 결국 실패했지만, 그것은 카미자르가 살아 있다는 것을 보여준 것이며, 누구도 감히 거역하지 않는 풍토에서 왕에 대해 과감하게 그리고 목숨을 걸고 저항한 '신앙운동이자 사회운동'이라는 점에서 오늘날에도 시사하는 바가 크다.

위그노에 대한 탄압은 끝없이 계속되었지만, 그들은 '광야의 교회'를 끝까지 지키면서 신앙을 지킨 결과 루이 16세에 의해서 1787년 '종교의 자유'가 선포되는 광영을 맞이했다. 하나님이 이들을 버리지 않았던 것이다.

제8장

새 교육사상과 교육기관은
얼마나 육성했나?

1. 대학·콜레주, 아카데미의
설립과 진흥책

1) 대학 및 콜레주의 설립과 교육적 성과

절대주의 시대의 공교육기관은 콜레주를 포함한 대학과 아카데미였으며, 국가와 사회의 주역들을 모두 이곳에서 길러냈다. 16세기 프랑스는 새로운 역사가 시작되는 시대로 피에르 구베르가 "아름다운 16세기"라고 말한 것처럼 지동설, 신대륙 발견, 인쇄술의 발달, 종교개혁 등 세상을 놀라게 하는 큰 변화가 있었으나 프랑스의 공교육기관들은 가톨릭교회의 시녀노릇만 하고 있었다. 특히 파리 대학은 문법, 인문학, 수사학, 철학, 신학 등 새로운 교과과정을 제시한 예수회 콜레주에 교양학부의 주도권을 내어주는 지경에 이르렀다.

1600년 앙리 4세의 의지에 의해 대학 개혁이 시도되었고, 루이 14세 시대에도 대학 개혁은 추진되었다. 그러나 그러한 개혁이 진보를 위한 개혁이라기보다는 절대왕정의 체제와 가톨릭교회의 역량 강화에 역점을 두었기 때문에 사회 개혁을 위한 미래지향적인 개혁이 되지 못했다.

파리 대학을 필두로 16세기까지 프랑스에 세워진 대학은 모두 16개였다. 13세기에 파리 대학을 모델로 몽펠리에, 툴루즈 등 2개 대학, 14세기에 아비뇽, 카오르, 오를레앙, 그르노블, 페르피냥, 앙제, 오랑주 대학 등 7개 대학이 설립되었다. 그리고 15세기에 엑스, 돌, 푸아티에, 캉, 보르도, 발랑스, 낭트, 부르주 등 8개 대학과 더불어 16세기에 랭스, 두에, 퐁타무송, 스트라스부르 등 4개의 대학이 설립되었다. 이 중 스트라스부르 대학은 독일의 개신교 기금으로 세워졌다. 따라서 17세기까지 설립된 22개의 대학 졸업생들은 프랑스 절대주의를 지키는 '베테랑 관료'들이었다. 그러나 유감스럽게도 프랑스 절대주의 전성기라 할 수 있는 17세기에는 어떤 대학도 설립되지 않았다. 그 이유는 무엇이었을까? 첫째, 17세기는 안타깝게도 전쟁, 기근, 페스트 등이 창궐해서 대학 설립에 대한 심적 · 경제적 여유가 없었기 때문으로 보인다. 둘째, 뒤늦게나마 인문주의 사상이나 얀세니즘이 파고들어가 대학 개혁과 더불어 반절대주의 이념을 파급시키고 있어 대학 설립을 억제한 것으로도 풀이된다. 또한 18세기에도 디종, 포, 렌느 등 겨우 3개의 대학만이 설립되었던 것으로 보아 절대왕정은 대학을 미래지향적 학문 발전보다는 입법, 사법, 행정, 교회 등에 필요한 관료들을 양성하려는 목적이었던 것 같다.[1] 이들 대학의 학생 수와 교수 수 등 대학

---

1) 서정복, 『프랑스혁명과 나폴레옹 시대의 교육개혁사』, 충남대 출판부, 2007, 78~80쪽.

의 규모는 각각 달랐다.

대학들 중에도 관료 양성의 대표기관은 파리 대학이었다. 파리 대학과 이름을 같이하고 있는 소르본은 콜레주 드 소르본으로 시작하여 1577~1625년 사이의 50년간 그리스 철학과 같은 새로운 강의에 의해 강화되었다. 특히 1607년 말 추기경 리슐리외에게 학교 발전의 공로를 찬양하며 '주인이자 조합원(hospes et socius)'의 타이틀을 수여함으로써 힘을 얻었다. 그리고 1622년 리슐리외가 교장이 되면서 소르본은 발전의 새로운 전환기를 맞이했다.

1627년 3월 18일 그의 이름으로 새로운 건물의 주춧돌을 놓았으며, 푸아레 가, 생 자크 가, 마송 가, 코르디에 가의 땅들을 수용하고 그 지역에 있던 콜레주 데 디스 위트를 40,000리브르 투르누아(livre tournois)[2]에 구입했다. 그러나 콜레주 드 소르본은 1642년 12월 리슐리외가 죽을 때까지도 건축이 완전히 끝나지 않았지만, 리슐리외에 의해 재건축되었기 때문에 한때 '콜레주 드 리슐리외'라고 불리어진 바 있으며 '통학생 학교(Ecoles exterieurs)'로 되었다.

16~17세기에 소르본은 파리 대학 신학부 전체를 지칭하게 되고, 명성이 높아졌다. 그러나 콜레주 드 소르본은 개신교와 개신교 학교 그리고 백과전서파들에 대항하여 가톨릭 신앙의 충실한 보호자의 역할을 했다. 그리고 1647년 완공된 도서관을 이용하면서 얀센주의자들과 예수회원 간에 신학과 윤리에 관한 격렬한 논쟁이 더

---

2) 1리브르 투르누아는 20수에 해당되는 돈으로 17세기에도 사용되었다.

욱 활성화되었다.[3] 소르본의 명성은 파리 대학 전체를 의미했고 신학부, 법학부, 의학부 등 상급과정에서는 프랑스 절대주의를 수호했던 간성들이 배출되었다.

그러나 뒤르켕(Emile Durkeim)이 말한 바와 같이 16세기에는 두 가지의 교육개혁 운동이 있었다. 하나는 라블레에 의해서 그리고 다른 하나의 운동은 에라스무스(Erasmus)에 의하여 나타났다. 그중 라블레는 교육의 기본 목적을 그리스와 로마의 명작들을 이해하도록, 그리고 그것들을 지혜롭게 모방하도록 학생들을 훈련하는 데 두었다.[4]

그러나 16세기 스콜라적 학문의 아성을 대표하는 모든 기관들은 당시 진보적인 교육을 실시하는 학교들을 없애고자 파리고등법원에 고발하고, 속인 교사들의 신학논쟁을 금지시키고자 안간힘을 썼다. 여기에서 바로 페트뤼스 라뮈가 반기를 들었다. 바너드에 의하면, 라뮈는 가난한 학생들의 어려운 생활, 많은 교사들의 태만, 무지, 자격 미달, 교양학부와 다른 학부와의 교육과정의 빈약함을 가져온 쓸모없는 지출과 같은 그 당시 대학에 유행하던 악습을 개혁하고자 했다.[5] 그는 파리 대학의 여러 가지 문제점들을 지적하

---

3) 조르주 뒤비 · 로베르 망두르 지음, 김현일 옮김, 『프랑스 문명사』(하), 까치, 1995, 461쪽.

4) Emile Durkeim, *The Evolution of Educational Thought*, trans by Peter Collins,(London: Routledge and Kegan Paul), p.202.

5) H.C.Barnard, *The French Tradition in Education*(London: The Cambridge University Press, 1970), pp.16~17.

고, 그것들을 자신이 소속된 국왕참사회에서 개혁하려다 처참하게 살해당했다.

한때 파리 대학 콜레주의 강의실은 마구간으로 개조되고, 그곳에서 군인들이 말들을 부리거나 가축들을 사육했다. 콜레주의 어떤 건물들은 민란의 시기에 불타버리거나 파괴되었고, 그렇게 남아 있던 일부는 대학과는 관련이 없는 사람들에 의해서 점유되었고, 어떤 사람들은 가족들과 함께 콜레주 부속시설물들을 생계의 수단으로 이용하고 있었다.

낭트 칙령이 발포되면서 개신교도에게 공립학교를 세우도록 했던 앙리 4세는 파리 대학의 악폐들을 정리하고 학문에 대한 호의적인 입장을 취했다. 그는 루아얄 콜레주의 교수들에게 "나는 교수들에게 지불하기 위한 것이라면, 나의 지출비용을 줄이고 나의 식비를 절감할 용의가 있다."[6]라고 하면서 대학의 요구사항에 큰 관심을 보였다.

대학은 본래 교회에 소속되어 있었으나 당시 실질적인 지배자는 국왕이었다. 앙리 4세는 파리 대학을 방문한 후 150년 전에 데스투트빌 추기경(Cardinal d'Estouteville)이 작성한 법규들을 인준하여 1600년 9월 18일, 제 기능을 하지 못하고 있던 대학위원회에 넘겨 개혁을 하게 했다. 그리고 대학 개혁의 책임을 르 무안 콜레주의 교장 리쉐(Edmond Richer)가 맡았다. 보이드(William Boyd)에 의하면, 이처럼 1600년 앙리 4세가 파리 대학에 강행했던 개혁들 속

---

6) *Ibid.*, p. 185.

소르본 대학-파리 대학 앞에 앉아 있는 리슐리외
John Merriman, *A History of Modern Europe: From the Renaissance to the Present*(New York: W.W. Norton & Company INC, 1996)

에는 물론 라뮈의 대학개혁 사상이 부분적으로 실현되었다.[7]

앙리 4세와 루이 13세 시대에 파리 대학의 행정은 정화되었고, 교수직은 항상 명망 있는 사람들에 의해서 채워졌다. 그러나 각종 종교단체 중에 예수회가 콜레주와 대학을 가장 번성시키고 있었으며 파리 대학에 심각한 영향을 줄만큼 학생 수가 많았다. 그들은 17세기 중엽 파리 지방만 하여도 모두 14,000명의 학생들을 가지고 있었고, 17세기 말경에는 대학을 제외하고 콜레주는 모두 612개였다. 결국 그들의 설립취지와 목적이 최고의 힘을 가지게 했다.[8]

파리 대학이 두려워 했던 경쟁자들은 예수회 학교들만이 아니었다. 포르루아얄의 학교들은 단명하고 크기 면에서 대수롭지 않았

---

7) William Boyd & Edmund J King, *The History of Western Education*(London, Adam and Charles Black, 1974), p.225.

8) *Ibid.*, p.255.

지만 교육에서 새로운 기운을 불어넣고 있었다. 그리고 바르나 비트회(성 바오로 회원들), 베네딕트회, 카르멜회, 프레몬스트라텐시아회, 아우구스티누스회 등이 파리 대학지구에 자신들의 콜레주를 이미 설립했던 것이다.

파리 대학의 콜레주들이 모두 대단한 것은 아니었다. 44개 콜레주들 중 10개의 콜레주만이 '전 과목 개설 콜레주(collèges de plein exercice)'로 활발하게 운영되었다.[9] 그리고 튈리에(André Tuilier)의 말과 같이 학부와 콜레주들을 동일한 한 장소에 모아 대학제도의 일관성을 유지하려고 했다.[10]

파리 대학은 이제 종래의 권위와 전통을 지킬 수가 없게 되었다. 그 이유는 첫째, 예수회 학교들의 무상교육에 대항하여 이겨낼 수가 없었다. 둘째, 예수회 학교들은 승마, 펜싱, 수영, 그리고 그 밖에 다른 남성적인 운동을 가르쳤는데, 파리 대학은 전적으로 독서에 몰두하며, 성직자가 될 운명인 사람들에게만 어울렸던 것이다.[11]

롤랭 총장은 파리 대학의 결점을 파악했다. 그는 학생들을 '훌륭한 기독교인', '훌륭한 아버지', '훌륭한 시민'으로 양성한다는 목표로 개혁에 착수했다. 그가 비록 얀센주의를 숭상하였으나 타락한

---

9) R.R.Palmer, *The School of the French Revolution: A documentary history of The College of Louis-Le-Grand and its director, Jean-François Champagne*(New Jersey: Princeton University Press, 1975), p.19.

10) André Tuiliier, *L'Université de Paris, La Sorbonne et La Révolution*(Paris: Célébration du Bicentenaire de la Révolution Française en Sorbonne, juin-juillet, 1989), p.15.

11) H.C.Barnard, *The French Tradition in Education*, pp.193~194.

중세 교육과는 다른 형태의 기독교 교육을 수립하고자 했던 것으로 보인다. 그리고 우선 훌륭한 가장이 되도록 양성하고 나아가 국가에 충성할 수 있는 시민으로 교육하자는 것이었다. 또한 그가 교육자가 추구할 것을 '지식, 인성, 종교심의 함양'에 둔 것은 오늘날과 같은 전인 교육을 목표로 한 것이 틀림없다.

그는 교육과정의 개혁과 행정 쇄신을 통해 교육 개혁의 목표를 달성하고자 했다. 그는 우수한 교수 초빙에 역점을 두었을 뿐만 아니라 프랑스어와 프랑스사에 대한 교육을 강조함으로써 국적 있는 교육을 실시하고자 했던 것이 돋보인다. 그는 특히 역사와 철학에 치중했고, 그리스사와 로마사 같은 고대사를 학생들에게 가르치고자 했다. 후일 몽테스키외 등에 의해서 그에게 '역사의 페늘롱', 또는 '프랑스의 일군'이라는 칭호가 붙여졌다.

그가 파리 대학의 모든 학생들에게 실시하려는 무상교육은 루이 14세가 죽은 4년 뒤인 1719년에서야 비로소 당국과의 협정에 의해 실시되었다.[12] 그러나 파리 대학은 1764년 예수회 교단과 학교를 축출하면서 겨우 활기를 찾았고 프랑스 지성의 산실로서 거듭날 수 있었다.

2) 아카데미의 설립과 교육적 성과

아카데미는 르네상스 시대 로렌조 드 메디치에 세워진 플라톤

---

12) *Ibid.*, p.193.

아카데미를 비롯해서 이탈리아에는 여러 개의 아카데미들이 있었다. 프랑스에서는 귀족들 사이에서 교분이 두터운 롱사르(Ronsard)와 바이프(Baïf)가 1570년 파리에 아카데미를 처음으로 설립하였으며 샤를 9세(1550~1574)가 그곳에 공식적인 인가장을 주었으나 종교적인 싸움에 빠져들고 말았다. 파리 대학은 이 아카데미의 설립을 반대하였으나 그 기풍은 그 후 루브르 궁 안에 앙리 3세 때에 생긴 웅변과 철학 아카데미에 이어지고 또한 아카데미 프랑세즈(Académie Française)의 원형이 되었다.

이전의 아카데미에 대한 폐단을 파악한 앙리 4세는 예수회 드 라 플레슈(Jesuites de La Flèche)에 귀족들의 교육을 맡겼다. 그곳은 다소 온건하고 수사적인 형식으로 교육하였으므로 좀 더 유순한 궁정을 만드는 데 기여할 수 있다고 생각했다. 1607년 예수회 드 라 플레슈의 수업 인원 40%가 공작, 백작, 후작 등의 자제들로 모두 500명이나 되었다. 그 후에 콜레주 드 클레르몽(Collège de Clermont)에서는 기숙생들 중 300명이 상위계급의 귀족 출신이었다.

그러나 루이 13세 시대에 귀족들은 이러한 종류의 학교들보다 아카데미를 선호했다. 그곳에는 신체훈련뿐만이 아니라 군사적 지리학과 수학 과목이 개설되어 있어 실무와 출세에 유리했다.

롱사르와 바이프의 아카데미 설립 이후 1629년 발랑탱 콩라르(Valentin Conrart:1608~1675)가 생마르탱 가에 있는 그의 집에 '훌륭한 지성인'들을 많이 초대했다. 그들은 넓은 홀에서 한 주에 한 번씩 모여 아카데미에서처럼 문예를 비롯한 모든 일에 대한 토론을 했다. 이처럼 귀족들의 자제를 교육시킨 세 개의 공교육기관들은 17세기 말까지 존속했다. 그것은 그 아카데미들이 좀 더 직접적으로 세속적인 목적을 가지고 그 역할을 잘 해주었기 때문이다. 반종교개혁의 보편적인 교육개념 안에서 그 아카데미들은 교회의 직접적인 간섭을 벗어나 독립된 문화권을 형성해 나갔다.[13]

루이 13세의 재상 리슐리외는 당시 교화되고, 세련되었으며 잘 교육받은 귀족들을 국가의 공직에 임명하고자 했다. 1640년 그는 파리의 구 성당거리에 왕립 아카데미를 설립했다. 그가 아카데미를 세운 것은 파리 대학을 비롯해서 당시의 교육제도가 전반적으로 귀족들에게 적절하지 못하다고 생각했기 때문이다. 이 아카데미에서는 예배당과 예배시간(지도사제와 예배당)이 있었던 반면에, 교수들은 수업시간 중에는 종교를 논할 수 없었다. 그는 학생들에게 '하나님에 대한 경외, 왕에 대한 충성과 복종'을 가르치는 것을 교육목표로 삼았다.

한편 마자랭도 리슐리외와 같은 목적으로 1661년 콜레주 데 카트르 나시옹(Collège des quatre nations)을 건립했다. 비록 이 아카데미가 분명히 세속적인 기관이었다 할지라도, 종교를 경시하지는 않았다. 그는 아카데미의 프로그램에 신체적인 훈련뿐만이 아니라 인문학을 포함시켰다. 그리고 그는 불가피하게 국가를 대학영역을

---

13) Henry Phillips, *Church and Culture in Seventeenth-Century France*(Cambridge: Cambridge University Press, 1977), p.87.

침해하는 것으로 생각하는 대학을 적대시했다.[14]

그렇다면 아카데미의 대표라고 할 수 있는 아카데미 프랑세즈는 언제 창설된 것일까? 그것은 1634년 르 메텔(François Le Métel)과 변호사이자 주교좌 성당 참사원이며 발레극의 저자인 부아로베르(Boisrobert) 등이 콩라르 집에서 루이 13세 때 리슐리외의 보호를 받으며 모인 것이 계기가 되었다. 아카데미 프랑세즈에 이어 1648년 회화·조각 왕립 아카데미, 1661년 무용 아카데미, 1663년 비문·문예 아카데미, 1666년 과학 아카데미, 1669년 왕립 음악학원, 1671년 건축 아카데미가 설립되었다. 망두르(Robert Mandrou)에 의하면, 루이 14세가 자신의 통치와 베르사유를 빛내기 위하여 작가들과 현학자들을 불러들여 설립하였는데, 과학 아카데미가 그 대표적인 예라고 할 수 있다.[15] 아카데미는 각각 특수한 목적이 있었으며, 학술 진흥의 요람이 되고 있었다. 당시 영국도 1600년 왕립학사원을 설립했고 프로이센도 이보다 좀 늦은 1700년에 과학 아카데미를 설립한 것은 아카데미가 국책연구소로서 절대주의의 이념구현이나 개발을 위한 국가의 간성을 양성하는 교육기관으로 활용되었던 것으로 볼 수 있다.

아카데미 프랑세즈는 루이 13세의 재상 리슐리외에 의해 '프랑스어의 정통성 유지'와 '프랑스어의 정화'를 최대의 목표로 삼았다. 따

---

14) *Ibid.*

15) Robert Mandrou, *La France aux XVII et XVIII Siècles*(Paris: Presses Universitaires de France), p.235.

루이 14세의 왕립 과학 아카데미 방문
Roland Mousnier, *Histoire Générale des Civilisations:Les XVIe et XVIIe Siecles*(Paris: Presses Universitaires de France, 1967)

라서 처음부터 그것은 프랑스어를 연구하고 순화하며, 문법을 제정하고 문학작품의 창작을 위한 규칙을 입안하는 공적 언어기관으로 출발했다. 초기에는 17세기의 사회적 · 정치적 큰 문제들을 외면하고 전문지식의 한 부분을 다루었기 때문에 프랑스에서 학문 탐구를 대표하기에 불충분하다는 비난이 없지 않았다. 그러나 이에 대한 대책으로 권위와 명성을 가지고 있는 지식인들을 영입하는 데 최대의 노력을 경주하여 40인의 회원을 확보했다.

아카데미 프랑세즈 회원들은 저술가들을 중심으로 정치가, 성직자, 군인 등 범국민적 지성인의 대표가 참석했다. 시대마다 회원이 바뀌었지만 루이 15세와 16세 시대에는 몽테스키외, 볼테르, 뷔퐁, 달랑베르, 콩도르세, 바이이, 베르나댕 드 생 피에르, 에노, 르 프랑 드 퐁피냥, 마르몽텔, 콩디악 등 계몽사상가들과 프랑스혁명의 주역이 될 인물들이 대거 참여하고 있었다.

그리고 아카데미 프랑세즈는 자신의 목표를 구현하기 위해 1694년 『아카데미 프랑세즈의 사전(*Le Dictionnaire de l'Académie Française*)』을 발간했다. 사전이 편찬된 후, 언어의 변천과 더불어 개정을 거듭하여 1718년, 1789년, 1935년 등에 개정판을 간행했다. 그러나 절대왕정에서 설립을 주도한 것이기 때문에 18세기 전반까지도 아카데미 프랑세즈는 보수적인 성향이 농후했다. 하지만 1760년부터 1770년까지 10년간 14번의 신입회원의 선거에서 무려 9번에 걸쳐 계몽사상가들이 입회함으로써 아카데미 프랑세즈의 황금시대를 열었다.[16]

따라서 아카데미는 학술의 진흥과 이를 위한 문인들의 사기 진작을 하였으며 때로는 자유사상의 전파에 지대한 공헌을 하였다. 특히 18세기에는 아카데미 프랑세즈에 제출하는 논제에 대하여 사전검열을 거치지 않는다는 특혜를 받아 자유롭게 논지를 전개하여 소금세, 부역, '민중의 야만적 압제자들'에 대한 비판을 거침없이 할 수 있었다. 아카데미 프랑세즈는 인간의 사회적 · 정신적 생활양식의 총체를 의미하는 문학의 국민적 대표기관이 되었다. 그리고 사상과 지식의 개발 및 보급에 커다란 역할을 했다. 또한 어떤 의미에서는 구태의연하고 시대의 모든 결함과 악폐를 지니고 있던 대학을 대신하여 근대적 사상을 살롱과 함께 대학 밖에서 전파한

---

16) François Albert-Buisson, *Les Quarante au Temps des Lumière*(Paris: Librairie Arthème Fayard, 1960), p.74.

계몽 엘리트의 지적 센터의 역할을 했던 것이다.

루이 14세 시대까지 6개였던 지방 아카데미가 1748년경에는 20개, 그리고 20년 뒤에는 약 40개로 증가되었고 1770년대 이후에는 해마다 생겨났다.[17] 장 자크 루소는 1750년 디종의 아카데미의 "학문과 예술의 부흥이 습속의 순화에 기여하는가"라는 논제를 통해 금상을 수상한 후 문인으로 등단했다. 그리고 1782년 베르트랑 바래르는 툴루즈의 아카데미에서 「루이 12세에 대한 찬사」로 수상하여 변호사의 명성을 더욱 날리게 되었다. 당시 아카데미의 콩쿠르는 문단과 정치 입문의 상아탑이었다.

---

17) *Ibid.*, p.248. cf. Daniel Mornet, *Les Origines intellectuelles de la Révolution Française 1715~1787*(Paris: La manufacture, 1989), p.176.

2. 개신교 교육기관의 설립과 탄압

1) 새 교육사상의 침투와 개신교 학교의 설립

가톨릭 국가에 개신교 교육사상이 침투하여 학교까지 설립한다는 것은 목숨을 건 일이었다. 이러한 새 교육사상은 16세기에 일어난 종교개혁이라고 부르는 '종교혁명(révolution religieuse)'과 더불어 나타났다. 종교개혁이 가져온 궁극적인 결과는 모든 지역에 새로운 학교 교육체제의 설립이었고, 교육의 주도권을 교회에서 국가나 사회로 이관하게 하는 큰 변화를 일으켰다.[18] 사람들은 이제 "천성이나 가문은 교육을 능가한다(La nature passe nourriture)."라는 말에 집착하지 않고, 교육과 교육방법에 대한 개혁을 추구했다.

비그리(Jean de Viguerie) 교수도 앙시앵 레짐 시대에 출판된 교육

---

18) William Boyd & Edmund. J King, *The History of Western Education*, p.183.

학 논문은 무려 100편을 헤아릴 정도로 많이 나왔음을 증명했다.[19] 개신교회의 새 교육사상은 결국 학생들의 생계를 도와주면서 생활에 필요한 지식과 하나님에 대한 인식을 보다 확실하게 하는 것을 목적으로 했다. 이들의 학교는 파리뿐만 아니라 클레르몽, 몽토방, 투르, 알랑송 등과 같이 주로 지방의 개신교 도시에서 설립하게 되었다.[20]

새로운 학교들이 루터와 칼뱅의 교리 전도와 교세 확장을 위해 설립되자 예수회, 오라토리오회, 우르술라회[21], 프란체스코회, 카르멜회 등의 종단들도 앞을 다투어 학교 설립을 서둘렀다. 신설된 학교들은 중세의 봉건적·가톨릭적 획일성에서 벗어나 새로운 교육의 이념, 목적, 과정 등에서 현저한 차이를 보이면서 개성 있는 새 교육체제로 운영하고자 했다.[22] 16~18세기에 설립된 새로운 콜

19) Jean de Viguerie, *L'Institution des Enfants: l'éducation en France 16e~18e siècle*(Paris: Calmann-Lévy, 1978), pp.8~9.

20) Marie-Madeleine Compère, *Du Collège au Lycée(1500~1850)*(Paris: Édition Gallimard/Julliard, 1985), p.63.

21) 1537년 이탈리아에서 시작된 우르술라회(Ursulines)는 16세기 마지막 10년간 프랑스에 소개되었고, 아비뇽에 본부를 두고 남프랑스에서부터 교육사업을 했다. 안 드 생통주(Anne de Xainctonge)가 여성 교육의 필요성을 깨닫고 초기에는 예수회 콜레주를 모델로 학교 교육을 시작했다. 해외에까지 명성이 났으며, 지방자치단체들이 여자 수도원을 요구하기도 했다. 그러나 결국 예수회와는 적대적이었으며 소녀 교육에 치중했다.

22) H. C. Barnard, *The French Tradition in Education*, p.145. cf. Wesley D. Camp, *Root of Western Civilization, 1 volume*(New York: John Wiley & Sons, 1983), p.182. 트리엔트 종교회의(Council of Trent)는 총 3개의 시기로 나눌 수 있는데, 1545~1547년, 1551~1552년, 1562~1563년이 그것이다. 이것은 종교개혁에 맞서 가톨릭의 교리와 체계를 재정비하기 위해 개최된 것으로, 『성서』만을 교의로 하는 개신교와 달리 『성서』와 전승을 신앙의 근

레주는 무려 900개가 넘었다.[23]

　프랑스에는 당연히 칼뱅주의보다 루터주의가 앞서 전달되었다. 루터주의는 로마 교황권에 대해 끊임없이 저항했던 스위스, 스트라스부르, 알자스 등을 통해 침투되었다. 이 도시들은 세계 각 곳을 연결하는 도로처럼 사상이 교류되는 자유도시였다. 그것은 독일의 라인 강과 프랑스의 일 강을 거슬러 올라가 밀루즈(Mulhouse)와 바젤 그리고 부르고뉴의 관문을 거쳐 동시에 파리와 리옹으로 들어왔다. 아우구스티누스파인 루터의 감동적인 호소와 95개 조항은 당시 프랑수아 1세의 측근까지 마음을 움직였다. 그것은 수세기 동안 신앙을 방해했던 불필요한 전통들을 털어내는 순수한 신앙이었기 때문이다. 1520년경부터 다소 신중하지 못한 면이 있다고 볼 수 있지만 대담한 사람들이 열성적으로 이 새로운 사상에 심취되기 시작했다.[24]

　가톨릭 국가인 프랑스에서 개신교 교육사상을 공개적으로 전개

거로 했다. 주요내용은 가톨릭의 내부 악폐 단속, 이단의 단속, 엄중한 종교재판을 목적으로 했다. 중등교육이 활발했던 17세기에 대학에 부속되어 있지 않은 콜레주 중 하나는 신학교(Seminaries)이고 다른 하나는 교수단의 콜레주로 분류되었다. 그중에 신학교는 트리엔트 종교회의의 요구에 따라 주교 또는 대주교에 의해 성직을 원하는 학생들을 위해 설립되었다.

23) R. R. Palmer, *The School of the French Revolution: A documentary history of The College of Louis-Le-Grand and its director, Jean-François Champagne*, p.12.

24) Georges Duby et Robert Mandrou, *Histoire de la Civilisatiion française, Tome 1*(Paris : Armand Colin, 1980), p.324. 루터는 「독일귀족에게 드리는 글」에서 교회와 사회 전반의 개혁해야 할 요소들을 지적하고 가톨릭의 병폐들을 고발했다. 그리고 그는 교회의 개혁은 교육개혁과 연결되어야 한다는 것을 주장했다.

하는 것은 용납되지 않았다. 이러한 난관에도 불구하고 루터의 교육사상이 프랑스에 전달될 수 있었던 것은 무엇 때문이었을까? 루터는 파문당한 후 1524년 「독일의 모든 도시의 시의원들에게 드리는 글, 기독교학교를 세워 활성화시킬 것을 호소하며」를 통하여 모든 도시들이 학교를 세워 성장하는 세대들을 기독교도로 양육할 것을 호소하면서, 교육이 교회와 사회를 위해 왜 필요한 것인지를 설명한 것이 설득력을 가졌기 때문이다. 또한 그는 『대 교리문답』과 『소 교리문답』을 통해 기독교 교육의 내용과 방법 그리고 여러 지침들을 제시하여 당시 사회의 눈길을 끌었기 때문이었다.[25] 그에 의하면, 첫째로 교육은 일차적으로 '가정'의 과제라는 것이나 가정에서 교육적 과제를 잘 담당하지 못할 때는 그 과제를 국가와 통치자가 대신하여 맡아야 된다는 것이다. 둘째, 교육의 주체를 교회에서 학교로 옮겨야 한다는 것이다. 그간 학교가 교회의 재정과 인력으로 운영되었으나 이제 국가가 그 역할을 담당해야 한다고 말한다. 셋째, 학교에서는 언어, 7학예학 과목을 중심으로 한 학문과 역사를 가르쳐야 한다는 것이다.

프랑스에서 루터주의 학교는 바 랑그독(Bas Languedoc) 교구에 설립된 콜레주 드 님(Collège de Nîmes)이 처음이었다. 그것은 프로방스의 시정관(magistrates)들의 요구에 따라 1539년 프랑수아 1세, 그리고 인문주의자와 개신교도의 후원자인 그의 누이 마르그리트 드 나바르(Marguerite de Navarre)가 함께 설립한 것이었다. 이 콜레주

---

25) 양금희, 「마틴루터」, 『위대한 교육사상가들』 I, 교육과학사, 1996, 349~350쪽.

의 첫 번째 교장은 비텐베르크에서 공부했고 '독일 국민의 교사'로 알려진 멜란히톤(Melanchthon)과도 가까운 친구였던 바뒤엘(Claude Baduel)이었다. 따라서 이 콜레주는 자연스럽게 루터주의 형태로 프랑스에서 새 교육기관의 중심지들 중 하나가 되었다.

여기에서는 5~20세의 학생들에게 강의가 제공되었으며, 철학 강좌도 개설하여 대학 학예학부의 기능을 충실하게 수행했다. 교육의 특징은 라틴어로 말하는 습관을 길렀으며, 교수들에 의해 지정된 시간에 그리스어나 헤브라이어를 제외하고 다른 언어의 사용을 허락하지 않았다는 것이다.[26] 그러나 학생들에게 라틴어를 정확하고 유창하게 구사하는 것이 쉬운 일은 아니었으므로 학생들은 말하다가 벌받기가 일쑤였다. 하급반 학생들은 그래도 용서가 되었지만 상급반의 학생들은 프랑스어로 말하다가 벌받는 학생들이 꽤 많았다.

그렇다면 칼뱅주의 교육사상은 프랑스에서 어떻게 침투되었을까? 칼뱅은 파리 대학의 코프(Nicholas Cop) 주임사제의 조언에 따라 '루터의 종교개혁'이라는 이념조직에 가입했으나 1534년 프랑수아 1세의 정책 변경과 개신교에 대한 박해에 의해 충격을 받고 가톨릭에 반기를 들었다. 그는 박해를 피해 스위스의 바젤로 간 다음해에 발간한 『기독교 강요(Institution de la Religion Chrestienne)』에서 가톨릭교회의 '잘못된 성례들'을 지적했다. 그는 성경의 권위에 대

---

26) Geraldine Hodgson, *Studies in French Education from Rabelais to Rousseau*(N.Y.: Burt Franklin, 1969), p.54.

한 확신을 굳히고 루터주의를 수용하며 개신교 교리의 일류 해설 자가 되었다.[27] 그곳에서 그는 학교 교육에 관심을 가지기 시작했다. 특히 그는 김나지움(인문계 중·고등학교)의 개혁에 관심을 쏟았고, 초등 교육 개혁에 관여했으며, 말년에는 제네바 아카데미를 세워 후진을 양성했다.[28] 그는 학교 설립의 첫 번째 목적을 목사를 양성하는 것, 두 번째 목적을 국가에 필요한 인재를 양성하는 것에 두었다.

칼뱅은 루터의 교육사상을 그대로 실천하는 것으로 만족하지 않고, 1537년 자신의 『교리문답서(Catéchisme)』를 만들었다. 여기에서 그는 교육을 강조했는데, 이 책은 신앙, 하나님의 계명, 주일기도, 하나님의 말씀, 성례, 아침과 저녁 기도 등 6부로 되어 있다. 그는 기독교 세계에서 『교리문답서』의 내용은 선생님이 질문하고 학생들이 대답하는 것과 같은 '대화의 방식'이어야 한다고 강조했다.[29]

그는 제네바 시 당국에 의해 설립되었고 개신교 정신이 강한 콜레주 드 스투름(Sturm)에서 나이든 학생들에게 신학을 가르쳤다.[30] 그의 영향으로 프랑스에서는 1541년 생트 푸아, 다음해 오비니와 모 등에서 칼뱅파의 집회조직이 만들어졌고, 또한 콜레주의 설립도 추진되었다.

---

27) William Boyd & Edmund J. King, *The History of Western Education*, p.198.

28) 양금희, 『위대한 교육사상가들』 I, 432~434쪽.

29) Jean de Viguerie, *L'Institutions des Enfants: L'éducation en France, 16e-18e siècle*, p.43.

30) 오형국, 「칼뱅의 종교개혁 사상과 인문주의」, 한국교원대 대학원 박사학위논문, 2005, 186쪽.

칼뱅의 교육은 스투름 학교의 것을 많이 참고했다.[31] 그는 자신의 교육계획을 1559년 『아카데미 조례』에 담아 출판했다. 여기에서 그는 1. 학년을 질서정연한 계열로 조직하고, 2. 한 학년을 10명 단위의 조로 편성하며, 3. 진급할 때 엄숙한 의식을 거행하고, 4. 하급과정인 '스콜라 프리바타(Schola Privata)' 또는 '김나지움'에서는 중등 교육 수준의 교육을 실시하고, 5. 상급과정인 '스콜라 퓌블리카(Schola Publica)'에서는 신학, 법률 등 높은 수준의 과목을 가르치도록 했다.

다만 스트라스부르에서 10학년으로 되었던 것을 여기에서는 7학년으로 줄여서 계획했다. 아래의 4개 학년의 학생들은 라틴어뿐만 아니라 프랑스어의 읽기와 쓰기를 배우게 했는데, 그것은 전통적인 엘리트주의에서 벗어나 제네바의 민주적 생활정신을 반영한 것이었다. 이제 학생들은 키케로와 아리스토텔레스를 더 이상 원하지도 않았고, 그리고 원할 수도 없게 되었다.[32]

이와 같은 칼뱅의 교육이념은 곧 제네바 콜레주에 반영되었다.

---

31) William Boyd & Edmund J. King, *The History of Western Education*, p.195 · 199. 스투름(John Sturm:1507~1589)은 리에주에 있는 "공동생활 형제단"의 학교에서 수학한 후, 루벵과 파리에서 학생으로서 또한 강사로서 한때를 보내고 1537년 스트라스부르에 있는 김나지움의 교장이 되어 혁신적으로 학교를 운영했다. 학생의 능력별로 학년 조직을 하고 한 학년을 10명씩 조직하되, 6~15세까지의 학생을 대상으로 했다. 1537년 「문예교육을 위한 바른 기초교육 방법」, 1565년 「학교편람」을 쓰고 이에 따라 교육혁신을 했다. 그는 칼뱅의 교육이념 수립에 많은 영향을 주었다.

32) John W. Donohue, S. J., *Jesuit Education: An Essay on the Foundation of Its Idea*(N.Y.: Fordham University Press, 1963), p.60.

이것은 제네바 대학이라고도 했는데 1558년 설립위원회를 구성하여 1563년에 완성된 것이며 칼뱅이 제네바에 체류하는 동안에 완성된 유일한 학교였다. 처음에는 의무 교육이었으며 주로 가난한 학생들을 위한 초등 교육도 실시했다. 학교의 재정기반은 스위스의 민주화를 방해한 페랭, 셉트, 방델, 베르델리에르 및 그들의 일당으로부터 몰수한 재산이었다.[33] 학교는 '아카데미, 콜레주, 대학' 등 다양하게 불리어졌으며, 베즈(Théodore Bèze)가 초대 교장으로 임명되었다. 바로 이 학교가 프랑스의 18개 위그노 교구에 세워진 32개 콜레주 교육의 모델이 되었다.

그러므로 독일의 홀(Karl Holl)이 칼뱅을 "세계적 수준의 민족 교육가"라고 평가한 것은 의미가 있다.[34] 그것은 그의 개신교 교육사상과 그의 영향으로 설립한 학교들이 프랑스는 물론 서유럽과 신대륙에 전파되었고 근대 교육의 모델이 되었기 때문이다.

2) 위그노(칼뱅주의) 콜레주의 증가와 탄압

프랑스에서 개신교의 활동은 1559년 프랑수아 2세(재위 1559~1560)가 왕위에 올랐을 때 절정에 달했는데, 제네바가 개신교의 로마로서 자리를 잡자 칼뱅주의 교회들이 네덜란드, 헝가리,

---

33) Amédée Roget, *Histoire du Peuple de Genève depuis la réforme jusqu'à l'esclade, vol. VI*(Jeneva: J Jullien, 1870), p.240. 그래드 그래함 지음, 김영배 역, 『건설적인 혁명가 칼뱅』, 생명의말씀사, 1986, 226쪽 재인용.

34) 양금희, 『위대한 교육사상가들』 I, 394~395쪽.

서독 지역, 스위스, 스코틀랜드 등에 설립되었고, 많은 귀족들도 가톨릭을 버리고 개종했다.[35]

사실 1559년 개신교의 첫 번째 총회가 파리에서 열렸을 때, 프랑스에는 이미 72개의 개신교회가 있었고, 2년 후에는 2,150개로 증가했다.[36] 바로 이때부터 프랑스에서는 개신교 교육이 활기를 띠게 되었다. 곳곳에서 아이들은 칼뱅의 「교리문답」을 통하여 교육을 받았다. 이 개신교 「교리문답」에 덧붙여 위그노 콜레주의 소학교의 교과과정에는 읽기, 쓰기, 기본적인 산수, 그리고 노래가 포함되었다.

프랑스에서 콜레주의 설립은 일반적으로 두 가지 경우에 따라 이루어졌다. 하나는 시 당국이나 지방영주에 의해 설립되는 경우였고, 다른 하나는 위그노 종단에 의해 설립되는 경우였다. 당시 콜레주들의 대부분은 시 당국에 의해 설립되었지만 때로는 지방영주가 그의 영지 안에 설립한 경우도 있었다. 이때 제네바의 콜레주를 모델로 프랑스에 설립된 최초의 학교는 콜레주 드 샤티옹 쉬르 루앙이었다. 그것은 콜리니 제독의 후원에 의해 시작되었다.[37] 이처럼 위그노 콜레주들이 설립될 수 있었던 것은 카트린과 그녀를 돕는 로피탈 등이 가톨릭과 위그노들 사이에 평화를 정착시키기 위해, 그리고 그녀의 아들 샤를 9세(재위 1560~1574)를 무사하게 왕위에

---

35) Malet et Isaac, *L'Histoire, tome 2: L'Âge classique, 1642~1789*(Paris: Librairie Hachette, 1959), p.68.

36) H. C. Barnard, *The French Tradition in Education*, p.80.

37) *Ibid.*, p.81.

앉히고 새로운 시대를 열기 위해 노력한 결과로 볼 수 있다.

샤를 9세의 모후 카트린은 섭정을 하면서 1561부터 투옥된 위그노들을 석방시키고 처형을 중지시켰으며 위그노와의 화해에 진력했다. 그 결과 1562년 1월 칙령으로 위그노들에게 대도시 밖의 일정한 장소에서 예배드리는 것이 허락되면서 위그노 학교의 설립도 그만큼 수월해졌다. 16세기만 하더라도 프랑스에서 루터주의 콜레주는 콜레주 드 님에 불과했는데 칼뱅주의 콜레주는 20개 이상 설립되었다.[38] 그것은 물론 독일과 프랑스라는 두 사람의 국적 차이도 있었겠지만 일반적으로 루터보다는 "부는 하나님의 은총이고 직업은 하나님의 소명"이라는 등등의 칼뱅의 교리가 보다 프랑스에서 설득력과 실천력을 가졌기 때문이었던 것 같다.

초기의 학교들은 건물도 어설프고, 학생들도 적었다. 학생들이 적을 경우 두 개의 성에 살고 있는 아이들을 모두 한 학교나 한 교실에서 교육받도록 했다. 위그노들이 침투한 지역에서의 교육은 대개 강제적일 수밖에 없었다. 그것은 교육이 칼뱅주의를 전파하는 의무를 지고 있었기 때문이었다. 따라서 학교를 유지하는 어려움도 많았다. 종종 지방성직자들이 교장직을 맡았고 졸업생들의 도움을 받아 학교가 운영되었다. 게다가 지방성직자가 교장직을 수행할 경우에는 가톨릭의 '장학관(écolâtre)'을 대리하는 지방교구

---

38) Hebert Lüthy, *From Calvin to Rousseau: Tradition and Modernity in Socio-Political Thought from the Reformation to the French Revolution*(N.Y., : Basic Books, Inc, 1970), p.57.

의회의 승인을 받아야 했으므로 어려움이 많았다.[39]

칼뱅의 교육관은 어디에나 종교적 측면이 두드러지지만, 그는 또한 세속 교육의 필요성도 인정하였으므로 사람들에게 비교적 쉽게 수용되었다. 우선 그의 스승 코르디에(Mathurin Cordier)와 함께 집필한 『초등교육에 대한 전망』에서도 나타나지만, 칼뱅은 비록 하나님의 말씀을 최우선으로 여기기는 해도 자연법칙이나 세속의 미담을 거부하지 않았다. 하나님의 말씀은 참으로 모든 학문의 초석이지만, '학예학과(liberal arts)'는 하나님의 말씀에 완전한 지식을 얻는 데 도움이 되므로 결코 소홀히 다룰 것이 아니라는 것을 강조함으로 많은 추종자를 얻었다. 그는 교육이 일반 행정을 뒷받침하고 교회를 보호하며 사람들 사이에 인간미를 유지하는 데 필요하다고 강조했다.[40] 또한 그는 모국어와 실용 산수 공부를 위해 충분한 배려를 했고 철저한 문법훈련을 강조했다. 게다가 "인문학과 좋은 교육은 하나님 말씀을 아는 데 아주 도움이 된다. 그래서 학교나 숙사는 교회나 국가에서 하나님을 섬기기에 적합한 사람들을 양성하는 데 필요하다."[41]라는 그의 신념과 교훈은 프랑스 전역에서 설득력을 가지게 되었다.

칼뱅에 의하면, 우리가 가지고 있는 참되고 건전한 모든 지혜(sagesse)는 두 부분으로 되어 있다. 하나는 하나님에 관한 지식이

---

39) *Ibid.*, pp.82~83.

40) William Boyd & Edmund J. King, *The History of Western Education*, pp.198~199.

41) H. C. Barnard, *The French Tradition in Education*, p.76.

요, 다른 하나는 우리 자신에 관한 지식이다. 하나님을 알지 못하고는 자신을 알지 못한다.[42] 따라서 그의 교육개념은 그의 신학적인 인간 이해에 바탕을 둔 것이다. 타락한 인간을 하나님과의 바른 관계로 인도하고, 나아가서 교화의 과정에 있는 인간을 계속적으로 더 성숙하게 함으로써 예수 그리스도와 완전히 일치하도록 하는 교육이다.

그러므로 칼뱅의 교육사상은 형식적으로는 인문주의의 교육사상과 일치하지만 내용적으로는 분명히 인문주의로부터 분리되는 것이었다. 이는 루터의 교육사상에서도 볼 수 있는 현상으로, 종교개혁가와 인문주의자의 인간에 대한 이해가 본질적으로 달라서 생기는 필연의 결과라고 볼 수 있다.

그리고 또 하나의 차이는 루터의 교육사상은 '가정과 학교'가 '교회'와 나란히 교육의 장으로서의 의미를 갖고 있고, 나아가서 일반적인 교육적 관점을 자신의 기독교 교육의 영역 안에 포함시키고 있다. 그러나 칼뱅의 경우는 '교회'가 교육의 최고권위를 갖는다. 물론 그도 가정에서의 교육과 학교에서의 교육을 말하고는 있으나, '가정을 통한 교회 교육', '학교를 통한 교회 교육'이 그의 교육사상이다.[43]

따라서 프랑스에서는 베즈가 교장으로 있었던 콜레주의 영향

---

42) Jean Calvin, *Institution de la Religion Chrestienne, tome 2*, texte établis et présenté par Jacques Pannier(Paris: Société d'Édtion—Les Belles Lettres, 1961), pp.39~40.

43) 양금희, 『위대한 교육사상가들』 I, 436~437쪽.

을 가장 많이 받았다. 그 학교는 1559년 6월에 개교했으며, 학생은 600명이었고, 그 다음해에는 1,200명으로 증가되었다. 이 콜레주에서는 월, 화, 목, 금요일에 강의를 했다. 여름에는 6시, 겨울에는 7시에 시작하여 9시까지 수업을 하고 각자 집에 돌아갔다. 그리고 이들은 11~12시까지 음악 수업을 받았으며 교회 예배의 찬양을 이끌기도 했다.[44]

1563년 개신교들에게 신앙의 자유를 인정하는 14개조의 앙부아즈 칙령(Edit d'Amboise)[45]으로 위그노 소학교들이 더욱 증가되었으며, 이를 바탕으로 미래의 목사들을 훈련할 수 있는 몇 개의 콜레주들이 설립되었다. 그리고 푸아시 회담(1561. 9~11)이 개최 될 무렵 프랑스 전역에 확산된 위그노 교회를 위해 4,000~6,000명 가량의 목사들이 필요하다는 것을 인식함으로써 콜레주 설립에 박차를 가하게 되었다.[46] 그리하여 앙리 4세 시대인 1596년 14번째 위그노 총회가 개최될 때에는 무려 30여 개의 콜레주들이 제네바 모형으로 설립되었다. 그리고 1607년 18번째 총회가 라 로셸(La Rochelle)에서 개최될 때에는 학생들을 위한 충분한 시설까지 마련되었다. 따라서 1610년까지 16개 교구에 32개 위그노 콜레주가 설립되었던

---

44) Jean Boisset, *Histoire du Protestantisime: Que sais-je? no, 427*(Paris: P.U.F., 1970), p.60. cf. H. C. Barnard, *The French Tradition in Education*, p.76.

45) 이 칙령은 왕비, 부르봉 추기경, 콩데 공작, 부르디옹 원수 등의 자문을 받아 작성된 것으로 위그노들에게 신앙의 자유를 인정한다는 14개의 조항으로 되어있다. 그러나 신분에 관계없이 신앙과 의식의 자유를 부여한다는 것 이외에, 종교의식은 영주의 허가를 받아야 하며, 관할재판소 내에 예배장소 지정 등과 같은 제한규정이 많았다.

46) H. C. Barnard, *The French Tradition in Education*, p.83.

것을 볼 수 있다.[47]

위그노 콜레주는 1539년 바 랑그독에 콜레주 드 님이 설립된 후 1610년 기엔에 콜레주 드 베르제락이 설립될 때까지 약 70년 동안에 설립되었다. 그리고 루이 14세 시대 프랑스의 영토 확장으로 1643년과 1659년 각각 편입된 콜레주 드 메츠(1563)와 콜레주 드 스당(1575), 그리고 콜레주 드 몽벨리아르 등 3개의 콜레주를 합하여 모두 35개의 콜레주가 설립되었다. 원래 콜레주 드 님은 루터주의에 의해 설립되었으나 얼마 되지 않아 위그노 콜레주로 전향되었다.

그리고 대부분의 위그노 콜레주가 앙리 4세의 통치 시대 전후로 설립된 것을 보면 앙리 4세의 낭트 칙령과 더불어 '화의적 종교 정책' 덕분이었다. 또한 칼뱅이 생존하였을 때보다는 그가 1564년 사망한 이후 프랑스에 위그노 콜레주가 많이 설립된 것은 그의 교리상의 영향력이 컸던 것을 알 수 있다. 그러나 아쉽게도 프로방스에는 위그노 콜레주가 설립되지 않았다.

---

47) *Ibid.*, p.298. 1. 일 드 프랑스 지방－클레르몽 쉬르 보부아지(Clermont-sur-Beauvoisis) 콜레주(1609) 2. 노르망디 지방－알랑송 콜레주 3. 베리 지방－제르고 또는 자르고(1609), 샤티옹 쉬르 루앙(Châtillon-sur-Loing), 몽타르지(1571?) 등의 콜레주 4. 앙주 지방－투르, 방돔(1562), 소뮈르(1596), 루댕(1597) 등의 콜레주 5. 브르고뉴 지방－퐁 드 벨르, 페이 드 젝스 등의 콜레주 5. 부르타뉴 지방－비트레 콜레주 7. 푸아투 지방－니오르 콜레주 8. 생통주 지방－라 로셸(1570), 라 로쉬후코(1582년 전), 멜 등의 콜레주 9. 기엔 지방－베르제락(1610년경), 네락 등의 콜레주 10. 오트 랑그독 지방－몽토방(1597), 카스트르(1596), 퓌이로랑 등의 콜레주 11. 바 랑그독 지방－베지에, 님(Nimes, 1539), 몽펠리에 등의 콜레주 12. 세벤 지방－앙뒤즈 콜레주 13. 도피네 지방－앙브랭, 디(1604), 오랑주(1573) 등의 콜레주 14. 비바래 지방－프리바스(1605), 오베나스, 아노내 등의 콜레주 15. 베아른 지방－오르테즈 콜레주(1566).

그리고 앙리 4세가 살해된 후부터 위그노 콜레주는 설립되지 않았다. 그것은 첫째, 루이 13세, 14세, 15세가 연이어 위그노 학교의 설립을 허가하지 않았기 때문이다. 둘째, 1563년부터 2세기 동안 콜레주 드 클레르몽과 콜레주 드 루이 르 그랑 등과 같은 예수회 콜레주들이 로마 교황의 후원으로 설립되어 교육의 주도권을 빼앗긴 이유도 있다.[48] 1627년 예수회 콜레주 학생들은 파리 12,565명, 툴루즈 6,940명, 샹파뉴 5,578명이나 되었으며, 학생의 증가는 루이 13세 시대 말까지 계속되었다.[49]

다만 콜레주 드 메츠, 콜레주 드 스당, 콜레주 드 몽벨리아르 등은 프랑스 국경 밖에 있었으므로 퐁텐블로 칙령 후에도 살아남을 수가 있었다. 몽벨리아르는 스위스와 접경지대로 1793년까지도 프랑스의 영토가 되지 못한 지역이었다.[50]

실비(M. A. Silvy)의 말처럼 1500~1789년 프랑스의 콜레주는 모두 900개 정도였으므로 위그노 콜레주는 전체의 30분의 1정도 밖에 되지 않으나[51] 빌맹(A. F. Villemain)의 말과 같이, 루이 14세의 친정 시작 당시 파리 대학 콜레주도 45개밖에 되지 않았던 것을 볼 때 위그노 콜레주가 프랑스 교육에서 차지했던 비율은 적지 않았

---

48) Gustave Dupont-Ferrier, *Du Collège au Lycée Louis-Le-Grand, 1568~1920*(Paris: E. De Boccard), p.22.

49) François de Dainville, *L'Éducation des Jésuites, XVIe-XVIIIe siècles*(Paris: Les Éditions de Minuit), pp.220~221.

50) H. C. Barnard, *The French Tradition in Education*, pp.298~299.

51) P. Adolphe Perraud, *L'Oratoire de France au XVIIe et au XIXe siècle*(Paris: Charles Douniol Libraire-Éditeur, 1865), pp.236~237.

각 종파의 학교 교육
Pierre Goubert et Daniel Roche, *Les Français et L'Ancien Régime, tome2:Culture et Société*(Paris:
Armand Colin,1984)

던 것으로 평가된다.[52]

　위그노 콜레주 교육의 기본 지침서는 칼뱅의 『교리문답서』였다. 그것은 예수회의 교육에도 간접적으로 상당한 영향을 주었다. 예수회 출신인 오제(Edmond Auger)가 콜레주 드 파미에(Pamiers)의 교사로 재직하고 있을 때, 학생들이 칼뱅의 『교리문답서』를 가지고 있는 것을 보고 깜짝 놀랐다. 이에 자극받은 그는 그것을 참고로 1563년 '시대의 오류에 대한 젊은이들의 교육을 위해' 『교리문답서와 그리스도교의 교리 개요(*Catéchisme et Sommaire de la Doctrine chrétienne*)』

---

52)　Antoine Léon, *Histoire de L'Enseignement en France*(Paris: P. U. F., 1977), p.37.

를 발간했다. 그는 칼뱅 추종자들의 논리들을 하나하나 반박하면서 자신의 학생들을 이해시켰다. 그가 저술한 이 책은 바로 가톨릭 최초의 『교리문답서』가 되었다. 칼뱅의 『교리문답서』처럼 그것도 아이들을 위해 저술되었던 것이었다.[53] 그러므로 교육적인 면에서 볼 때, 가톨릭에서는 칼뱅의 『교리문답서』에서 교육방법을 긍정적인 방법으로든 부정적인 방법으로든 차용했다고 볼 수 있다. 따라서 비그리 교수의 말처럼, 칼뱅은 직접 가톨릭교도들을 가르치지는 않았지만 가톨릭 교육방법의 스승이 되었음을 부인할 수 없다.

칼뱅의 교육원리는 프랑스, 독일, 베네룩스 삼국, 스코틀랜드 및 영국 등지에서 제네바 콜레주에 유학한 학생들이 귀국하여 교회 개혁과 정치혁명에 참여함으로써 각국에서 실현되었다.[54] 그리고 프랑스의 위그노, 네덜란드의 고이센, 영국의 청교도, 스코틀랜드의 장로교 등 각국에서 형성된 종파에서 제네바 대학의 체제를 각각 상이한 방식으로 수용하여 성공을 거두면서 교육에 있어서도 강력한 영향력을 가지게 되었다. 심지어 교회가 압도적인 지위를 확립하지 못한 나라에서도 칼뱅주의는 여전히 교육 발전에 상당한 영향을 미쳤다. 프랑스 내의 위그노 종단 산하에 설립된 수많은 초등학교와 35개의 콜레주 그리고 샤티옹과 스당 등 8개 대학들은 이미 다른 나라 대학의 모델이 되었으며, 특히 이중 8개의 대학들은 한때 유럽 대학으로부터 수월성을 인정받았다.

---

53) Jean de Viguerie, *L'Institutions des Enfants: L'éducation en France, 16e-18e siècle*, p.44.

54) 그래드 그래함 지음, 『건설적인 혁명가 칼빈』, 229쪽.

3. 친 가톨릭 종파 학교들의 수난

1) 예수회 콜레주의 설립과 탄압

프랑스에서 가장 첫 번째 설립된 예수회 학교는 1548년에 나달 신부(Père Jérome Nadal)가 메신(Mésine)에 세운 콜레주이다.[55] 프랑스가 스페인과는 적대적이었으므로 처음 예수회가 파리에 입성하는 데는 상당한 어려움이 많았다. 그래서 프랑스 절대왕정의 감시를 피할 수 있는 콜레주 뒤 트레조리에(Tresorier), 콜레주 데 롱바르(Lombards) 등에 숙사를 잡았다.[56] 프랑스에서 예수회 콜레주들은 1563년에서 본격적으로 설립되기 시작해서 1762년까지 2세기 동안 지속되었다.[57] 예수회는 가장 경계심이 많은 도시에서도, 왕족

55) 위의 책.
56) 위의 책, 50쪽.

과 대귀족의 곁에서도, 심지어 왕의 주위에서도 뿌리를 내렸다.

　그렇다면 예수회가 교육 사업에서 성공할 수 있었던 이유는 무 엇이었나? 뒤비(George Duby)가 말한 바와 같이, 첫째, 17세기 초 부터 앙리 4세가 보여준 것과 같은 당국의 지원 그리고 콜레주의 교수(교육신부)들이 인문주의자들이 남겨준 고대유산들을 과감하 게 기독교화했기 때문이었다.[58] 둘째, 중세 가톨릭처럼 지나치게 엄격하지 않은 샤를 페로의 '신앙지도법'의 도움이 있었기 때문이 다. 예수회는 부자들이 좋은 음식이나 의복과 주택의 사치로 인해 신 앞에서 죄인이 되는 것이 아니라 가난한 자들에 대한 냉혹함으 로 인해 죄인이 되는 것이라는 가르침으로 많은 유산계층들의 호 응을 얻었다. 셋째, 종교생활을 즐겁고 매력적인 것으로 이끌었다. 수정된 주일예배의식, 밝은 조명, 도리아식이나 코린트식의 원주, 대리석과 금 그리고 회화로 교회 내부 장식, 오페라식의 성가, 여 자 합창단 등을 과감하게 도입했다. 넷째, 예수회 사람들은 대개 세속의 삶과 학문 그리고 직업의식이 강하고 적극적이었다. 그들 은 각종 아카데미와 철학 논쟁에 열성적이며, 소르본 대학에서도 강력한 세력을 형성하고 있었다. 그리고 부르주아와 귀족으로 구 성되어 있어 하층민의 불만을 사기도 했지만 창설 100주년에는 프 랑스 왕국에서 다른 종단의 추종을 불허할 만큼 교세와 콜레주가

---

57)　Gustave Dupont-Ferrier, *Du Collège de au Lycée Louis-Le Grand(1568~1920)*, p.1.

58)　Georges Duby, Robert Mandrou, *Histoire de la Civilisation Française XVIIe-XXe Siècle*, p.26.

확장되었다.[59]

프랑스 절대주의 시대 예수회 콜레주의 역사는 5단계의 과정 속에서 발전했다. 1단계(1563~1594)는 콜레주 드 클레르몽(Collège de Clermont)과 콜레주 드 루이 르 그랑(Collège de Louis-Le-Grand)[60] 등이 설립되는 초창기였다. 제2단계(1595~1618)는 예수회가 추방되었던 시기이다. 제3단계(1618~1682)는 왕의 공식적인 후원을 받는 기간이었다. 그리고 제4단계(1682~1761)도 역시 왕의 공식적인 후원을 받는 시기였다. 제5단계(1761~1762)는 다시 추방되는 시기였다.[61]

예수회는 콜레주를 설립하는 데 세 가지 원칙을 적용했다. 첫째, 가톨릭 동맹에 속해 총애를 받고 있는 문예학술 옹호자, 주교, 귀족들이 사는 마을의 콜레주를 선택했다. 따라서 콜레주 드 비용(Collège de Billon:1556)과 콜레주 드 모리악(Collège de Mauriac:1560)은 클레르몽 주교의 덕택으로 설립되어 각각 740명과 400명의 학생들을 입학시켰으며,[62] 파미에에서 예수회 콜레주들이 1559~1562년 사이에 유지될 수 있었고, 콜레주 드 베르댕(1570)이 설립된 것은 로렌 추기경과 가까운 고위 성직자들의 후원 덕분이었다. 그리고 투르농(Tournon) 추기경은 1561년 그의 콜레

---

59) *Ibid.*, pp.26~27.

60) R.R.Palmer, *The School of the French Revolution: A documentary history of The College of Louis-Le-Grand and its director, Jean-François Champagne*, p.10.

61) Gustave Dupont-Ferrier, *Du Collège de au Lycée Louis-Le Grand(1568~1920), tome 1*, p.507.

62) François de Dainville, *L'Éducation des Jésuites, XVIe-XVIIIe Siècles*, pp.199~120.

주를 예수회에 개방했고, 아르마냑 추기경은 그가 주교로 있었던 곳에서 콜레주 드 로데(Rodez:1562)를 개방함으로써 예수회 콜레주의 성격을 갖게 되었다.

둘째, 예수회는 그들과 경쟁해야 되는 콜레주들을 인수하거나 또는 합병했다. 이 경우에 속한 것은 툴루즈(1567), 보르도(1572), 부르주(1575), 디종(1581), 루앙(1593)에 설립된 콜레주들이었다. 예외적인 것이 하나 있다면 콜레주 드 트리니티였다. 예수회가 거기에 입주한 것은 리옹 시(1565)에서 제의한 것으로 오제 신부(Père Edmond Auger)의 노련한 수완 그리고 가톨릭 신자들의 협조와 더불어 마을에서 신속히 결의되었기 때문이었다.

셋째, 자신들이 관여하기 원치 않거나, 관여할 수 없는 콜레주들을 다른 수도회나 교단에 맡기는 것이었다. 그것은 예수회 정책에 일치하지 않거나 보조금을 충분히 받지 못하는 경우였다. 그러한 예로 1624년 콜레주 드 툴롱은 예수회의 제안으로 오라토리오 콜레주에 위탁되었다. 그것은 1611년 피에르 드 베륄(Pierre de Bérulle)이 설립한 수도회가 1618년 리옴(Riom)에 가장 먼저 설립한 콜레주였기 때문이었다.[63]

1585년부터는 예수회가 상부의 권고나 압력에 의하지 않고, 가톨릭교의 권위가 통용되는 도시의 요구에 의해서 콜레주를 설립했다. 퓌(1588), 오슈(1590), 아강(1591), 페리그외(1591), 리모주(1598), 베지에(1599) 등 프랑스 남부 도시의 예수회 콜레주들은 바로 그러한

63) Marie-Madeleine Compère, *Du Collège au Lycée(1500~1850)*, p.60.

예로 설립되었다. 그 결과 당시 예수회는 20개의 콜레주를 소유하게 되었다. 그러나 1593년 콜레주 드 클레르몽의 학생이었던 샤텔(Jean Châtel)의 모반 음모가 드러나 예수회 콜레주는 어려움을 당했다. 그 사건으로 고등법원까지 가세하여 예수회 콜레주 설립을 반대했다. 이러한 상황에도 예외적으로 툴루즈 고등법원지구에서는 7개의 예수회 콜레주가 그대로 유지되도록 방치했다.

그러나 앙리 4세의 낭트 칙령이 발표된 1598년에서 1620년까지 매년 43,000에퀴(ecus)를 개신교 교회가 기금으로 지급받았기 때문에 상대적으로 예수회 콜레주는 재정이 결핍되어 활기를 되찾기 어렵게 되었다. 게다가 루이 13세는 '연보금(deniers)'을 예수회 콜레주들에서만 충당한다는 칙령을 내림으로 다시금 예수회 콜레주들은 수난을 당해야 했다.[64]

예수회 콜레주들 중 콜레주 드 클레르몽과 콜레주 드 루이 르 그랑이 가장 모범적이었다. 일반적으로 예수회 콜레주의 교육방침과 내용은 학생과 학부형들은 물론 오라토리오와 같은 다른 종단의 콜레주에서도 선호했다. 오라토리오회는 쥐이(Juilley)와 같은 아카데미를 설립하고 연극을 상연할 때 예수회의 양식을 하나의 모델로 이용했던 것으로 보아 교육 발전의 선도적 역할을 했다.

1577~1583년 예수회 콜레주의 학생들 중 파리에 거주하는 기숙생은 300명에서 400명, 그리고 500명까지 증가되었으며, 여기에 통학생을 포함하여 학생들이 1,200~1,300명에 이르렀다. 1592

---

64) *Ibid*., p.52.

년 파리가 함락되었을 때 기숙생은 700명이었고, 1620~1700년은 2,000명, 또한 루이 15세 시대인 1762~1771년에도 2,000명의 학생들을 수용하고 있었다.[65]

그러나 예수회에 대한 박해의 시작과 함께 콜레주 드 클레르몽과 루이 르 그랑은 교황의 인가 후에도 계속 폐교의 위협을 받았다. 그것은 앙리 4세 시대인 1594년, 루이 13세 시대인 1625년과 루이 14세가 즉위한 1643년이 가장 심했다. 심지어 앙리 4세와 루이 13세 시대 25년간은 실제적으로 학교의 문을 닫기까지 했다. 특히 루이 14세에 의해 1682년부터 여러 번 폐교의 위협을 받았다. 그리고 루이 15세 시대인 1718년과 1757년에도 폐교 위협을 받았으며, 1762년에는 콜레주 드 루이 르 그랑은 완전히 폐교되었고, 그 이름만 파리 대학의 한 콜레주로 사용되었다.

1764년까지 예수회가 프랑스에서 완전히 축출되었는데, 다른 가톨릭 국가에서도 그와 같은 현상이 일어났다. 그들이 축출될 때, 다른 어떤 종단에서 경영하는 콜레주보다 많은 120개의 콜레주를 소유하고 있었다.[66] 당시 콜레주들이 가지고 있던 많은 건물, 시설, 재산은 여러 지역의 행정기관에 넘겨졌다. 이러한 현상은 파리는 물론 얀센주의자들이 많았던 샹파뉴, 상스, 랭스, 트루아, 샬롱, 부르고뉴 등에서 더욱 심했다.[67]

---

65) Gustave Dupont-Ferrier, *Du Collège de Clermont au Lycée Louis-Le-Grand(1563~1920), tome 1*, p.22.

66) Antoine Léon, *Histoire de L'Enseignement en France*, p.36.

67) François de Dainville, *L'Éducation des Jésuites, XVIe-XVIIIe Siècles*, p.99.

파리 대학은 파리고등법원의 힘을 빌려 예수회 교단을 축출한 후, 콜레주 드 루이 르 그랑에 공직들을 임명했고, '전 과정 개설 콜레주'를 제외한 나머지 콜레주들을 콜레주 드 루이 르 그랑에 통합시켰다. 그래서 파리 대학에 의해 실시된 중등 교육은 몇 개 안 되었던 '전 과목 개설 콜레주'에 집결되었다.[68]

예수회 콜레주의 폐교는 교육사적으로 막대한 손실이었으나, 파머의 지적과 같이 지식집단의 총체적인 사상운동과 교육에 대한 위대한 저서들의 출판을 동반하게 되었다. 그것들은 루소의 『에밀』, 라 샬로테(La Chalotais)의 『국민교육론』, 가르니에의 『시민교육』 등이었다. 이들 중 샬로테는 루소와는 달리 비판적이었으며, 1763년 그의 저서에서 처음으로 '국민교육(education nationale)'이라는 말을 사용했다. 그것은 '애국이나 애국자'와 같은 의미로 이해되었다. 그는 학교에 사제나 수도사를 거부하며 속인교사를 요구했던 것이 특징이다.[69]

결국 예수회 콜레주는 후일 프랑스혁명정부가 세운 루이 르 그랑에 통합됨으로 자취를 감추게 되었으나 그들이 남긴 교육정신과 방법은 나폴레옹 시대를 거쳐 프랑스 근대교육의 전통 속에 살아 오늘에 이르고 있다. 그리고 예수회는 유럽의 여러 나라는 물론 오늘날에는 인도, 미국 등 100여 개 국가에 종단과 학교가 설립되어

---

68) H.C.Barnard, *The French Tradition in Education*, p.287.

69) R.R.Palmer, *The School of the French Revolution: A documentary history of The College of Louis-Le-Grand and its director, Jean-François Champagne*, p.23.

있고,[70] 한국(1943)에도 1960년 서강대를 비롯하여 여러 학교에서 교육 사업을 활발하게 전개하고 있다.

2) 오라토리오 콜레주와 예수회 콜레주의 합병

프랑스 오라토리오회는 루이 13세 시대 초기(1611. 11)에 6명의 사제들이 공동생활을 하고자 생 자크 가의 프티 부르봉(Petit-Bourbon)이라고 부르는 작은 방에서 결성했다. 구성원은 모두 6명이었는데 그중 베뤌이 대표가 되었고, 나머지는 방스, 가스토, 부르구앙, 메테조, 가롱 등이었다.

그들의 목적은 성직자 양성, 청소년 교육, 신학 및 성가 발전에 기여하는 것이다. 1613년 5월 10일 교황 바울 5세로부터 '우리 주 예수 그리스도 프랑스 오라토리오회(Congrégation de l'Oratoire de Notre Seigneur Jésus-Christ en France)'로 인가를 받고, 1612년 1월 2일 파리고등법원에 등록되었으며 1613년 9월 4일 파리시로부터 허가장을 받았다.[71] 이후 100년간 프랑스에서 종단을 구축하고 학교를 세워 교육 발전에 기여했다.

오라토리오회는 다른 종단에 비해 자유분방하고, 자신들의 영적

---

70) Adrien Demounistier, 〈Les Jésuites et l'enseignement dans une société chrétienne〉 sous la direction de Laurent Cornaz, *L'Église et L'Éducation: Mille ans de tradition éducative*(Paris: Éditions L'Harmattan, 1995), p.120.

71) Paul Lallemand, *Histoire de L'Éducation dans L'Ancien Oratoire de France*(Genève: Slatkine-Megariotis Reprints, 1975), p.20.

삶을 증진시키며, 이웃들에게 자선을 베푸는 사제와 재속사제들로 구성되었다. 그들은 본래 성직의 전형을 위한 일종의 신학교의 연합을 계획했다.[72] 물론 처음에는 어려움이 있었으나 앙리 4세의 집권과 더불어 종교적·도덕적 부흥이 일어났고 루이 13세 치하에서도 오라토리오 콜레주들은 중단 없이 성장했다.[73]

바너드의 말과 같이 오라토리오회 콜레주들은 17세기 초반부터 프랑스 성직자들 사이에 만연되었던 교리에 대한 무지와 악행에 대항하기 위한 시도로서 설립되어 그 사명을 충실히 이행했다. 데카르트주의가 예수회와 파리 대학의 신학부에서 그렇게도 거부되었는데도 불구하고 오라토리오회의 교육은 데카르트의 영향과 포르루아얄의 방법에 많은 영향을 받고 있었던 것이 특징이다.[74]

오라토리오 콜레주는 포르루아얄회처럼 성직수임 후보자들에 대한 훈련을 소홀히 하지 않았으며, 곧바로 프랑스 교수회의 교육체계를 따랐다. 그리고 예수회와 베네딕트회처럼 틀림없이 종교적이었지만 성직을 열망하는 학생들에게 폭넓은 교육을 제공했다는 데 그 의미가 크다.[75] 그런데 베륄은 콜레주의 중요성을 인식했지만, 교육과 교육방법에서 예수회와 경쟁하는 것은 무리라고 생각하여 주저했다. 바로 그 때 교황 바울 5세가 베륄을 프랑스에 진정

---

72) H. C. Barnard, *The French Tradition in Education*, p.150.

73) Paul Lallemand, *Histoire de L'Éducation dans l'Ancien Oratoire de France*, p.21.

74) Gabriel Compayré, *Histoire Critique des Doctrine de L'Éducation en France depuis le seixième Siècle, tome I*(Paris: Éditions Hachette, 1880), p.210.

75) H. C. Barnard, *The French Tradition in Education*, pp.148~149.

한 교육을 제공할 큰 인물로 인정하고 콜레주 설립을 설득하자 오라토리오 콜레주를 설립하기 시작했다.

베륄은 1614년 주아외즈 추기경의 청원에 따라 디에프(Dieppe)에 오라토리오 콜레주를 설립하게 했다. 그것은 주민들이 강력하게 오라토리오회 학교를 원했고, 주아외즈 추기경이 베륄을 환영했으므로 가장 먼저 프랑스에서 오라토리오 콜레주를 설립하게 되었던 것이다.[76]

오라토리오 콜레주들은 1610년 프랑스 교회의 규정에 따라 신학교에 입학하고자 하는 학생들을 모집했다. 입학생들은 적어도 서자가 아니며, 12세 미만이어야 하고 지적 학습을 할 수 있는 능력을 보여주어야 했다. 형편이 어려운 학생은 무상교육을 받을 수 있었다. 학생들은 4시에 기상하여 미사에 참석했으며, 레크리에이션 시간 외에 동료와 말하지 못했고, 라틴어만 사용해야 했다. 만약 프랑스어로 말을 했다면 어린 학생을 제외하고 모두 '회초리 벌'을 받아야 했다.[77]

오라토리오 콜레주들은 1614년 디에프를 비롯해서 1716년 니오르에 이르기까지 모두 36개교가 설립되었다. 오라토리오회가 콜레주들을 설립하여 프랑스의 교육 발전을 도모할 수 있었던 것은 첫째, 루이 13세 집권 초기와 마리 드 메디치의 섭정기간 프랑스 국내외 사정이 매우 혼란스러웠을 때, 베륄이 앙굴렘 협약(1619)을

76) *Ibid.*, p.23.
77) *Ibid.*, pp.147~148.

중재함으로써 루이 13세와 모후 사이에 공식적인 화해에 기여한 덕분이었다. 둘째, 베륄이 추기경이 된 다음 왕실의 신임을 얻어 1630년 생토노레(Saint-Honoré) 가에 있는 오라토리오 성당을 '왕실 성당'으로 격상시키고 종단도 크게 번영시켰기 때문이다.

베륄의 영향력은 신속히 확산되었고, 그가 죽은 1629년에는 44 개의 오라토리오 교구가 프랑스에 설립될 정도로 교세가 확장되었다. 오라토리오회가 프랑스에서 교육사업을 활발하게 전개한 것은 17세기 초에서 18세기 초까지로 약 100년간이었다. 일반적으로 도시에서는 오라토리오 콜레주보다 예수회 콜레주를 선호했지만 리옹, 페제나스, 몽브리송, 본, 소뮈르 등과 같이 오라토리오회의 교구가 있는 시 당국에서는 오라토리오회에 직접 콜레주의 관리자를 요청하거나 콜레주 경영에 드는 비용을 부담해주는 경우도 있었다.[78] 앙제 대학에 있던 콜레주 당주는 1619년 앙제시로부터 경영권을 양도받은 첫 번째 경우이고, 그 후 보르도 대학 안에 있던 콜레주 드 기엔은 1631년에 시 당국으로부터 양도받은 대표적인 오라토리오 콜레주들이었다.

그러나 앙제 대학처럼 오라토리오 콜레주의 학생들의 입학을 거부하는 사태도 발생하여 모든 것이 순조롭게 되지는 않았다. 그것은 오라토리오회가 가톨릭 계통이었는데도 불구하고 예수회로부터 방해를 가장 많이 받았다는 사실이다. 왜냐하면 예수회는 교육, 인기 등에서 자신들과의 경쟁자들을 결코 그대로 두지 않았기 때문이

---

78) *Ibid.*, pp.54~155.

다.[79] 그것은 마치 파리 대학이 예수회 콜레주를 경쟁대상으로 생각하고, 예수회 콜레주에서는 가톨릭교의 전파보다 교양과목에 치중한다는 트집을 잡아 추방한 것과 유사한 형태였다.

오라토리오 콜레주는 파리 대학과 고등법원에 의해 예수회가 추방된 후 발전했다. 예수회 추방 후 오라토리오회는 콜레주 드 리옹(1763), 콜레주 드 투르농(1776), 콜레주 드 아라스(1777), 콜레주 드 베튄(1777), 콜레주 드 투르(1778), 콜레주 다강(1781), 콜레주 도탱(1786) 등 7개의 예수회 콜레주들을 계속 인수하여 더욱 활발하게 교육사업을 전개했다.[80] 그 결과 절대주의 후반기 즉 프랑스 계몽주의 시대에 이르러 오라토리오회는 모두 43개의 콜레주를 운영하게 되었다. 오라토리오 콜레주는 수적으로 파리 대학에 소속된 콜레주들과 비슷했으며, 18세기 프랑스 교육계에서 차지하는 비중이 컸다.

1789년 프랑스혁명이 발발했을 때 오라토리오회는 진보적인 사상으로 개방되어 있었다. 따라서 1791년 1월 오라토리오회 101명의 성직자들은 '새로운 성직자'로 분류되었다. 그러나 1792년 8월 10일 법령으로 세속모임이 금지되자 오라토리오회도 제외시킬 수는 없었다. 해산 당시 오라토리오회는 30개의 콜레주와 6개의 신학교를 포함하여 71개의 다양한 종류의 교육단체들을 운영하고 있었다. 결

---

79) Gabriel Compayré, *Histoire Critique des Doctrine de L'Éducation en France depuis le seixième Siècle, tome I*, p.113.

80) H. C. Barnard, *The French Tradition in Education*, pp.300~301.

국 프랑스혁명은 성직자 공민법(시민법)에 선서하지 않은 성직자들로 구성된 종단과 종단의 콜레주를 인정할 수 없었던 것이다.

한편 프랑스의 동쪽 국경지대에 있는 뤼밀리는 원래 사부아에 속해 있다가 1630년 루이 13세에 의해 정복되었다. 그것은 오라토리오회가 콜레주를 설립하기 23년 전이었다. 사부아는 1713년 위트레히트 조약에 의해 빅토르 아메되스 공(Duke, Victor Amedeus)에게 반환되었다. 그 후 1740년 뤼밀리에서의 오라토리오 콜레주는 그의 손자 샤를 임마누엘 3세(Charles-Emmanuel III)에 의해 폐지되었다.

3) 얀센주의 콜레주의 설립과 탄압

얀센주의는 위그노에 대항한 가톨릭 반동 종교개혁파의 하나로 이들은 1640년 스페인령 네덜란드에서 생시랑의 친구이자 이프르(Ypres)의 추기경 코르넬리우스 얀세니우스(Cornelius Jansenius)의 조직과 아우구스티누스의 유고집 발간을 계기로 시작되었다.

거기에는 정치적 내용이 함축되었다. 얀센은 30년 전쟁에 프랑스가 개입한 것에 대한 부당함을 공격했다. 그러나 그들은 아우구스티누스의 반 펠라기우스주의(anti-Pelagian)와 칼뱅의 예정론을 반박함으로 가톨릭도 위그노도 아닌 모습으로 되었다. 그들은 프랑스와 로마에 지하연결망을 두고 활동했다.[81]

---

81) Robin Briggs, *Early Modern France, 1560~1715*(London: Oxford University Press, 1977),

특히 프랑스에서 얀센주의자들의 성공은 이 같은 종교적 부흥의 풍토와 불가분의 관계를 맺고 있었다. 얀센주의의 기원을 보여 주는 두 가지 저술이 있다. 하나는 1640년, 얀세니우스 주교가 자신의 「아우구스티니즘」에서 급진적인 아우구스티누스의 사상을 옹호한 것인데, 그의 사상은 친구인 생시랑(Saint Cyran：1581~1643) 신부에 의해서 프랑스에 전파되었고, 1643년 생시랑의 제자인 포르루아얄 수녀원 수녀들에게 채택되었다. 다른 하나는 생시랑의 제자인 포르루아얄 수녀원장 앙젤리크의 오빠 앙투안 아르노가 「잦은 성체 배령에 관하여」라는 저술에서 예수회의 해이해진 기강에 반대하여 얀세니우스의 사상에 근거하여 엄격하고 까다로운 기강을 수립할 것을 제안하였다. 그러나 1649년 예수회가 얀센주의의 명제가 이단적임을 들어 고발함에 따라 교황이 이단으로 선언했다. 그러므로 후일 예수회가 축출될 때 얀센주의자들은 열성적이었다.

1653년 교황은 「아우구스티니즘」을 요약한 것으로 생각되는 5개 항목에 대해 비난하였지만, 아르노는 표면(5개 항목은 비난받을만하다)과 사실(그러나 그것들은 얀센의 사상이 아니다)을 구별하면서 맞섰다. 파스칼은 포르루아얄을 옹호하기 위하여 1656년 예수회에 대해 맹렬히 공격하는 「프로뱅시알 서간」을 써서 대성공을 거두었다. 그러나 그것은 얀센주의에 대한 논쟁의 시작에 불과했다.[82]

---

pp.183~192.

82) Maurice Buyen, *Histoire des Universités*(Paris：Press Universitaires de France, 1973),

결국 얀센주의자들은 루이 14세의 후원은 고사하고 관용도 받지 못했다. 게다가 교황의 분노를 사 1713년 7월 우니제니투스 칙서 (Bull Unigenitus)에 의해 추방되었다.[83] 위그노와 귀족 프롱드는 물론 파리고등법원 사람들 역시 왕국에 대한 반감과 더불어 자유를 갈망했으나 루이 14세의 절대권력과 위세에 눌려 오히려 훌륭한 프랑스 군주정의 영원함을 찬미하기 위해 노력했다. 따라서 루이 14세는 '하나로 통일된 프랑스 절대왕정'의 전성시대를 만들었고, '유럽에서 두렵고 존경스런 프랑스(une France crainte et réspectée en Europe)'의 신화를 물려주었다.[84]

얀센주의는 다른 종단이나 학교에 침투했다. 파리 대학의 롤랭은 얀센주의에 심취된 총장으로서 역사학습을 강조했다. 앙리 4세의 교육개혁안과 파리 대학의 교과과정에는 이런 주제가 포함되어 있지 않았지만 포르루아얄파와 오라토리오파 사이에 역사학습의 중요성이 강조되었다. 그리고 보쉬에도 『세계사』에서 롤랭의 『교육에 대한 논고』를 강조했다. 롤랭은 일반 시민에 대한 역사 학습의 중요성을 인식했다. 그리하여 하위과정 3개 학년들은 『성서』에 대한 역사를 학습하게 했다. 3학년은 고전 신화와 고사를 전공하고 2학년에서 그리스의 역사, 수사학, 건국부터 제정 말기까지의 로마의 역사를 강조했다. 한편 철학을 학습하는 1학년은 로마제국

pp.59~60.

83) Robin Briggs, *Early Modern France, 1560~1715*, p.191.

84) Jean-Louis Berthet, *Une Histoire de France, vol.I*(Paris: Editions Garamont Archimbaud, 1987), p.83.

의 역사를 세밀하게 다루는 것으로 했다.[85]

그렇다면 프랑스사에 대하여 롤랭은 어떤 생각을 가지고 있었는가. 롤랭은 프랑스사를 소홀히 했다하여 여러 차례 비난을 받은 것으로 보여진다. 비록 롤랭이 프랑스사를 교육현장에서 강조하지 않았다 하더라도 항상 프랑스사의 중요성을 염두에 두고 있었던 것으로 보인다. 그에 의하면, "어떻게 해서라도 학생들에게 프랑스사에 대한 흥미를 불어넣어 주어야 하며, 그들이 시간이 있을 때에는 프랑스사에 대해 열의를 가지고 공부할 수 있도록 만들어야 한다"는 것을 강조했다.[86] 그러나 롤랭의 교육개혁 사상이 파리 대학에서 배척당했기 때문에 얀센주의와 그들의 학교는 프랑스 절대왕정에서는 확대될 수 없었다.

그러나 당국의 탄압에도 불구하고 얀센주의 학교들을 포함하여 친 가톨릭 학교들이 프랑스 교육에 기여한 바가 컸던 것은 사실이다. 샤르티에(Chartier)에 의하면 콜레주 학생들의 20%가 상위 그룹의 영세농민 자제였고, 3분의 1은 직공들의 자제였다.[87] 1710년대의 교육 실태를 보면, 청소년들을 교육하는 콜레주에서 종단들이 차지한 비율은 상당했다. 예수회 117명, 오라토리오수도회 72명, 라자리스트회 78명, 그리고 독트리내르회 48명의 신부가 자신들의 교단학교에서 학생들을 교육했다. 그리고 1612년부터 파리에 입성

---

85) H. C. Barnard, *The French Tradition in Education*, p.211.

86) *Ibid.*, pp.211~212.

87) Joseph N. Moody, *French Education since Napoleon*(Cyracuser: Syracuse University Press, 1978), p.4.

한 우르술라회와 그의 학교들이 그리스도의 자애심, 품성, 성별에 따른 교육과 훈련을 잘 시키고 있었다.[88]

따라서 그레베(René Grevet)의 연구에 의하면, 1690년경 대체로 40~43%의 어린이가 학교에 다녔으며, 1686~1690년 남자 25%, 여자 10%였다. 북동부에는 1680년대 초에도 신랑의 3분의 2와 신부의 2분의 1이 혼인증명서에 직접 서명할 수 있을 정도로 많은 사람들이 문맹에서 벗어나 있었다.[89] 그것은 물론 맹트농 부인이 루이

---

88) M.A. Jégou, "Les Projet éducatif des Ursulines" sous la direction de Laurent Cornaz, *L'Église et L'Éducation: Mille ans de tradition éducative*(Paris: Edition L'Harmattan, 1995), pp.76~100.

89) R. Grevet, *Ecole pouvoirs et Société fin XVIIIe Siècle-1815*(Lille: Press de Charles de Gaule, 1991), p.8; 이영림, 「17세기 후반 아동교육론」, 『역사학보』 164호 , 역사학회, 1999, 272쪽.

14세의 후원으로 생시르에 건립한 귀족들을 위한 여학교나 소르본과 같은 대학의 교육 진흥 정책에서라기보다는 온갖 투쟁과 역경을 극복하며 세운 친 가톨릭 종단과 개신교 종단 학교의 '피나는 노력'으로 보아야 할 것이다.

어떤 새로운 문화와
의식의 탄생이 있었는가?

1. 바로크 문화와 베르사유의 의식

프랑스 문화는 자생적인 것보다 전래된 것, 그것을 다듬고 분장한 것들이 많다. 수도 파리(Paris)의 명칭도 원래 인도 북부에 기원을 둔 아리안족 중 켈트(Celts)족의 일파인 '선박민족(parisii)'에서 유래했다. 그리고 프랑스 절대왕정시대도 파리 시대에서부터 위엄을 보이기 시작했다.[1]

일찍이 1547년 앙리 2세가 '그리스식 로마의 영감'을 예술에 도입하여 어느 정도 바로크 문화에 대한 개념은 이해되고 있었다.[2] 그러나 프랑스의 바로크 문화는 앙리 4세의 치세 말부터 로마에서 발생한 바로크 예술의 영향을 받으면서 발전했다.

---

1) 김문환, 『프랑스 문화 따라잡기』, 다인미디어, 2003, 18쪽.
2) Malet et Isaac, *L'Histoire, tome 2:L'Âge classique 1492~1789*(Paris: Librairie Hachette, 1959), p.55.

바로크 예술은 보여주는 예술이며, 동적이고, 승리하는 가톨릭 교회의 예술이었다. 16세기 초 사람들은 루아르 강변의 앙부아즈 성, 샹보르 성, 쉐농 성 등에 국민적 전통을 부분적으로 유지했다. 그러나 이제 사람들은 성이나 요새를 건축하지 않고 교회, 우아한 주택, 넓고 밝은 궁전 같은 것을 건축했다.[3] 바로크 시대는 건축에서보다는 미술과 장식에서 더욱 명성을 얻었다. 파리의 뤽상부르 궁전에 걸린 루벤스의 그림들, 자크 칼로의 판화들, 교회의 제단 뒷벽 장식들, 장례행렬이나 왕의 행차에 등장하는 개선문 같은 건축물 등이 좋은 예라고 할 수 있다.

사실 바로크 문화는 군주권이 미약한 부르봉 가의 왕들이 근엄하면서 보다 역동적이며, 정치적 실체로서 자신들을 신화 속의 이미지를 빌어 초월적인 존재로 부각시킨 것이었다. 그러나 바로크 시대에 그와 반대의 경향도 힘차게 나타나고 있었다. 문학에서는 1635년 아카데미 프랑세즈가 설립되었고, 코르네유의 초기 비극들이 성공함으로써 고전적 형태가 짙게 나타났다. 사상적 측면에서는 1637년 데카르트의 『방법론 서설』의 발간과 함께 진정한 '지적 혁명'이 있었고, 예술에서 지붕이 높고, 돌과 벽돌을 번갈아 사용하여 지은 벽을 가진 루이 13세 시대의 건축양식으로 된 성관과 장원들은 선의 절제로부터 나오는 아름다움을 여전히 보여준다. 그러나 살로몽 드 브로스가 지은 뤽상부르 궁전과 같이 로마 건축물의 바로크 풍보다는 피렌체 궁전의 엄격한 양식으로부터 영감을

제 9 장 어떤 새로운 문화와 의식의 탄생이 있었는가?

---

3) *Ibid.*, p.55.

받은 것들도 등장했다.[4]

베르사유가 바로크 풍의 문화와 의식의 상징이 된 것은 수도를 그곳으로 옮기고 절대권력을 가진 왕들이 통치하면서부터였다. 일반적으로 절대군주들은 군주의 권위를 상징하도록 수도를 설계하고 과도한 감정을 호소하는 기념비적 건축을 했다. 베르사유 궁전은 원래 루이 13세의 행재소이자 사냥터였던 곳에 건립한 것으로, 루이 14세의 절대권력을 상징하는 궁전으로 만들었다.[5] 루이 14세는 프롱드의 난 이래 파리가 싫어졌고, 특히 1666년 모후가 죽은 후에는 파리의 궁전이 자꾸만 마음을 슬프게 했다. 게다가 루이즈 드라 베리엘(1644~1710)과 베르사유에서 하룻밤을 나눈 사랑이 그리웠다. 무엇보다 그는 대왕으로서 그 위엄을 국내외에 떨치기 위해서는 새로운 이미지를 부각시킬 궁전이 필요했던 것이다. 그는 르 보(Louis Le Vau)로 하여금 궁전의 본관을 설계하게 하고, 망사르(Jules H. Mansart)가 이를 이어받아 공사를 진행하면서 유명한 '거울의 방'(Galerie des Glaces)'과 예배당을 세우도록 했다. 그리고 화가이자 장식가인 르 브랭(Charles F. Le Brun)으로 하여금 많은 그림과 함께 궁전의 의자, 테이블, 융단, 금은세공, 열쇠구멍까지 디자인하게 하여 '거울의 방'을 만들었다.[6]

---

4) 장 카르팡티에 외, 주명철 옮김, 『프랑스인의 역사』, 소나무, 1991, 205쪽.

5) John Merriman, *A History of Modern Europe: from the Renaissance to the Present*(New York: W.W. Norton & Company, 1996), p.284.

6) Joël Cornette, *Histoire de la France: Absolutisme et Lumière 1652~1783*(Paris: Hachette, 1993), pp.53~54.

베르사유 궁전 거울의 방(베르사유)
Edward Mcnall Burns, *Western Civilizations*(New York: W.W. Nortan & Company. INC, 1963)

베르사유 궁전은 성벽의 길이만 해도 약 44km에 달했으며, 성문이 44개나 되었다. 건축비용은 8천만~1억 리브르로 추산한다.[7] 루이 14세는 이 웅대하고 호화스런 베르사유 궁전의 세세한 부분에 이르기까지 마음을 썼다. 그는 자주 르 노트르(André Le Notre) 등과 함께 몇 시간이고 마치 장군들과 군사작전이라도 논의하듯이 나무나 연못의 배치 등에 관해 일일이 의견을 나누었다. 그러나 베르사유는 늪지대로 공사 여건이 좋지 않은 곳이어서 1668년경부터 본격화한 이 장대하고 호화스런 궁전의 건축은 거의 4반세기를 요

---

7) 생시몽 지음, 이영림 옮김, 『루이 14세와 베르사유 궁정』, 나남, 2009, 441~442쪽.

하는 일대 난공사로 진행되었다.

당고(Dangeau)의 ≪루이 14세의 궁중신문(Journal de la Cour de Louis XIV, 1681~1715)≫에 의하면, 베르사유 궁전의 내외에서 36,000명이 일을 했다.[8] 이 많은 사람들이 일해야 했던 궁전건축이 었으므로 공사 도중 안전사고 · 동사 · 전염병 등으로 인한 희생자가 너무 많아 '짐수레마다 시체를 가득 담아 운반할' 정도였다. 그리고 식수원이 충분치 못한 베르사유에 물을 끌어올리는 일은 참으로 어려운 공사의 하나였다. 그러나 고심 끝에 센 강의 물을 끌어와 수도로 이용하게 한 설비는 전 유럽을 놀라게 했다.

1682년 5월 파리에서 베르사유로 궁전을 옮기는데, 만여 명의 인부와 수천 필의 말이 동원됐다. 베르사유 궁에는 5천 명의 권문세가들이 거주했고, 기타 5천 명은 그 근방에서 살았다. 밝게 떠오르는 아침햇살을 받는 궁전의 2층에 왕의 집무실과 거실이 마련되었고, 왕비와 왕족의 거실 외에 관료들의 방도 마련되었다. 베르사유로 궁전을 옮긴 것은 여론의 통제에서 벗어나 '전제군주정(despotisme de Monarque)'을 강화하려는 의도가 있었다.[9] 루이 14세의 뜻과 같이 '왕의 들러리'가 된 귀족들은 출세의 기회를 잡기 위해 베르사유로 모여들어 왕의 절대권력을 더욱 위대하게 만들었으며, 그가 '태양의 아들(fils du Soleil)'이라는 것을 확신하게 했다.[10] 앙리 쎄의 말과 같

8) Joël Cornette, *Histoire de la France: Absolutisme et Lumière 1652~1783*, p.52.

9) André Maurois, *Histoire de la France, tome 1*(New York: Editions de la Maison Français, 1947) p.266.

10) 클로드 메트라 지음, 서정복 역저, 『부르봉 왕조 시대의 프랑스사』, 서원, 1994, 234쪽.

이 베르사유는 곧 왕국의 진정한 수도가 되었고, 귀족들은 루이 14세에 의해 길들여졌다. 신하들은 절대군주에게 바치는 제사의 사제들로 보였는데, 이러한 의식은 스페인 왕궁으로부터 배운 프랑스 궁정의 새로운 의전이었다.[11]

역사가들은 베르사유를 유럽인들이 모방한 '계몽전제군주(despotisme éclaire)'로 해석하고 있다. 그것은 수많은 예술가, 장인, 장식가, 건축가, 조각가, 정원사 등이 만들어낸 작품이기 때문이기도 하다.[12] 왕의 언행도 절대적이었다. 특별한 경우를 제외하고, 아침 8시가 되면 수석 침전시종이 왕의 침대에 가까이 가서 왕을 깨웠다. 왕의 그 다음의 기상절차는 다음과 같다.

1. 왕이 눈을 뜨면 수석시의, 수석 외과의사, 유모 등이 들어가 인사하고 시종들은 가벼운 마사지와 더불어 속옷을 갈아입힌다.
2. 8시 15분에 친견권을 지닌 동생과 왕자들이 들어와 알현한다. 동시에 성수반과 성령기사단의 기도책이 바쳐진다. 모두 참사회의실로 가서 잠시 기도한 후 왕이 부르면 다시 접견한다.
3. 두 번째 친견권이 있는 사람들과 '용변칙허장(brvet d'affaire)'을 받은 사람들이 들어간다. 의사들은 왕의 배변을 검사하며, 왕은 간단한 진단을 받은 뒤 알코올로 손을 씻는다.
4. 왕은 직접 양말과 실내화를 신고 잠옷 위에 가운을 걸친다. 이틀에 한 번 수염을 깎는다. 면도가 끝나면, 그 날 쓸 가발을 고른다. 당시 가발은 왕뿐만 아니라 귀족들의 고귀함을 나타내는 머리장식이었으므로

11) Henri Sée, *Les Idées Politiques en France au XVIIe Siècle*(New York: Arno Press, 1979), p.126.

12) Joël Cornette, *Histoire de la France:Absolutisme et Lumière 1652~1783*, p.56.

제 9 장 어떤 새로운 문화와 의식의 탄생이 있었는가? ■

루이 14세는 프롱드들에게 가발을 쓰지 못하게 했다.

5. 왕은 여전히 가운을 입은 채 흰 빵, 물 등으로 가벼운 아침식사를 하는데, 홍차·커피·초콜릿 따위는 피한다. 아침식사 후 왕이 잠옷을 벗고 바지를 입을 때 두 명의 시종이 가운을 들고 주위 사람들의 시야를 가린다. 왕은 칼을 차고 장신구를 달고, 넥타이와 손수건은 몸소 고른다. 왕이 윗저고리를 입으면, 시종이나 정신들이 모자, 손수건 등의 물건들을 왕에게 건네 드린다. 하의에 속한 물건을 왕에게 전하는 것은 최고의 특권이어서 왕태자라든가 왕족이 담당하는 것이 통례였다.

100명 정도의 정신들이 줄지어 늘어서서 왕이 옷을 갈아입는 것을 지켜본다. 잠옷을 벗기는 예절도 입히는 예절처럼 아무나 하는 것이 아니고 철저하게 군주에 대한 예절과 규정을 지켜야 했다. 기상의식이 끝나면 왕은 정무실로 들어가 그날에 해당된 명령을 내리고 미사에 참석한다. 미사 후에는 알현이 있는 목요일과 청죄사제(聽罪司祭)에게 고백하는 금요일을 빼고 정무실에서 참사회를 소집하는 것이 상례였다. 왕의 오전 시간은 이렇게 지나간다.[13]

왕이 식사할 때에도 역시 절차와 위엄을 갖추었다. 점심식사는 총을 가진 세 명의 병사를 포함한 열 명의 병사가 호위하면서 수라상을 가져간다. 만약 그 행렬과 마주치면 누구든지 모자를 벗어 예를 행해야 하며 목소리를 낮춰 말해야 한다. 식사 담당관은 왕이 드실 모든 음식물과 음료수 및 그릇에 독이 들어 있는지 살펴야 하

---

13) 생시몽 지음, 『루이 14세와 베르사유 궁정』, 553~555쪽.

고 또한 맛보아야 한다. 시식이나 시음은 음식물에 의한 왕의 독살이 동서고금을 막론하고 흔히 있는 일이었으므로 절대주의 시대의 수라 절차만은 아니었다. 루이 14세는 죽기 전 주까지 공개적으로 식사를 했으며, 나이프를 다루는 솜씨가 예술적이어서 보는 사람마다 감탄했다.

왕이 가벼운 사냥이나 운동을 하기 위해 산책할 때도 많은 신하들이 그의 뒤를 따랐다. 저녁 만찬은 대개 늦게 이루어졌으며, 왕족도 식탁에 앉고 남녀 귀족들도 동석하지만 그중에는 신분에 따라 서있어야 하는 자도 있었다. 왕이 취침할 때에도 아침에 옷을 입을 때의 역순으로 옷을 벗으며 역시 정신들이 입회했다. 왕이 몸을 씻을 즈음에는 주변에 있는 사람의 수는 적어진다. 이때 양초를 받쳐 드는 일은 특별한 명예이며, 시종과 소년들이 마지막으로 남아 이를 맡았다. 소년들은 불을 끄고 시종은 침대의 커튼을 치고 조용히 정숙보행으로 물러간다.

베르사유 궁정의 방을 배정받거나 왕의 하루 일과 중 어떤 것에 참가·배석할 수 있는 자격도 서열이 엄격히 정해져 있다. 왕에게 인정받고자 하는 정신들의 노력은 거의 필사적이며 측은할 정도였다. 운이 없는 정신들은 기회를 기다리면서 오랫동안 허송세월을 보내는 경우가 허다했다. 그러므로 왕에게 선택받는 사람이 되려면, 1. 모든 사람들이 칭찬하는 일, 2. 어떤 자리라도 비기만 하면 곧 그 자리를 청하는 일, 3. 가능한 한 왕의 가까운 곳에 있는 일을 해야 한다. 따라서 궁정 안은 언제나 다른 사람의 실각을 바라고, 음모와 책동을 일삼으며, 겉으로는 호화스럽고 평화로운 반면 속으로는 불안하고 긴장된 생활의 연속이었다.

파리에서 앙리 4세가 정책적으로 사치품 산업을 장려했던 반면, 베르사유에서 루이 14세는 정책적으로 사치를 강요했다. 왕이 사치를 강요하고 사치를 명예로 알게 함으로써 귀족들은 생활비가 기하급수로 증가하였고 하는 수 없이 국왕의 후원에 의존하지 않을 수 없었다. 따라서 베르사유는 사치와 경쟁에서 승리할 수 있는 재력가나 국왕에게 후원을 간청할 수 있는 귀족과 권문세가들만이 살 수 있었다.

루이 14세는 거의 매일 화려하고 장엄한 파티나 의식을 거행함으로써 귀족들을 매혹시키는 동시에 왕에 대한 존경심을 불러일으켰다. 베르사유 궁에는 항상 륄리(Lulli)의 음악, 몰리에르의 희극, 방스라드(Benserade)의 발레가 상연되고 있었다. 세비네 부인(Mme de Sévigné)의 기록에 의하면, 저녁 6시가 되면 모두 포장을 걷어 올린 마차를 타고 나가서 운하에서 곤돌라를 타고 뱃놀이를 했다. 그곳에 음악이 있고 10시가 되어서야 돌아오면 희극이 시작되며 밤 12시에 종이 울리면 야식을 들었다. 왕도 즉위 초기에는 발레와 가장 무도회에 출연했다.[14]

지방의 봉건귀족들은 궁정생활을 선망했다. 그들이 지방의 영지와 특권을 포기하고 생활자금을 마련하여 궁정에 들어감으로써 이른바 중앙집권화가 자연스럽게 확립되었다. 귀족들은 베르사유 궁정의 새롭고 세련된 의복, 언어, 예절에 적응해야 했다. 베르사유

프랑스의 절대왕정시대 ■

---

14) André Maurois, *Histoire de la France, tome 1*, p.283.

루이 14세의 축하연
Roland Mousnier, *Histoire Générale des civilisations tome IV-Les XVIe et XVIIe Siècles*(Paris: Presses Universitaires de France, 1967)

궁전은 앙리 4세의 무인들의 궁전과는 판이하게 다른 교양과 사치가 넘치는 분위기였다. 루이 14세는 심지어 궁정귀족들의 결투마저 금지했으므로 그들은 더 이상 호전적인 귀족이 될 수 없었다.

궁정에서 빛나는 것은 오직 한 사람의 왕과 그의 절대권력이었다. 루이 14세의 방은 왕궁으로 정치적 결정을 하는 공간이었고, 옥좌는 궁전의 중앙에 위치하여 의식적 · 상징적 우상이 되었다.[15] 그리고 '거울의 방'은 루이 14세의 집무실은 아니었으나 왕을 알현할 왕족이나 귀족들의 대기소로 사용되기도 했다. '거울의 방'은 화려하게 꾸며진 7개의 방으로 되어 있으며, 방들 사이에 각각 태양계의 행성을 넣어 루이 14세가 '태양왕(Roi-Soleil)'임을 부각시

---

15) Joël Cornette, *Histoire de la France:Absolutisme et Lumière 1652~1783*, p.54

컸다.[16] 베르사유 궁정의 외관은 길이가 무려 500m가 넘었으며 내부는 프랑스 군대의 승전과 국왕의 영광을 기념하여 아로새긴 태피스트리와 그림들로 가득히 장식되었다. 특히 태양신을 상징하는 아폴로 조각상은 역시 루이 14세를 '태양왕'으로 신격화시킨 것이었다. 그는 이미 '살아있는 우상(une idole vivante)'이 되었다.[17]

귀족들은 왕의 곁에 있는 것을 권력의 상징으로 생각했다. 왕을 수행했고, 앞을 다투어 왕이 하사하는 음식을 먹었으며, 왕의 뒤를 따라 산책하거나 말을 달려 사냥을 했다. 왕이 내리는 관직과 왕이 매매한 관직, 하사품은 가문을 빛내는 영광이 되었다. 귀족들은 마음에 내키든 내키지 아니하든 국왕에 대한 찬양과 절대복종을 미덕으로 알고 행동했다. 귀족들은 루이 14세에 대해 '반역'이라는 생각을 감히 할 수 없게 되었고, 국왕의 행차가 광대한 궁정의 홀을 장엄하게 통과할 때 단지 한순간만이라도 국왕의 눈길을 받거나, 국왕과 손을 잡거나, 그리고 이야기를 나눌 수 있는 영광만을 기다리게 되었다. 모루아의 말과 같이, 당시 유럽의 여러 나라들이 사교생활의 예절과 국왕 숭배정신을 루이 14세의 궁정에서 배워갔다.[18]

그러나 베르사유의 생활은 그렇게 화려하지 않았고 자랑을 할 수 없는 것들이 많았다. 공간의 배치에서 보면, 베르사유 궁전에는

---

16) *Ibid.*, p.53.

17) André Maurois, *Histoire de la France, tome 1*, p.280.

18) *Ibid.*, p.265.

총 220개의 거처와 450개의 방밖에 없다. 한 번에 적어도 5,000명을 수용할 수 있는 거대한 공간이었지만, 몰려드는 인파에 비해 건물은 협소해서 숨이 막힐 지경이었으며 발 디딜 틈도 없었다. 루이 14세 시대 궁정인원은 약 만 명으로 역대 최고 수준이었다. 귀족은 그 절반인 5,000명이었고 나머지는 평민이었다. 앙리 4세 시대의 궁정인원과 비교하면 루이 14세 시대에 10배가 증가한 셈이었다.

1675~1680년 왕의 시중을 드는 궁중인들을 총괄하는 궁내부의 인원수는 4,000명이었으므로 앙리 4세 시대 1,600명과 루이 13세 시대 1,350명을 합한 수보다도 많았다."[19] 그 속에서 가장 위엄 있고 권위 있게 궁정의례가 치러졌으며 자질구레한 의식과 절차까지도 각본에 의해 착오 없이 진행되었다. 거기에는 숨겨진 권력과 영광이 있었다. 일반적으로 귀족 길들이기로 일컬어진 베르사유의 의례는 일방적인 복종과 강요라기보다는 훨씬 복잡한 정치적 현실이자 전략적 차원에서 시도된 치밀한 프로젝트였던 것이다.

왕의 예절도 반듯하여 심지어 세탁하는 여자에게도 모자에 손을 대 예를 표했다. 물론 귀부인에 대해서는 모자를 완전히 벗었고 남성 대귀족에 대해서는 반쯤, 일반귀족과 기타에게는 모자에 손을 대는 식의 차등 있는 예를 행했다. 그러나 겉으로 보기와는 달리 그는 대체적으로 여인의 말은 중요하게 생각하지 않았고, 여인의 말은 한 귀로 듣고 한 귀로 흘렸다.

귀부인들도 왕의 마음에 들고자 애썼으며, 왕이 좋아하는 것은

---

19) 생시몽 지음, 『루이 14세와 베르사유 궁정』, 214 · 219쪽.

곧 유행이 되었다. 1680년 어느 날 총애하는 퐁탕주가 왕과 함께 사냥을 나갔을 때 바람결에 흐트러진 머리를 리본으로 묶었다. 이것을 본 왕이 대단히 마음에 들어 하자 궁정의 귀부인들은 다투어 그와 똑같은 머리 형태로 바꾸었고 그 후 그것은 '퐁탕주식 헤어스타일'로 일반에 유행하기에 이르렀다.

루이 14세는 모든 분야의 예술을 열정적으로 장려했다. 그리고 그가 좋아하는 미술가 · 음악가 · 작가 · 건축가들에게 보조금과 상금을 많이 주어 문예 진흥을 고무했다. 덕택에 그의 시대는 영광의 시대, 문예 부흥의 시대, 세련된 예술의 시대, 문학과 음악의 시대가 되었다.

궁전에서는 미뉴에트에 맞추어 춤을 췄다. 그것이 루이 14세의 궁전춤이자 사교춤이었다. 이 춤은 오늘날까지 남아 품위와 예의가 넘치는 당시의 시대상을 거울처럼 비춰주고 있다.[20] 라신, 코르네이유, 몰리에르 등 3대 비극시인과 라 퐁텐(La Fontain), 보쉬에 등 당대의 거성들이 탄생한 것도 절대권력의 기호와 은총의 산물이었다.[21] 그러나 아쉬운 것은 귀족문화는 그 명성처럼 찬란했을지 몰라도 '민중(peuple)' 문화는 달라진 모습을 많이 볼 수 없는 것이 아쉽다.

20) 이바르 리스너 지음, 김동수 옮김, 『위대한 창조자들의 역사』, 살림, 2005, 457쪽.

21) Joël Cornette, *Histoire de la France:Absolutisme et Lumière 1652~1783*, pp.51~52.

2. 부르주아의 성장과 사회적 역할의 확대

고블로(Goblot)는 그의 저서 『방책과 높이(*La Barrière et le Nibeau*)』에서 부르주아가 전문직, 기술, 재력으로 사회적 위치를 확보한 것을 증명했다. 이들 중 '엘리트 부르주아'는 중세의 부르주아와는 격식과 규모가 비교되지 않게 호화로운 생활을 했고, 각 분야에서 독점권을 장악했다.[22] 물론 기업정신, 구매본능, 이권에 대한 욕심, 물질적 풍요가 '부르주아의 덕목'이었지만, 그렇다고 이 시대의 부르주아들이 오늘날의 자본주의자들과 성격이 똑같은 것은 아니었다.[23]

이들은 앙리 4세에 이르러 명랑하고 인간적인 분위기가 형성되

---

22)   Régine Pernoud, *Histoire de la Bourgeoisie en France, tome 2: Les Temps modernes*(Paris: Éditions du Seuil, 1987), p.485.

23)   Werner Sombart, *Le Bourgeois: Contribution a l'Histoire morale et Intellectuelle de l'Homme economique moderne*(Paris: Payot, 1928), p.103.

고, 위상 또한 달라졌으며 종교적 관용에 의해 활동영역이 크게 확대되었다. 게다가 1640년 랑부이예 부인이 개장한 이래 살롱들의 증가와 함께 여성들의 문예 활동과 사회적 활동이 활발해졌다. 동시에 신분, 계급, 학벌을 넘어 매너, 재치, 화술이 중요시되는 사교적 분위기로 전향되면서 살롱맨들은 당시 사회뿐만 아니라 영국, 스페인, 오스트리아 등 국제적으로 막강한 힘을 얻었다.

약 7만 개의 영지에 책봉된 중소귀족은 화폐 가치의 하락, 자녀들의 결혼지참금 등으로 거의 파산 상태에 이르자 관직과 연금을 제공하는 국왕의 비호에 의존하거나 부르주아에게 구걸하는 수밖에 없었다.[24] 사실 그들은 거의 모두가 국왕의 전우였으므로 왕은 그들이 궁정에서 살도록 권했고, 우대하면서 마음대로 조종했다. 그러나 그들의 대부분은 궁정생활을 감당할 수 없어 얼마 안 되어 농원, 소작지, 목장, 방앗간 등을 모조리 팔아 없애고 왕의 호의만을 기다리는 신세가 되고 말았다.

게다가 중상주의와 중금주의 흐름을 타고 성장한 신흥 부르주아들이 출현하고 있었다. 부유한 부르주아는 아들을 교육시키고 관직 매매를 통해 귀족으로 변신했다. 예수회와 얀센주의 학교들이 이들의 교육을 주로 담당했으며, 교육내용은 주로 삶의 방법을 찾는 데 치중했다.[25] 그들은 스페인의 로욜라처럼 교육을 통한 사회 질서와 덕의 수립을 강조했다. 그리고 질서는 신성한 것이며, 낙원

---

24) Groethugsen, *Origines de l'Esprit bourgeois en France*(Paris: Gallimard, 1929), pp.198~199.

25) *Ibid.*, p.195.

프랑스의 절대왕정시대

■

314

을 만드는 것으로 생각했다. 그들은 자식들을 학교에 보내 학위를
취득하게 하여 관리로 만들었다. 루이 14세는 부르주아들로부터
재정의 후원을 얻고 그에 대한 대가로 관직과 특허권을 주었다. 그
것은 매매도 대물림도 가능했다. 구매한 관직은 재산과도 같았다.
따라서 지방 촌락까지도 국유지와 관리의 수가 늘어났던 것이다.

부르주아들은 콜베르의 중상주의 정책, 케네(François Quesnay)의
중농주의 정책 등을 잘 활용했다.[26] 돈이 많은 상층 부르주아들은
모피로 몸을 휘감고 '백합꽃 문장이 붙어 있는 모든 좌석'에 홍색
또는 흑색의 관복을 펼치고 앉게 되었다. 이들이 바로 신흥 부르주
아 출신들이며, '행정귀족'으로 진급한 인물들이었다. 이 당시 무
역과 자본의 증대와 더불어 유럽 어느 나라도 프랑스처럼 법률가
와 회계사를 후대한 나라는 없었다.

전쟁의 지원수단을 통해 귀족이 되었던 지난날과는 달리, 절대
왕정시대의 부르주아들은 재력으로 관직을 사고, 행정력과 사법능
력을 발휘하여 귀족이 되었다. 부르주아들은 특권계급과 관료들에
맞서 세력을 확대했다. 그들의 세력이 가장 큰 것은 물론 상공업
분야였다. 그들은 교육을 받았으며, 상공업 분야의 전문인들이었
다. 그들은 프랑스 재산의 대부분을 소유하고 있었으며, 이제 귀족
계급에 대한 봉사자들이 아니라 그들이 바로 사회의 주역으로 성
장하고 있었다.

자본주의 정신을 수용한 크고 작은 부르주아들이 동업조합, 친

---

26) Régine Pernoud, *Histoire de la Bourgeoisie en France, tome 2: Les Temps modernes*, p.128.

귀족의 사치와 낭비
Roland Mousnier, *Histoire Générale des civilisations tome IV:Les XVIe et XVIIe Siécles*(Paris: Presses Universitaires de France, 1967)

목단체, 비밀공제조합 등의 도제집단을 조직하여 서로 의지하고 힘을 얻었다.[27] 이들 중 비밀공제조합원들은 그들만이 알 수 있는 특수용어, 신호, 표찰 등을 사용하기도 했다. 그리고 절대왕정의 감시와 탄압에 대비하여 자신들의 방호나 권익 옹호를 위해 효율 적으로 힘을 합하기도 했다.

그런데 뒤 페롱의 말과 같이 절대왕정시대 프랑스 농민들은 거의 모두 가난하고 초췌했다. 그들은 제대로 빚은 맥주를 마시고, 좋은 쇠고기를 먹으며, 말끔한 의복과 은잔 하나쯤은 가지고 있는 영국의 농민들과 너무 차이가 났다. 베르테의 말처럼, 베르사유 궁

---

27) W.J.Stankiewicz, *Politics & Religion in Seventeeth-Century France*(Connecticut: Greenwood Press, Publisher, 1976), p.242.

전의 생활과 문화가 유럽 각국의 왕들의 선망과 질투심을 불러일
으키는 동안 수백만의 프랑스 서민들은 배고프고 두려움에 지친
짐승처럼 살고 있었다.[28] 이들이 실생활에서 상의하고 의지할 것
은 부르주아들밖에 없었다. 이들은 부르주아의 의식과 정서에 따
라 살기를 원했다.

부르주아들은 절대왕정시대에 사회적·행정적·경제적 주역으
로 부상되었다. 그들은 권력은 없지만 위로는 귀족들과 아래로는
서민들과 연결하여 비교적 자유롭고, 풍요롭게 살 수 있었다. 그리
고 경제력을 이용하여 관직, 자녀교육, 사회 활동에서 어느 정도의
위치를 확보하고 있었다. 그들 중 지성을 갖춘 사람들은 확실히 탈
시대적 자유사상의 선구자와 같이 각 분야에서 새로운 사상을 제
시했다. 이들이 곧 계몽주의 시대와 프랑스 혁명시대를 선도할 주
역이었던 것이다.

---

28) Jean-Louis Berthel, *Une Histoire de France, vol.1*(Paris: Éditions Garamont Archambaud,
    1987), p.83.

3. 새로운 지적 영역의 형성과 사회변화의 동력

　1682년 루이 14세가 비록 베르사유로 수도를 옮겼을지라도 파리는 600년 이상 프랑스의 수도이자 프랑스 문화와 지성의 산실이었다. 특히 앙리 4세, 루이 13세, 그리고 루이 14세와 조상들의 얼이 담겨진 곳이다. 루이 14세는 1667년 3월의 칙령에서 "우리나라의 수도이며 평상시 우리들의 생활터전이 된 아름다운 도시 파리는 다른 모든 도시들의 모범이 되어야만 한다. 우리에게 파리의 법과 치안문제를 잘 해결하는 것보다 더 관심을 끌만한 것은 없다."라고 했다. 그리고 그는 파리가 왕국의 모든 도시 및 지방에서 추방당한 거지, 게으름뱅이, 방랑자, 자유주의자들에 의해 침범당하고 있음을 확인하고, 1707년 8월 27일 "자신의 고향으로부터 추방당한 사람들이 왕국의 수도에서가 아니더라도 벌 받지 않고 거주할 수 있다는 것, 우리와 같은 조국의 신민으로서 생각한다는 것은 옳지 않다."라고 하여 파리가 우범지역으로 황폐화되

는 것을 개탄했다.[29]

사실 파리는 파리 대학과 함께 프랑스 절대주의 요람이자 프랑스 문화의 산실이다. 바로 이곳에서 절대군주들은 '하나의 왕, 하나의 법, 하나의 종교'에 이어 '하나의 언어'에로의 통일을 추구했다. 1470년 파리에 처음으로 금속인쇄기가 설치되면서 통일된 형태의 프랑스어가 보급되기 시작했고 1490년까지 인쇄소가 9개로 증가했으며, 16세기 전반에 파리는 유럽 최고의 출판업 중심지 중의 하나로 명성을 떨쳤다.

벨레(Joachim du Bellay)가 그의 『프랑스어의 보호와 선양(*La Défence et Illustration de la langue française*:1549)』에서 프랑스어가 학구적이고 정중한 토론수단으로 적당하며 때로는 라틴어를 능가한다는 것을 인정했다. 또한 16세기 칠성시파(Pléiade)가 재치 있는 시적 표현으로 프랑스어의 기초를 세워 놓았다.[30] 프랑스어는 시장과 교역의 발달, 농업과 산업의 진흥에 따라 민중들의 공증업무 수행을 쉽게 해주었다. 프랑수아 1세도 1539년 빌레르-코트레 칙령을 선포하여 라틴어 대신 프랑스어를 모든 행정절차와 공문서에서 사용하도록 했다. 그것은 프랑스 최초의 언어 정책으로서, 프랑스 절대주의를 공고히 하는 데 기여하고, 프랑스가 세계적으로 '아름다운

---

29) Roland Mousnier, "L'Unité Monarchique," *La France et Les Français*(Paris: Éditions Gallimard, 1972), p.1061.

30) 콜린 존스 지음, 박문숙·이호영 옮김, 『사진과 그림으로 보는 케임브리지 프랑스사』, 시공사, 2001, 158쪽.

언어'를 가진 나라로 성장하는 계기가 되었다.[31]

루이 14세 말까지 라틴어에 밀려 자리를 잡지 못했던 프랑스 어는 1713년 위트레히트 조약 때까지 기다려야 했다. 이 조약으로 프랑스어는 유럽의 각국을 중심으로 한 국제공용어가 되었으며, 지금도 우편용어로 사용되고 있다. 물론 프랑스 국민 모두가 불어를 완전히 이해하는 것은 아니었다. 1774년의 보고서에 2,600만 명의 인구 중 600만 명 정도는 프랑스어에 대한 지식이 전혀 없고, 600만 명 정도는 프랑스어를 겨우 이해할 수 있고, 300만 명 정도만이 프랑스어로 완전히 대화할 수 있었다. 물론 1790년대에도 프랑스인 4명 중 1명은 프랑스어로 이야기조차 하지 못했다. 그리고 브르타뉴어, 독일어, 스페인어, 바스크어, 오크어와 수없이 다양한 방언과 지방 사투리가 프랑스의 여러 지역에서 여전히 사용되고 있었다.[32]

그리고 제3공화정 시대에서조차 프랑스어를 읽고 쓸 줄 아는 사람은 전 국민의 4분의 1에 불과했지만 민족의 언어, 국가의 언어가 지정된 것이 절대왕정시대였다는 데 의미가 있다.[33] 이후 프랑스 어는 라틴어를 대신하여 프랑스 사회에 새로운 지적 영역을 만들어 냈다.

왕에 대한 무조건의 복종이나 신적 존재에 대한 개념도 달라졌다. 페늘롱이 부르고뉴 공작의 교육을 위해 쓴 『오디세우스의 아

---

31) 최대영, 「하나의 국가, 하나의 국민, 하나의 언어」, 『프랑스, 하나 그리고 여럿』, 서울대 불어문화연구소, 2011, 196쪽.

32) 콜린 존스 지음, 『사진과 그림으로 보는 케임브리지 프랑스사』, 159쪽.

33) 위의 책, 198~199쪽.

들, 텔레마크의 모험(Les Aventures de Télémaque, fils d'Ulysee)』은 루이 14세를 겨냥한 내용이다. 그는 "왕이란 자고로 자신의 영광을 위해 백성을 통치하는 것이 아니라 백성을 위해 통치해야 하는 것임을 결코 잊지 마시오."라고 대담하게 썼다. 그런데 중요한 것은, 이 책이 1693~1694년 쓰여졌고, 궁중에서 비밀리에 복사되어 읽혀졌다는 것이다.[34]

개혁적이거나 의식이 있는 대부분의 사람들은 보댕과 보쉬에 보다는 쥐리외를 좋아했고 프랑스어로 글을 썼다. 그들은 주권이 인민에게 속해 있다는 것, 인민은 억압에 대한 저항권이 있다는 것, 왕은 폭군이 아니라 인민을 위한 인민의 아버지가 되어야 한다는 것, 그리고 법과 시민의 권리를 침탈하지 말아야 한다는 쥐리외의 논리에 심취되었다.[35] 게다가 의사의 표현과 종교의 자유, 그리고 폭력과 억압에 저항할 수 있다는 주장에 열렬한 찬사를 보내면서 새로운 세계관과 사회론에 귀를 기울였다.[36]

루이 14세 재위 마지막 20년 동안 인민들은 평화와 행복은 고사하고 절대군주제의 잔인한 하중밖에 느끼지 못했다. 사법권이 남용되었고, 특권층은 오만했으며, 여러 전쟁들에서 패전으로 인한 굴욕, 군대에 의해 유린된 지방, 특히 부당하게 할당되고 강압적으로 징수된 조세부담으로 나라가 황폐되고, 심지어 베르사유 문 앞까지 추위

---

34) 이영림, 『루이 14세는 없다』, 푸른역사, 2009, 324쪽.

35) Paul Pic, Les Idées Politiques de Jurieu et Les Grands Principes de 89(Montaubant: Imprimerie Coopérative, 1907) p.50.

36) Ibid., pp.35~68.

M. Bonnier de la Mosson의 물리실험실
Jacques Marseille, *Histoire 2*(Paris: Nathan, 1987)

와 굶주림으로 고통 받는 사람들이 몰려들자 라신, 몰리에르, 코르네유와 같은 작가들이 풍자적 비판의 목소리를 높였고, 퐁트넬과 같은 사람들은 진보의 논리를 주장하고 나섰다.[37] 그러나 이와 같은 개화사상을 그냥 보고만 있을 절대왕정이 아니었다. 재상의 직접 지휘를 받는 출판관리국, 파리고등법원, 파리 사교회, 파리 대학 신학부가 출판물에 대한 사전사후의 검열과 더불어 고소 고발을 했다. 여기에 걸려든 필자들은 체포, 구금, 추방령을 받고 책은 금서, 분서, 판매 금지 처분을 받았다.

모르네(Daniel Mornet)의 말과 같이 나라가 평화롭고 국민들이 행복한 상태에 있다면 절대권력이나 절대주의 이론은 사실 필요가 없는 것이었다. 사람들은 이제 절대군주에 대해 실망했고, 다른 치유책을 갈구했다. 마시옹의 말과 같이 프랑스 절대왕정시대의 왕들이 '그의 백성들의 삶과 재산의 주인'이라면, 그는 서툴거나 잘

---

37) Daniel Mornet, *Les Origines Intellectuelles de la Révolution Française(1715~1787)*(Paris: Librairie Armand Colin, 1933), p.40.

못 자문을 받은 주인이며, 그의 권리에서는 아닐지라도, 적어도 권리의 행사에서는 변화시켜야 할 무엇이 있다는 것을 인정하지 않으면 안 되었다.[38]

루이 14세가 죽은 후 프랑스 전역에 새로운 변화의 기류가 다시 나타났다. 위생학과 의학이 발달하고 영양섭취가 다양화되었다. 그 결과 빈곤과 전염병이 감소했고, 삶에 대한 희망이 소생했다. 1700~1795년 인구가 1천9백만 명에서 2천6백만 명으로 증가했다. 이제 프랑스는 유럽에서 가장 인구가 많은 나라이자 사상적으로 풍요로운 나라로 전향되기 시작했다.[39]

벨, 페늘롱, 몽테스키외, 루소, 디드로, 달랑베르 등과 같은 '계몽사상가'들은 오늘날처럼 사회운동가로서가 아니라 주로 저술을 통해 자신들의 사상을 피력했고, 검열이 두려워 익명출판을 하는 경우가 많았다. 그들은 출판관리국, 파리 신학대학, 파리사교회, 파리고등법원 등의 눈을 피해 영국, 네덜란드, 스위스 등에서 책을 간행했다. 그들은 인간의 본성이 환경에 의해서 개선될 수 있고 개선된 환경은 인간의 본성을 개선할 수 있다고 믿었고, 일부 과학자들이나 사상가들은 우주의 신비를 벗기고, 자연을 해석하려했다.

첫째, 사람들은 뉴턴이 발견한 법칙에 의하여 자연을 지배하는 것은 신비스런 신의 개입이나 변덕이 아니라 인간이 인식할 수 있는 보편적인 법칙들이라는 것을 믿었다.

---

38) *Ibid*.

39) Jean-Louis Berthel, *Une Histoire de France vol. 1*, p.85.

둘째, "과학적 방법"을 엄격하게 적용함으로써 모든 연구 분야의 근본적인 의문에 답할 수 있다고 생각했다. 베르주락(Cyrano de Bergerac)은 가상디(Gassendi), 데카르트 등과 교류한 후 우주관에 대한 갈등에서 벗어나 물질주의 철학관을 만들었다. 그는 『달나라 이야기』, 『해나라 이야기』 등을 통해 합리주의에 바로크적인 환상을 가미함과 동시에 우주의 공간여행을 예측했다.[40]

셋째, 사람들은 "관념은 본래 타고 난다."라는 데카르트의 주장을 거부하고, 로크의 『인간 오성론』(1660)에서처럼 모든 지식은 감각 작용에 의해 생겨난다는 생각을 따랐다. 엄격한 검열, 책은 판매 금지, 분서, 저자의 체포 또는 추방령이 사람들의 호기심을 더욱 자극하면서 지적 성장이 가속화되었다.

절대왕정시대 프랑스에서도 영국에서처럼 합리주의와 경험주의가 발달하고 있었다. 17세기 영국의 '천재의 세기'는 프랑스에 우주의 원리와 자연에 대한 눈을 뜨게 했다. 프랑스에서도 이미 17세기에 성장한 부르주아들이 사회와 국가에 대하여 새로운 개념을 가지고 반기를 들기 시작했다. 이들 중 상당수는 사회개혁을 생각하며, 그것이 실현되는 날을 기다렸다. 이들이 프랑스혁명을 준비하고 있었던 것이다.

---

40) 콜린 존스 지음, 『사진과 그림으로 보는 케임브리지 프랑스사』, 188쪽.

국내 논문 및 저서

그래드 그래함 지음, 김영배 역, 『건설적인 혁명가 칼빈』, 생명의말씀사, 1986.

김경근, 『프랑스 근대사 연구』, 한울, 1998.

김문환, 『프랑스 문화 따라잡기』, 다인미디어, 2003.

김성학, 「프랑스 관직매매와 절대왕정의 형성」, 『서양사론』 제23호, 한국 서양사학회, 1982.

김신목, 「프랑스 절대왕정기의 재정 연구」, 고려대 대학원 박사학위논문, 1996.

김충현, 「루이 14세의 위그노 정책」, 충남대 대학원 박사학위논문, 2008.

_____, 「피에르 쥐리외의 정치사상」, 『서양사학연구』 제25집, 한국서양문 화사학회, 2011.

다니엘 리비에르 지음, 최갑수 옮김, 『프랑스의 역사』, 까치, 1995.

로버트 그린 지음, 안진환 · 이수경 옮김, 『권력의 법칙』, 웅진씽크빅, 2009.

마르크 블로크 지음, 김주식 옮김, 『프랑스 농촌사의 기본성격』, 신서원, 1994.

생시몽 지음, 이영림 옮김, 『루이 14세와 베르사유 궁정』, 나남, 2009.

서정복, 『나폴레옹』, 살림, 2009.

앙드레 모루아 지음, 신용석 역, 『프랑스사』, 홍성사, 1981.

앙리 쎄 지음, 나정원 옮김, 『17세기 프랑스의 정치사상』, 민음사, 1997.

양금희, 「마틴루터」, 『위대한 교육사상가들』, 교육과학사, 1996.

에이미 추아 지음, 이순희 옮김, 『제국의 미래』, 비아북, 2008.

엘렌 푸레 · 로베르 푸레 지음, 서정복 옮김, 『프랑스인의 아메리카 회상』, 삼지원, 1991.

오형국, 「칼뱅의 종교개혁 사상과 인문주의」, 한국교원대 대학원 박사학위논문, 2005.

윤은주, 「근대국가의 재정혁명」, 제5회 전국서양사연합학술대회, 2010. 12.4.

이바르 리스너 지음, 김동수 역, 『위대한 창조자들의 역사』, 살림, 2005.

이영림, 「17세기 후반 아동교육론」, 『역사학보』164호, 역사학회, 1999.

_____, 『루이 14세는 없다』, 푸른역사, 2009.

_____, 「루이 14세와 절대군주정: 절반의 성공」, 역사학회, 2011.8.27.

이영림 · 주경철 · 최갑수, 『근대유럽의 형성:16~18세기』, 까치, 2011.

임승휘, 『절대왕정의 탄생』, 살림, 2004.

장 보댕 지음, 임승휘 역, 『국가론』, 책세상, 2005.

장 카르팡티에 외, 주명철 옮김, 『프랑스인의 역사』, 소나무, 1991.

조르주 뒤비 · 로베르 망두르 지음, 김현일 옮김, 『프랑스 문명사』(하), 까치, 1995.

콜린 존스 지음, 박문숙 · 이호영 옮김, 『사진과 그림으로 보는 케임브리지 프랑스사』, 시공사, 2001.

클로드 메트라 지음, 서정복 역저, 『부르봉 왕조 시대의 프랑스사』, 서원, 1994.

페리 엔더슨 지음, 김현일 외 옮김, 『절대주의 국가의 계보』, 까치, 1997.

프리드리히 마이네케 지음, 이광주 옮김, 『국가권력의 이념사』, 민음사, 1990.

필리프 아리에스 · 조르주 뒤비 · 미셸 페로 편, 이영림 역, 『사생활의 역사: 르네상스에서 계몽주의까지』3권, 새물결, 2002.

R.R. 파머 · J. 콜든 지음, 강준창 외 3인 역, 『서양근대사』 1, 삼지원, 1988.

홍용진, 「정치와 언어-14세기 전반 발루아 왕조의 언어전략」, 『프랑스연구』 제26집, 한국프랑스사학회, 2012.

외국서

Adrien Demounistier, 〈Les Jésuites et l'enseignement dans une société chrétienne〉 sous la direction de Laurent Cornaz, *L'Église et L'Éducation: Mille ans de tradition éducative*(Paris: Éditions L'Harmattan, 1995).

Albert Brimo, Les grands courants de la Philosophie du droit et de l'Etat(Paris: 1967).

Alfred Cobban, *A History of Modern France, vol 1: 1715~1799*(London: Penguin Books, 1964).

Amédée Roget, *Histoire du Peuple de Genève depuis la réforme jusqu'à l'esclade*, vol.V (Jeneva: J Jullien, 1870).

André Maurois, *Histoire de la France*, tome 1(N.Y: Éditions de la Maison Française, 1947).

André Stegmann, *Edits des Guerres de Religion*(Paris: Librairie Philosophiques J. Vrin, 1979).

André Tuiliier, *L'université de Paris·La sorbonne et la Révolution*(Paris: Célébration du Bicentenaire de la Révolution Française en Sorbonne, juin-juillet, 1989).

Antoine Léon, *Histoire de L'Enseignement en France*(Paris: P. U. F., 1977).

Carl Grimberg, *Des guerres de religion au siècle de Louis XIV*(Marabout université, 1974).

Claude Mettra, *La France des Bourbons: D'Henri IV à Louis XIV*(Bruxelles: Editions Complexe, 1981).

Daniel Mornet, *Les Origines Intellectuelles de la Révolution française 1715~1787* (Paris: La Manufacture, 1989).

David Buisseret, *Henry IV*(London, George Allen & Unwin, 1984).

Deregneaucourt et Poton, *La vie religieuse en France: Aux XVI-XVII-XVIII siècle* (Paris: Ophrys, 1994).

Donald Kagan/Steven Ozment/Frank M. Turner, *The Western Heritage*(N.Y.,: Macmillan Publishing Company, 1987).

Emmanuel Le Roy Laduirie, *L'Etat Royal 1640~1610*(Paris, 1987), trans, Juilet Vale, *The Royale French State, 1460~1610*(Oxford UK&Cambridge USA, Blackwell, 1994).

Ernest Lavisses, *Louis XIV:Histoire d'un Grand Règne, 1643~1715*(Paris: Robert Laffont, 1989).

Fernand Hayen, *Le Maréchal d'Ancre et Léonara Galigai*(Paris: Librairie Plon, 1910).

François Albert-Buisson, *Les Quarante au Temps des Lumière*(Paris: Librairie Arthème Fayard, 1960).

François Lebrun, *Le XVIIe Siècle*(Paris: Armamd Colin, 1967).

Frederick M. Watkins, *The Age of Idealogy: Political Thought 1715 to the Present*(New Delht: Pretice-Hall of India Ltd, 1963).

Gabriel Compayré, *Histoire Critique des Doctrine de L'Éducation en France depuis le seixième Siècle, tome I*(Paris: Edition Hachette, 1880).

G. Slocombe, *Henri IV*(Paris: Payot, 1933).

Georges Duby et Robert Mandrou, *Histoire de la Civilisatiion française, Tome 1* (Paris : Armand Colin, 1980).

Gerald N. Grob & George Athan Billias, *Interpretations of American History, vol.I* (New York: The Free Press, 1982).

Geraldine Hodgson, *Studies in French Education from Rabelais to Rousseau*(N.Y.: Burt Franklin, 1969).

Grand Dictionnaire Encyclopédique Larousse(Paris: Librairie Larousse, 1983).

Groethugsen, *Origines de l'Esprit bourgeois en France*(Paris: Gallimard, 1929).

Gustave Dupont-Ferrier, *Du Collège de au Lycée Louis-Le Grand(1568~1920)*.

H.C. Barnard, *The French Tradition in Education*(London: The Cambridge University Press, 1970).

H.R. Trevor-Roper, *De la Réforme aux Lumières*(Paris:Éditions Gallimard, 1972).

Hebert Lüthy, *From Calvin to Rousseau: Tradition and Modernity in Socio-Political Thought from the Reformation to the French Revolution*(N.Y., : Basic Books, Inc, 1970).

Henri Sée, *Les Idées Politiques en France au XVIIe Siècle*(New York: Arno Press, 1979).

Henry Phillips, *Church and Culture in Seventeenth-Century France*(Cambridge: Cambridge University Press, 1977).

Hubert Carrier, *La presse de la Fronde(1648~1653): Les Mazarinades*(Genève: Librairie Droz, 1989).

Immanuel Le Roy Laduirie, *Les Paysans of Languedoc, trans by John Day*(Urbana: University of Illinois Press, 1979).

J. de Mazan, *Les Doctrines Economiques de Colbert*(Paris: Libraire Nouvelle, 1900).

J. Meuvret, "Fiscalism and public opinion under Louis XIV," R. Hattonin, ed., *Louis XIV and Absolutism*(Columbus: Ohio State University Press, 1976).

Jacques Maritain, *L'Homme et L'Etat*(Paris: Press Universitaires de France, 1965).

Jacques-Bénigne Bossuet, *Discours sur L'Histoire Universelle, 1681*(Polo Design, 2006).

Jacuqes Chiffoleau, Jacques Le Goff et René Rémond, *Histoire de la France religieuse: Du Christianisme flamboyant à l'aube des Lumières, tome 2*(Paris: Seuil, 1988).

James Ronda, "The European Indian: Jesuit Civilization Planning in New France," *Church History*, vol.41, no.3(1992).

Jean Bodin, *Les Six Livres de la République avec l'Apologie de R. Herpin Faksimiled ruck der Ausgabe, Paris, 1583*(Scientia Aalen, 1961).

Jean Bodin, *Les six Livres de la République, tome 1*(Paris: Fayard, 1986).

Jean Boisset, *Histoire du Protestantisime: Que sais-je? no, 427*(Paris: P.U.F., 1970).

Jean Calvin, *Institution de la Religion Chrestienne, tome I~IV*, texte etabli et présenté par Jacque Pannier(Paris: Société d'Édition—Les Belles Lettres, 1961).

Jean de Viguerie, *L'Institution des Enfants: l'éducation en France 16e~18e siècle*(Paris: Calmann—Lévy, 1978).

Jean Touchard, *Histoire des Idées Politiques: 1. Des Origines au XVIIIe siècle*(Paris: P.U.F. 978).

Jean—Louis Berthel, *Une Histoire de France, vol.I*, préface de Jacques Le Goff(Paris: Editions Garamont Archimbaud, 1987).

Joël Conetee, *Histoire de la France: Absolutisme et Lumières, 1652~1783*(Paris: Hachette, 1993).

Joël Cornette, *Histoire de la France: Absolutisme et Lumière*(Paris: Achette, 1993).

John A. Lynn, *The Wars of Louis XIV, 1667~1714*(United Kingdom: Pearson Education Limited, 1999).

John W. Donohue, S. J., *Jesuit Education: An Essay on the Foundation of Its Idea* (N.Y.: Fordham University Press, 1963).

Joseph N. Moody, *French Education since Napoléon*(Cyracuser: Syracuse University Press, 1978).

Le Comte Louis de Carné, *La Monarchie française au Dix-Huitième siècle*(Paris: Didier et Cie. Libraires—Éditeurs, 1859).

Léon Ingber, "Jean Bodin et Le Droit Naturel," *Jean Bodin-Actes du Colloque Interdisciplinaire D'Angers, 24~27Mais 1984, tome I*(Presses de L'Université, 1985).

Louis Batiffol, *Rechelieu et Le Roi Louis XIII: Les Véritables du Souverain et de son Minister* (Paris: Calmann—Lévy, Éditeurs, 1934).

M. Marion, *Dictionnaire des Institutions de la france*(Paris: Editions A & J. Picard,

1984).

M.A. Jégou, "Les Projet éducatif des Ursulines" sous la direction de Laurent Cornaz, *L'Église et L'Éducation: Mille ans de tradition éducative*(Paris: Édition L'Harmattan, 1995).

Malet et Isaac, *L'Histoire, tome 2: L'Âge classique, 1642~1789*(Paris: Librairie Hachette, 1959).

Marie-Madeleine Compère, *Du Collège au Lycée(1500~1850)*(Paris: Édition Gallimard/Julliard, 1985).

Marion Lansing, *Makers of The Americas*(Boston: D. C. Heath and Company, 1955).

Maurice Buyen, *Histoire des Universités*(Paris: Press Universitaires de France, 1973).

Michel Carmonaq, *Marie de Médicis*(Paris: Librairie Arthème Fayard, 1981).

N. Henshall, *The Myth of Absolutism: Change and Continuity in Modern European Monarchy*(London:Longman Group, 1992).

P. Adolphe Perraud, *L'Oratoire de France au XVIIe et au XIXe siècle*(Paris: Charles Douniol Libraire-Éditeur, 1865).

Paul Lallemand, *Histoire de L'Éducation dans L'Ancien Oratoire de France*(Genève: Slatkine- Megariotis Reprints, 1975).

Paul Pic, *Les Idées Politiques de Jurieu et les Grands principes de 89*(Montaubant: Imprimerie Coopérative, 1907).

Philip Benedict, *The Faith and Fortune of France's Huguenots, 1600~1685*(Ashgate, 2001).

Pierre de Vaissière, *Scènes et Tableaux du Règne de Henri IV*(Paris: Éditons Gautier-Languereau, 1935).

Pierre Goubert, *L'anciel Régime, tome 1~2*(Paris: Armand Colin, 1973).

Pierre Goubert, *Louis XIV: Mémoires pour l'Instruction du Dauphin*(Paris: Imprimerie Nationale Éditions, 1991).

Pierre Goubert, *Mazarin*(Paris: Fayard, 1990).

R.R. Palmer, *The School of the French Revolution: A documentary history of The College of Louis-Le-Grand and its director, Jean-François Champagne*(New Jersey: Princeton University Press, 1975).

Régine Pernoud, *Histoire de la Bourgeoisie on France, tome 2: Les Temps modernes* (Paris: Éditions du Seuil, 1987).

Richard Bonney, *Political Change in France under Richelieu and Mazarin in 1624~1681*(London: The Macmillan Press LTD, 1988).

Robin Briggs, *Early Modern France, 1560~1715*(New York: Oxford University Press, 1984).

Roger Lockyer, *Habsburg and Bourboon Europe, 1470~1720*(New York: Longman Inc., 1987).

Roger Mettam, *Government and Society in Louis XIV's France*(London: The Macmillan Press LTD, 1977).

Roland Mousnier, "L'unite Monarchique," *La france et Les francais*(Paris: Editions Gallimard, 1972).

Roland Mousnier, *Les Institutions de la France sous La Monarche Absolue, tome 1*(Paris: P.U.F., 1974).

Rosario Bilodeau · Robert Comeau · André Gosselin · Denise Julien, *Histoire des Canadas*(Canada: Hurtubise HMH, 1978).

Saint—Simon, "Projet de rétablissement du Royaume de France. Lettre anonyme au Roi(1712)," *Traités Politiques et autres écrits*(Paris: Gallimard, 1996).

Voltaire, *Siècle de Louis XIV*, dans *Oeuvres historiques*(Paris:Éditions Gallimard, 1957).

Voltaire, *Le Siècle de Louis XIV*(Paris: Garnier Frères, Libraires—Éditeurs, 1740).

W.J. Stankiewicz, *Politics & Religion in Seventeenth-Century France*(Connecticut: Greenwood Press, Publisher, 1976).

Werner Sombart, *Le Bourgeois: Contribution a l'Histoire morale et Intellectuelle de l'Homme economique moderne*(Paris: Payot, 1928).

프랑스의 절대왕정시대

■

Wesley D. Camp, *Roots of Western Civilization, vol.1*(N.Y.: John Wiley & Sons, 1983).

William Boyd and Edmund J King, *The History of Western Education*(London, Adam and Charles Black, 1974).

William Farr Church, *Constitutional Thought in Sixteenth Century France: A Study in The Evolution of Ideas*(Cambridge: Harvard University Press, 1941).

서정복 徐廷福

중앙대학교 대학원에서 프랑스 사학을 전공하여 「장 자크 루소의 정치사상과 프랑스 혁명」으로 문학박사 학위를 취득했고, 프랑스 Université de Lille Ⅲ에서 프랑스 사학을 전공하여 역사학 박사학위를 받았다. 한국 프랑스사학회장, 한국서양문화사학회장, 대학사학회장, 한국서양사학회감사, 역사학회 감사를 역임했으며, 현재 충남대학교 사학과 명예교수, 한국서양문화사학회 명예회장, 역사학회 평의원으로 활동 중이다.